나는
빌딩 중개로
건물주가
되었다

나는 빌딩 중개로 건물주가 되었다

김명찬 지음

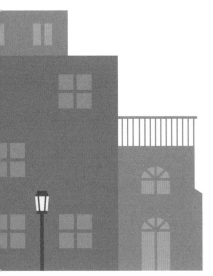

누구도
빌딩의 주인이 되지 말라는 법은 없다

나는 도시와는 비교할 수 없는 아주 깡촌에서 태어났다. 나를 포함한 동네 아이들은 운동화보다는 고무신을 신고 다녔다. 집에 보일러 같은 건 없었다. 수도꼭지를 틀면 온수가 나오는 세상과는 전혀 다른 곳이었다. 연탄조차 넉넉하지 않아서 땔감을 마련해 물을 끓여서 세수를 했다. 가스레인지 대신 가마솥에 밥을 하고 소죽을 끓여서 소에게 먹였다.

이런 이야기를 하면 나와 비슷한 연배의 사람들조차 깜짝 놀란다. 마치 아버지 세대와 얘기하는 것 같다고들 한다. 참고로 나는 X세대, 95학번이다. 그만큼 나의 어린 시절은 지금과 너무 달랐고, 당시 도시 아이들의 생활과도 현저히 달랐다.

가난은 일상이었다. 하고 싶은 게 있어도 돈을 먼저 생각해야 했다. 아버지의 뻔한 월급에 6남매가 달라붙어 있었다. 사고 싶은 물건이나 먹고 싶은 음식이 있어도 늘 참아야 했다. 하늘에서 갑자기 돈이 떨어지거나 복권이라도 당첨되지 않는 한 변할 수 있는 게 아무것도 없었다.

우리 가족을 우울하게 만든 범인은 돈이었다. 나는 '우리 가족은 왜 먹고 싶은 것도 사 먹지 못하고, 하고 싶은 것도 참아야 하지?' 하는 의문이 들었다. 자연스럽게 하고 싶은 것을 하기 위해서는 돈을 벌어야겠다고 생각했다. 어쩌면 생존 본능과도 같은 것이었다.

그러다가 초등학교 3학년 때인 1983년에 서울로 올라왔다. 꿈꾸던 대로 갑자기 큰돈이 생긴 것은 아니었다. 이대로는 자식들의 미래도 뻔할 것이 분명했기에 아버지가 결단을 내린 것이었다. 아버지는 아마도 사람 많은 곳에 답이 있다고 생각했던 것 같다. 우리나라의 수도인 서울이야말로 사람이 많은 곳이니, 서울에서 공부도 하고 친구도 사귀길 바란 것이다. 지금 생각해 보면, 아버지의 선견지명에 참 감사하다.

아버지는 있는 돈 없는 돈을 모으고 어렵게 빚까지 내서 작은 빌라를 마련했다. 그렇게 서울 생활이 시작되었다. 매일 냇가를 뛰놀며 물고기나 잡으러 다니던 아이가 전혀 다른 세계와 마주하게 된 것이었다. 적절한 비유일지는 모르겠지만, 지금으로 따지면 유학하기 위해 다른 나라에 온 것 같은 엄청난 문화 충격이었다.

가장 놀란 것은 아이들의 피부가 하얗다는 점이었다. 나를 포함해서 하루 종일 바깥을 뛰어다니는 시골 아이들의 피부는 모두 구릿빛이었다. 그게 당연했는데, 서울에 오니 내 피부색이 너무 낯설었다. 옷도 마찬가지였다. 서울 아이들의 옷차림은 너무 단정했다. 신발도 고무신이 아니라 운동화였다.

하루는 친구 집에 놀러 갔는데 커다란 일제 TV가 있었다. 집도 60평이 넘었던 걸로 기억한다. 마치 다른 세계에 발을 디딘 것 같았다. 운동장 같은 거실의 크기에 충격을 받았다. 어린 마음에 나도 언젠가 이런 집에서 살고 싶다고 생각했다. 그때부터 나의 잠재의식 속에 부동산에 대한 그림이 그려진 듯하다. 단순한 거주 공간을 넘어 집에 경제적 가치를 부여하게 된 것이다.

나는 자라면서 우리나라 사람들의 부동산에 대한 관심과 인식이 남다르다는 것을 느꼈다. 큰돈을 번 사람들은 대부분 부동산에 투자했다. 누구나 관심을 기울이는 분야이자 큰돈이 움직이는 분야가 바로 '부동산'이었다. 부동산과 관련된 일을 하면 남들보다 더 많은 돈을 벌 수 있다는 확신이 들었다.

나는 '부동산 일'을 하고 싶어서 이리저리 알아보았다. 당시에는 공인중개사 자격증을 취득하지 않고도 부동산 일을 할 수 있었다. 그렇게 2003년에 중개보조원으로 부동산 분야에 뛰어들었다. 비로소 가난을 뒤로하고 부자의 길로 들어선 기회의 순간이었다.

중개보조원으로 일하면서 부동산 분야의 밝은 전망을 체감한 나는 이왕이면 자격증이 있는 편이 좋을 것 같다는 생각이 들었다. 하지만 막상 공부해 보니 만만하게 여겼던 시험은 녹록지 않았다. 2개월을 공부하고 제14회 공인중개사 시험에 응시했지만 자격증을 취득하지 못했다.

이어서 응시한 제15회 공인중개사 시험은 사상 최저의 합격률을 기록한 회차였지만, 다행히 자격증을 취득해서 당당하게 공인중개사로 일하기 시작했다. 무엇보다 내가 성공하지 않으면 그 어디도 기댈 곳이 없는 집안이어서 더 절박감을 가지고 매달렸다.

이후 빌딩 중개법인에서 팀장으로 14년을 일하고, 2021년에는 직접 회사를 창업했다. 정말 누구보다 열심히, 치열하게 달려왔다. 하지만 그만큼 재미있었다.

간혹 내가 회사를 창업해서 돈을 벌었다고 여기는 사람들이 있는데, 그것은 절대 아니다. 나는 빌딩 중개법인에서 팀장으로 일할 때부터 부동산 중개 수수료로 받은 돈을 차곡차곡 모았다. 그다음 수익성이 뛰어난 부동산에 투자해서 자산을 만들어 나갔다. 그 결과 현재 부동산 분야에서 100억 원대 이상의 자산을 보유하고 있다.

세상에는 수많은 사람이 있고, 그와 비슷하게 수많은 직업이 있다. 대부분 각자의 영역에서 최선을 다하며 살아가고 있을 것이다. 하지만 어떤 사람은 경제적으로 여유로운 반면, 어떤 사람은 여전히 경제적으로 자유롭지 못한 환경에서 살고 있다.

경제적 자유를 얻기 위한 기회를 찾는 사람이 있다면 나는 부동산 중개업, 그중에서도 빌딩 중개에 도전해 보라고 권유하고 싶다. 그 이유는 쉽게 말해 돈을 벌 '기회'가 많기 때문이다. 무엇보다 내가 빌딩 중개로 수많은 빌딩을 직접 경험하고 투자하면서 경제적인 자유를 얻은 것이 그 기회를 증명한다.

이 책에는 내가 20여 년간 강남 한복판에서 얻은 빌딩 중개 노하우와 현장에서 직접 깨달은 재테크 마인드를 담았다. 누군가에게 내가 돈을 번 과정에 관해 이야기하는 것은 낯 뜨거운 일일 수도 있다. 하지만 숨길 일도 아니다. 과장도 없고, 오로지 팩트만을 설명하기 때문이다. 나 역시 잘 모르는 분야에 투자했다가 실패로 피눈물도 흘려 보았기에 이 책이 경제적 자유를 꿈꾸는 여러분에게 도움이 된다면 기쁠 것이다.

같은 부동산이라도 '기획부동산'은 원수에게나 권하지만, 빌딩 중개나 투자는 내 아들에게도 권장하고 싶을 정도로 유망하다. 하지만 아직도 많은 사람이 모른다. 실제로 내 아들이 하겠다면 이 매력적인 일을 적극 추천할 것이다.

자신이 원하는 것을 마음껏 하고, 원하지 않는 것을 하지 않을 자유를 갖고 싶다는 꿈이 있다면 이 책을 끝까지 읽어 보기 바란다. 물론 여러분의 인생은 한 권의 책으로 바뀔 만큼 시시하지 않다. 하지만 서울 한복판에 빌딩은 이렇게나 많고, 그 빌딩마다 주인은 있기 마련이다. 그 주인이 여러분이 되지 말라는 법은 없다. 여러분의 성공과 경제적 자유를 목표로 이 책을 시작하고 싶다. 이 책을 읽는 모든 사람이 10년 후, 혹은 20년 후에는 경제적 자유를 누리고 살았으면 하는 바람이다.

2025년 5월
김명찬

추천의 글

    김명찬 대표의 경험에서 비롯된 부동산 조언은 마치 축구팀이 필드에서 겪은 난관을 어떻게 극복했는지 설명한 전술 같다. 위기 상황을 어떻게 돌파했는지에 관한 구체적인 이야기는 그 자체로 큰 영감을 준다. 또한 부동산 투자에 대한 막연한 두려움을 떨쳐 내고 실제로 그 길을 걷고자 하는 이들에게 용기를 주며 방향을 제시하는 지침서이기도 하다.

    축구에서 '멘탈'이 중요한 것처럼, 부동산 투자에서도 '멘탈'을 다잡는 것이 핵심이다. 이 책에는 그 '멘탈'을 다잡게 하는, 실전에서 바로 사용할 수 있는 전략이 가득하다. 부동산에 관심은 있지만 막상 한 발 내딛기 힘든 이들에게 훌륭한 출발점이 되어 줄 것이다. 김명찬 대표의 진심과 경험이 담긴 이 책을 통해 많은 사람이 빌딩 중개라는 '경기'를 승리로 이끌 수 있기를 바란다. 지금, 이 책을 읽지 않으면 부동산 투자라는 '경기'에서 아웃될지도 모른다!

_이을용, 축구감독(전 대한민국 축구 국가대표)

추천의 글   ≪ **9**

김명찬 작가는 상업용 빌딩 중개와 자산 관리의 진정한 고수다. 단순히 빌딩을 사고파는 일을 넘어, 빌딩을 '자산'으로 관리하고 그 가치를 극대화하는 데 주력하는 전문가다. 철저한 관리 방식과 체계적인 접근은 그가 운영하는 회사의 경쟁력을 더욱 강화시킨다. 이제 한국도 선진국 진입을 앞두고 빌딩 관리의 중요성이 한층 커지고 있다. 특히 빌딩의 물리적 보존과 그 안에 담길 콘텐츠 구성은 앞으로 더욱 중요해질 분야다. 김명찬 작가는 이 분야의 진지한 전문가로서 학교와 협력해 전문 인력을 체계적으로 교육하고, 현장에서 필요한 실질적인 지식을 쌓을 수 있도록 돕고 있다. 이 책은 단순한 이론서가 아닌 실제 경험을 바탕으로 한 현장 맞춤형 교과서로, 빌딩 관리와 중개에 대한 새로운 시각을 열어 준다.

_김종진, 전주대학교 일반대학원 부동산학과 주임교수

이 책은 단순한 부동산 매매가 아닌, '빌딩'이라는 복합 자산을 중개하는 데 필요한 지식과 감각을 실전 위주로 정리해 준다. 아파트 중개와는 차원이 다른 정보력과 분석력이 요구되는 빌딩 거래 시장에서 어떤 방식으로 임대차 구조를 해석하고 수익률을 계산하며, 권리관계를 명확히 점검해야 하는지 단계별로 설명한다. 특히 주택과 다른 상업용 빌딩의 특징, 직접 사용 건물과 수익형 건물의 차이, 건축법적 검토 포인트, 매수자에게 신뢰를 주는 제안 방식 등은 중개업뿐 아니라 투자 실무에도 적용 가능하다. 저자가 직접 겪은 거래 실패 사례와 클로징 노하우까지 담겨 있어 현장감 있는 학습이 가능하다. 이론과 실전 사이의 간극을 메우고 싶은 예비 건물 중개인이나 현업 종사자에게 꼭 권하고 싶은 책이다.

_김유관, 제네시스컨설팅 회장

처음엔 반신반의하며 펼쳤다. 그런데 놀랍게도 허황한 환상이 아닌, 정말 '될 법한 현실'을 잘 설계해 준 책이었다. 빌딩이라는 더 지속 가능한 '수익형 부동산'으로 어떻게 넘어가는지 단계별로 설명한다. 이론이 아닌, 부동산 중개업에서 체험한 실전 경험을 통해서 말이다. 특히 저자의 실패 경험과 대출에 대한 보수적 시각이 현실적이라 좋았다. 책을 다 읽고 '부동산도 결국은 생존력 싸움'이라는 결론에 이르게 되었다. "무조건 빨리 사라"는 책들과 달리, 철저히 준비하고 구조를 이해하라는 저자의 조언이 신뢰를 준다. 사례 중심의 설명도 실제 투자자들에게 유용하다.

_정태봉, 한국실내건축가협회 부회장

이 책은 단순한 부동산 입문서를 넘어 '중개업'이라는 업의 본질과 그 안에 담긴 전략의 정수를 집요하게 파헤친 실용서입니다. 저자는 풍부한 실무 경험을 바탕으로, 공인중개사 자격증 취득부터 빌딩 중개 전문가에서 건물주로 성장해 가는 과정을 단계별로 풀어내며 독자에게 명확한 로드맵을 제시합니다. 특히 주목할 부분은 '매물 확보'와 '고객 관리'라는 전통적인 과제를 오늘날의 디지털 환경 속에서 어떻게 재해석하고 실전에 적용해야 하는지 상세한 사례와 함께 설명한다는 점입니다. 온라인 마케팅과 프롭테크 플랫폼의 활용법을 비롯해 최신 중개 트렌드에 대한 통찰도 제시해 독자에게 실질적인 전략과 감각을 동시에 전달합니다.

이 책의 가장 큰 장점은 바로 '현실성'입니다. 이론에 치우치지 않고 실제 부동산 시장에서 통하는 노하우와 전략을 중심으로 구성돼 있어, 현장 실무에 바로 적용할 수 있는 지침서 역할을 충실히 수행합니다. 빌딩 중개인의 스텝을 따라가다 보면 독자 또한 건물주라는, 경제적 자유라는 목표를 향한 동기를 부여받고 실행 방향을 그려 볼 수 있습니다.

책은 단순히 부동산 중개업에 관심 있는 이들에게만 국한되지 않습니다. 커리어 전환을 고민하는 직장인이나 장기적인 재무 설계를 염두에 둔 투자자에게도 매우 유익한 길잡이가 됩니다. 무엇보다 저자의 진정성과 전문성이 녹아 있는 문장은 독자에게 실질적인 조언과 지침을 전달해 줍니다. 저자의 전문성과 책의 가치를 강조하면서도 간결하게 작성된 만큼, 독자들은 책의 핵심 메시지를 쉽게 이해할 수 있을 것입니다.

_박정아, 부동산학 박사

만약 이 책을 더 일찍 접했다면, 나는 빌딩 중개를 통해 건물주가 되는 것도 충분히 고려해 볼 수 있었을 것이다. 부동산 중개는 익숙했지만, 빌딩 전문 중개사라는 직업이 있다는 사실을 이 책을 통해 알았다. 부동산 시장에서 빌딩 중개가 어떻게 작동하는지, 그 중요성과 가능성을 명확하게 설명하며 이 분야에 대한 새로운 시각을 열어 준다. 단순히 중개라는 직업을 넘어서, 자신만의 자산을 구축할 수 있는 길을 제시하는 이 책은 흥미로움과 진중함이 동시에 묻어난다. 부동산 경험을 바탕으로 깊이 있는 내용을 풀어내어 빌딩 중개라는 전문 분야에 대한 이해를 돕는다. 이 책을 읽고 나니, 내가 과연 어떤 기회를 놓치고 있었는지 깨닫게 되었다. 빌딩 중개에 관심이 있다면, 반드시 읽어 볼 가치가 있는 책이다!

_문재흥, 부동산학 박사

투자와 중개 두 마리 토끼를 잡을 수 있는 방법을 찾는다면, 이 책을 권해 드릴 것입니다. 김명찬 대표는 '인생에서 가장 큰 쇼핑'이라 불리는 빌딩 중개 현장에서 투자와 중개라는 두 마리 토끼를 동시에 잡으며 경제적 자유를 이룬 베테랑 공인중개사입니다.

저자가 현장에서 직접 겪었던 다양한 시행착오와 문제 해결 노하우, 이를 통해 축적된 생생하고 실질적인 거래 경험들이 담겨 있습니다. 이러한 귀중한 경험과 노하우는 쉽게 접할 수 없는 값진 자산입니다. 특히 빌딩 중개를 이제 막 시작하는 이들도 쉽게 이해하고 현장에 곧바로 적용할 수 있도록 실질적이고 생생한 지식이 가득 담겨 있습니다.

오랜 빌딩 중개 경험에서 우러나온 저자의 깊이 있는 통찰과 진심 어린 조언은 부동산을 통해 성공과 성장을 꿈꾸는 모든 이들에게 든든한 길잡이가 되어 줄 것입니다.

_김종후, 유튜브 〈후랭이TV〉 대표

부동산 빅데이터 전문가로 다양한 시장 데이터를 분석하며 연구해 왔지만, 빌딩은 개별성이 너무 강해서 데이터만으로 판단하기 어려운 부분이 있습니다. 그렇기에 빌딩 분야는 깊이 있는 경험과 통찰이 성공의 열쇠라고 생각합니다.

김명찬 저자의 『나는 빌딩 중개로 건물주가 되었다』는 바로 그 생생한 현장의 목소리를 담고 있습니다. 시골 깡촌 출신으로 강남 빌딩 중개 전문가를 거쳐 건물주가 되기까지, 저자는 20여 년간 쌓은 실전 노하우와 재테크 마인드를 솔직하게 풀어놓습니다. 빌딩 중개가 단순한 거래가 아닌 자산가들과 교류하며 다방면의 전문가로 성장하는 매력적인 기회임을 보여 주며, 공인중개사 자격증 취득부터 실무 능력의 중요성까지 건물주라는 꿈을 향한 현실적인 로드맵을 제시합니다.

경제적 자유를 꿈꾸며 빌딩 투자나 중개에 도전하려는 독자에게, 이 책은 어떤 데이터 분석보다 값진 현장의 지혜를 전해 줄 것입니다.

_김기원, 유튜브 〈리치고TV〉 대표

『나는 빌딩 중개로 건물주가 되었다』를 읽고, 솔직히 말해 좀 놀랐다. 김명찬 작가님과 15년 넘게 알고 지낸 사이라 그분의 성실함과 부동산에 대한 열정은 예상했지만, 이 책에는 그 이상의 진심이 담겨 있었다. 빌딩 중개에 관한 지식뿐 아니라, 그 과정에서 겪었던 고충과 성장 이야기를 진지하게 풀어내며 깊은 울림을 주었다. 또한, 책 속에는 빌딩 중개를 통해 어떻게 건물주가 될 수 있었는지와 그 길을 걷는 데 필요한 실질적인 전략과 마인드셋이 담겨 있다.

특히 빌딩 중개로 전직을 고려하거나 커리어를 쌓고자 한다면 이 책을 꼭 정독할 것을 권한다. 단순한 부동산 거래의 기술을 넘어, 이 분야에 대한 깊은 이해와 현장에서 겪을 수 있는 다양한 상황을 경험할 수 있다. 나 역시 김명찬 작가님과 함께 이 길을 걷는 동료로서, 이 책이 많은 이들에게 용기를 주고 방향을 제시할 거라 믿는다. 빌딩 중개에 관심이 있다면, 이 책을 통해 실전에서 바로 적용할 수 있는 지식을 쌓을 수 있을 것이다.

_이대희, 유튜브 〈아하빌딩〉 대표

빌딩 중개를 시작하는 이들에게 교과서와 같은 역할을 충분히 할 수 있는 책이다. 25년 이상의 경험을 바탕으로 치열한 시장에서 어떻게 최정상의 자리에 올랐고, 그 자리를 유지하기 위해 어떤 노력을 기울였는지 알 수 있었다. 책에서는 건물 매입을 고려하는 사람들에게 필수적인 길잡이가 될 수 있는 내용을 다룬다. 어떤 건물이 좋은지, 매입 시 무엇을 고려하고 조심해야 하는지, 시장과 경제 상황 변화에 따라 중개인·매도인·매수인이 어떻게 대응해야 하는지 철저히 설명한다. 김명찬 대표의 철학과 마음가짐을 엿볼 수 있는 이 책은 빌딩 중개에 대한 깊은 통찰과 실질적인 조언을 담고 있어 누구에게나 유익한 지침서가 될 것이다.

_장래일, 유튜브 〈빌딩내일〉 대표

제목만 보면 유튜브 썸네일 같은데, 내용은 꽤 충실했다. 특히 빌딩 중개의 '진입 장벽'을 무너뜨리는 구성력이 좋았다. 어느 정도 기초를 다진 다음 읽으면, "부동산은 기다리는 자의 게임"이라는 걸 체감하게 된다. '빌딩이라는 생명체'를 어떻게 분석하고 중개할 것인가에 집중한다. 경험해 보지 않으면 모를 다양한 사례를 다루며 건물의 구조, 임대 현황, 권리관계, 리모델링 가능성 등을 복합적으로 해석하는 노하우를 담고 있다. 이런 영업 기밀(?)을 책으로 공개해도 되나 싶을 정도로 상세하다. 빌딩 중개는 이제 시작이다. 많은 분이 이 책에서 동기부여를 받았으면 좋겠다.

_김도훈, 변호사(청강 법무법인)

책에는 많은 숫자와 차트가 제시된다. 단순한 '직감 투자'가 아닌, 통계 기반의 투자 전략을 다룬다. '언제 사고, 언제 팔아야 하는가'에 대한 이론이 아닌, 근본적 분석 노하우가 왜 중요한지 일깨워 준다.

신뢰를 얻는 중개인의 말투, 현장 조사 시 체크리스트까지 포함되어 있어 초보 중개사뿐 아니라 중급 실무자에게도 큰 도움이 된다. 단순한 이론서가 아닌, 살아 움직이는 '현장서'에 가깝다.

투자자에게도 유용하다. 실거래가 앱을 주로 쓰는 사람들에게 좋은 이론 백서가 되어 줄 듯하다. 감보다 분석이 필요한 사람에게 강추!

_박재우, 회계사(삼영회계법인)

김명찬 대표님이 신축 설계를 담당하고 있을 때, 함께 일하며 정말 많은 것을 배웠다. 김 대표님은 성실하고 꼼꼼하게 모든 세부 사항을 챙기며, 마치 본인의 건물을 다루듯 신경을 썼다. 그 모습을 보며 "이 사람은 정말 일에 진심이구나" 하는 생각을 했다. 그런 그가 쓴 이 책 『나는 빌딩 중개로 건물주가 되었다』는 빌딩 중개에 필요한 엑기스를 하나하나 잘 설명하고 있어, 빌딩 중개를 배우고자 하는 사람이 일머리를 익히는 데 정말 유용하다. 이 책은 단순히 이론적인 내용을 넘어, 실제 현장에서 경험할 수 있는 중요한 포인트들을 쉽게 풀어내고 있어 빌딩 중개를 시작하는 이들에게 실용적인 가이드로 손색없을 것이다.

_윤광채, 건축사(이로건축)

저자는 이 책에서 20년 넘게 갈고닦은 소중한 노하우를 아낌없이 공개한다. 때로는 미래의 경쟁자에게 자신의 비기秘器를 전수하는 대담함마저 느껴진다. 하루하루 빌딩 중개인으로 성장하기 위한 마음가짐과 루틴은 물론, 경제적·법률적 지식과 마케팅 방법까지 폭넓게 다루고 있어 소중한 후배들의 시행착오를 줄여 줄 필독서라 확신한다. 부동산 관련 영업인은 물론이고, 다양한 필드 영업인들도 이 책에서 얻을 통찰이 클 것이다.

_최영준, 신우건설산업(주) 대표

김명찬 대표가 20여 년간 쌓아 온 부동산 중개업의 경험과 노력의 결실이 담긴 책이다. 그가 제시하는 통찰과 조언들은 부동산에 대한 나의 관점을 완전히 변화시킬 만큼 강력했다. 저자는 서울의 변화하는 풍경과 재개발 지역의 숨은 매력을 발견하며, 독자들에게 투자 기회를 찾는 구체적이고 실용적인 방법을 제시한다. 특히 재개발 지역에 대한 깊은 이해는 이 책에서 중요한 축을 이룬다. 장기적인 안목에서 재개발 지역이 안정적인 수익을 안겨 줄 가능성을 강조하며, 우리가 투자에 접근하는 방식에 중요한 시사점을 던진다. 각 지역의 개발 계획과 향후 가치를 세밀히 분석해야 한다는 메시지는 좋은 투자 기회를 가려내는 데 중요한 기준이 된다.

실제 중개업에서 겪은 다양한 사례를 통해 투자와 중개업의 복잡한 세계를 명료하게 풀어낸다. 고객 관리의 중요성, 세심한 정보 기록, 부동산 매물의 상태 점검 등 실질적인 노하우가 곳곳에 녹아 있다. 특히 고객의 재정 상태와 선호도를 기록하고 이를 바탕으로 맞춤형 서비스를 제안하는 과정은 독자들에게 실용적인 지침을 제공한다.

김명찬 대표는 부동산 중개업의 매력이 경제적 수익에만 있는 것이 아니라, 고객과의 동반자 관계를 통해 상호 성장을 이룰 수 있는 것임을 역설한다. 그가 강조하는 것은 장기적인 파트너십의 중요성이다. 이는 부동산 사업을 넘어서, 모든 산업에 통용될 수 있는 중요한 교훈이기도 하다. 『나는 빌딩 중개로 건물주가 되었다』는 부동산 중개 및 투자뿐만 아니라, 관련 산업 종사자들에게도 필독서로 추천할 수 있는 책이다. 김명찬 대표의 깊은 통찰력과 실무 중심의 조언은 부동산 업계에 대한 시야를 확장시키고, 성공적인 사업 운영을 위한 길잡이가 되어 줄 것이다.

_이규범, 이로종합건설주식회사 대표

Chapter 1

돈이 모이는 곳에서
전문가가 되자

우리는 **부자**가
되고 싶다

동창인 A와 B는 같은 시기에 직장 생활을 시작했다. A는 성실하게 월급을 차근차근 저축해서 제법 괜찮은 전셋집을 얻었다. 반면에 B는 직장 생활을 시작한 지 얼마 되지 않았을 때 고민 끝에 대출을 받아 집을 샀다.

10여 년이 지난 후 월급으로 저축해 온 A는 3억 원짜리 전셋집에 살고 있다. 한편, 대출받아서 집을 샀던 B는 계속해서 꾸준히 부동산에 투자해 14억 원 정도의 자산을 모았다. 어느새 A와 B의 자산 격차가 4.5배나 벌어진 것이다.

무엇이 이러한 격차를 만들었을까? 바로 투자를 했느냐 안 했느냐의 차이에서 비롯된 격차다. A가 계속 월급을 저축해도 B를 따라잡을 길은 요원하다. 아무리 아끼고 저축해도 한계가 있는 노동 수입만으로는 B를 따라잡기 어려울 것이다.

우리는 이런 일을 종종 경험하거나 목격한다. 많은 사람이 열심히 일해서 연봉을 올리고 돈을 모아서 부자가 되겠다는 생각을 하지만, 주변에서 월급만으로 부자가 된 사람을 찾기는 힘들다. 물려받은 재산 없이 부자가 된 사람들은 대부분 사업을 하거나 자산 투자를 통해서 부를 쌓았다.

우리는 '자본주의' 사회에서 살고 있다. 자본주의 사회는 개인의 재산 소유를 인정하며, 수요와 공급의 시장경제 원칙에 따라 돌아간다. 즉, 자본을 통한 이윤 추구가 중시되는 사회다. 물론 이런 자본주의에도 한계가 있다. 자본주의는 완벽하지 않다. 부작용과 불공평 또한 존재한다. 하지만 싫든 좋든 우리는 자본주의 사회에 살고 있다. 이 사회에서 돈은 강력한 힘이다.

돈을 나쁘게 생각하는 사람도 적지 않다. 돈에 연연하는 이들에게 손가락질하고, 부자는 양심 없이 부당한 방법으로 돈을 벌었을 거라 여기며 색안경을 끼고 보기도 한다. 실제로 그런 사람도 있겠지만, 모든 부자를 싸잡아 비난하는 것은 올바른 생각인가? 부러움과 질투에서 나오는 맹목적인 적대심은 아닌지 돌아봐야 한다. 돈에 연연하지 않으면 좋은 사람이고, 돈이 많으면 나쁜 사람이라는 논리는 납득하기 어렵다. 단지 좋은 사람과 나쁜 사람이 있고, 돈을 많이 가진 사람과 적게 가진 사람이 있을 뿐이다.

하지만 기왕 한 번 살아가는 인생이라면 경제적 자유를 삶의 방향으로 잡는 것이 좋지 않을까? 우리가 자본주의 사회에서 살고 있다면 말이다. 가난한 탄생은 내 선택이 아니다. 하지만 가난한 죽음은 피할 수 있다. 태어나는 것은 가난했을지라도 죽을 때는 부자로 떠날 수 있다면 어떤 선택을 하겠는가?

마이크로소프트의 설립자이자 억만장자인 빌 게이츠Bill Gates는 "돈은

나는 빌딩 중개로 건물주가 되었다

인생에서 중요한 역할을 한다. 돈은 많은 선택권을 주며, 이는 자유를 뜻한다"고 말했다. 또한 테슬라의 CEO 일론 머스크Elon Musk는 "내가 부자가 되고 싶은 이유는 돈 자체가 아니라, 돈이 있으면 돈으로 할 수 있는 일이 더 많기 때문이다. 돈은 자유로움의 측면에서 중요하다"고 했다.

그렇다. 돈이 있으면 사고 싶은 물건을 사고 여행을 하고 맛있는 음식을 먹고 배우고 싶은 것을 배울 수 있다. 소비의 제약이 사라지는 것이다. 이뿐만이 아니다. 하고 싶지 않은 일을 억지로 하지 않아도 되는 것이 바로 돈의 힘이다. 특히 자본주의 사회에서 돈은 가장 강력한 동기가 된다. 심지어 "돈기부여"라는 말이 생겨날 정도다.

이처럼 경제적 자유는 '하고 싶지 않은 일을 강요받지 않는 자유'와 '원하는 것을 실현할 수 있는 자유'를 포함하고 있다.

인간은 사회적 동물이기 때문에 원하든 원치 않든 타인의 영향을 받는다. 다른 사람의 결정으로 내 소득과 인생이 바뀌는 일이 많다. 대표적으로 소비자의 기호가 변하는 경우를 들 수 있다. 예전에는 패밀리 레스토랑이 많았다. 아이들이 많았기 때문이다. 그런데 어느새 신혼부부가 줄고 출산율이 떨어지면서 가족을 타깃으로 한 패밀리 레스토랑이 하나둘 사라지고 있다. 거대 카페 베이커리의 등장으로 동네 빵집이나 명장 베이커리 업체가 타격을 받는 것도 마찬가지 경우다.

이처럼 자신의 의지나 행동이 아닌 외부의 영향에서 비롯된 경제적 문제가 계속해서 쌓이는 것이 자본주의의 삶이다. 이를 극복하기 위해서는 외부의 영향에도 타격을 입지 않는 수준의 소득을 가지고 있어야 한다.

100퍼센트 온전히 혼자 힘으로 소득 전체를 책임지는 단계, 즉 자신의 결정과 노력 여부에 따라서 스스로 운명을 결정할 수 있는 단계를 나는 "퍼펙트perfect 소득"이라고 말한다.

우리는 퍼펙트 소득에 '가장 빠르게' 도달하는 방법을 찾아야 한다. 목적지에 도달하는 일 자체가 중요한 것이 아니라 짧은 시간에 효과적으로 도달하는 것이 중요하다. 이를 이루기 위해서는 노동 수입 이외의 소득이 필요하다. 수많은 사람이 재테크에 열을 올리는 이유도 이 때문이다.

열심히 일해서 얻은 근로소득은 아주 소중하지만, 이 돈을 은행에 가만히 넣어 두기만 하면 부자가 될 수 없다. 잘 굴려서 눈덩이처럼 키워야 한다. 워런 버핏Warren Buffett이 말한 '스노우볼snowball 효과'를 떠올려 보자.

주먹만 한 최초의 눈 뭉치는 크기도 작고 무게도 가벼워서 구르는 속도가 느리지만, 구를수록 크기가 기하급수적으로 커져 점점 더 빠르게 굴러간다. 경제에서 복리 효과를 설명할 때 주로 '스노우볼 효과'를 언급한다. 복리란 이자 수익에 또 이자가 붙는 것을 말한다. 그 이자에 또 이자가 붙으면서 시간이 갈수록 수익이 눈덩이처럼 불어난다는 의미다.

여러분의 꿈은 무엇인가? 무엇을 하고 싶고, 무엇을 하기 싫은가? 꿈은 모르겠고, 그저 돈을 많이 벌고 싶은가? 하지만 경제적 자유를 이루기 위해서는 먼저 자본주의와 돈의 속성을 잘 파악해야 한다. 그래야 돈이 눈덩이처럼 불어날 수 있는 길을 찾을 수 있다.

앞서 언급한 A와 B 중에서 여러분이 더 부러움을 느끼는 사람은 누구인가? 타고난 부자가 아님에도 경제적 자유를 누리고 싶다면 B의 삶을 추구해야 한다. 그 커다란 욕망 안에는 '부동산'이 아주 중요한 자리를 차지하고 있다.

나는 빌딩 중개로 건물주가 되었다

부동산은
거짓말을 하지 않는다

우리는 흔히 대표적인 재테크 수단으로 '부동산'을 꼽는다. 시시때때로 주식 열풍이 불고 코인이 주목을 받기도 하지만, 부동산에 대한 열망은 늘 변함이 없는 듯하다.

우리나라는 지정학적으로 삼면이 바다로 둘러싸여 있다. 위쪽으로는 북한이 있어 사실상 고립된 섬이나 마찬가지다. 게다가 땅도 아주 작다. 땅의 면적만으로 순위를 매기면 우리나라는 세계에서 108위다. 세계에서 가장 넓은 땅을 지닌 러시아와 비교했을 때 약 170분의 1에 불과한 면적이다.

심지어 우리나라 땅의 65퍼센트 정도는 산이 차지하고 있다. 산, 논, 밭 등을 뺀 도시 지역은 전체 국토의 약 17퍼센트에 불과하다. 이 좁디좁은 도시 지역에 인구의 92퍼센트가량이 산다. 인구 10명 중 9명이 좁은 도시에서 바글바글 모여 살고 있는 것이다.

이러한 이유 때문인지 우리나라에서 부동산의 가치는 아주 크다. 수요에 비해 공급이 턱없이 부족하다. 금이나 은처럼 우리나라의 부동산은 희소가치가 매우 높은 '안정자산'이다.

안정자산은 경기 변동과 외부 충격에 민감하지 않으며, 시간이 지나도 자산 가치가 꾸준히 유지되거나 점진적으로 상승하는 경향이 있다. 부동산은 이런 특성을 대부분 충족한다. 부동산은 실물자산으로서 인플레이션에 대한 헤지hedge 역할을 할 뿐만 아니라, 고정된 수익(예를 들어, 임대료)을 제공한다. 이러한 부동산은 장기적인 가치와 안정성을 중시하는 투자자들에게 매력적이다. 하지만 경제 위기나 단기적 금융 불안 속에서 완전한 안전자산으로 간주하기는 어렵기에 안전자산보다는 안정자산에 가깝다고 생각된다.

안전자산	안정자산
금융 시장이 불안정하거나 경제적 위기가 발생했을 때 투자자들이 선호하는 자산 예: 금, 미 국채, 달러 등	시장에서 비교적 가격 변동이 적고 장기적인 투자 가치가 있는 자산 예: 부동산

주식, 채권, 비트코인 등 재테크 방법은 여러 가지이지만 아직 우리나라에서는 주택, 아파트, 빌딩, 토지와 같은 부동산으로 돈을 버는 사례가 더 많다. 우리나라에서는 부동산을 모르면 절대 부자가 될 수 없다고 말해도 과언이 아니다.

땅이 부족한 나라에서 부동산만큼 확실한 재테크는 없다. 스노우볼 효과는 이러한 부동산 시장에도 통한다. 시간이 흐를수록 가치가 올라서 수익이 불어나기 때문이다. 부동산은 절대 거짓말을 하지 않는다.

나는 빌딩 중개로 건물주가 되었다

스노우볼은 작은 눈 뭉치에서 시작된다. 마찬가지로 부동산 투자에도 적절한 종잣돈이 있어야 한다. 우선 소비를 줄여서 적은 금액이라도 저축해야 한다. 적절한 종잣돈을 마련하는 일은 종종 처절할 때도 있지만, 다른 방법이 없다. 일단 차근차근 모으는 과정이 반드시 필요하다. 그렇게 모은 돈을 가지고만 있지 말고 부동산에 투자하라. 그게 바로 복리 효과를 얻는 저축이 될 것이다.

10년, 20년 후면 모든 것이 다 오른다. 돈은 그냥 놔두면 가치가 떨어지지만, 부동산에 저축한 것은 스노우볼처럼 커진다. 건물주가 되는 과정도 이와 다르지 않다.

부동산 시장에서는 주로 아직 개발 효과가 시세에 반영되지 않은 지역의 물건을 스노우볼이라고 부른다. 주변의 신축과 분양 단지 입주 전후로 각종 개발 사업이 진행되면 부동산 가치가 상승하기 때문이다. 특히 부동산 중에서도 상업 시설이 스노우볼 효과가 크다. 대규모 주택 재개발이나 교통 호재가 있는 곳은 풍부한 잠재 배후수요(상가 주변의 고정적인 유효 수요)가 있어 안정적인 임대 수익을 기대할 수 있기 때문이다.

잘 투자한 부동산이 하나라도 있으면 그만큼 든든하다. 부동산 투자를 잘해서 스노우볼 효과를 누리다가 어느덧 건물주가 된다고 상상해 보자. "조물주 위에 건물주"라는 말이 괜히 생긴 것이 아니다. 하기 싫은 일을 하지 않고 월세로 먹고 살 수 있다는 상상만으로도 우리는 행복해진다.

그래서인지 열심히 모은 돈으로 부동산 투자를 하려는 사람이 많다. 제법 장사가 잘되는 식당의 사장님도, 고소득 전문직이라는 의사나 변호사도, 사업으로 돈을 번 기업체의 대표도 다들 부동산에 관심을 가진다. 부동산이 황금알을 낳는 거위가 되기를 바라는 마음 때문이다. 그러니 부동산은 계속 거래된다. 경제가 어려우면 잠시 주춤할 뿐이다. 경제가 태풍의 눈에 진입한 듯 위태롭다가도 어느덧 다시 회복되면, 부동산 시장은 거센 바람에 힘을 얻는 풍력발전기처럼 거침없이 부를 생산해 낸다.

이처럼 우리 생활과 밀접하면서도 큰돈이 거래되는 것이 바로 부동산 분야다. 부동산 분야를 공부하는 것만으로도 돈의 흐름과 부자들의 재테크 방법을 익힐 수 있다는 점도 아주 매력적이다. 그래서 나는 아직 꿈을 찾지 못했거나 꿈을 이루기 위한 준비가 되어 있지 않은 후배들이 조언을 구하면 부동산 분야에서 시작해 볼 것을 권한다.

당장 투자를 시작할 만한 자본이나 지식이 부족하다면 관련된 일을 하면서 돈을 모으고 공부를 하는 것도 하나의 방법이다. 큰돈이 모이는 부동산 분야에서 전문가로 우뚝 설 수 있다면, 그 노력과 열정의 대가는 상당히 묵직할 것이다.

하지만 큰돈이 모이다 보니 부동산 분야가 일부 혼탁한 것도 사실이다. 남의 돈을 노리는 사기꾼도 있고, 옥신각신 다툼이 나서 소송이 걸리는 일도 심심치 않다. 하지만 미리 걱정할 필요는 없다. 내가 정직하고 성실하게 일하면 두려울 것은 전혀 없다.

부동산 분야에는 아주 다양한 직업이 있다. 택지를 조성하거나 건물을 신축하는 '부동산 개발업자', 부동산을 담보로 대출을 일으키는 '부동산 금융 전문가', 토지와 건물 같은 부동산의 가치를 평가하는 '부동산 평가사', 부동산 시장 정보를 수집하고 분석하는 '부동산 애널리스트', 공사를 위탁받아 건물을 짓는 '부동산 시공 전문가', 건물의 분양을 맡아서 진행하는 '분양 대행 전문가' 등 수없이 많다.

하지만 부동산 초보자가 선뜻 뛰어들기에는 모두 다 어려워 보인다. 이

나는 빌딩 중개로 건물주가 되었다

런 직업들은 관련 경험이 없는 일반인이 새롭게 진입하기 힘들고, 필요한 자격증을 따는 일도 까다로운 것이 사실이다. 한마디로 진입 장벽이 높다. 그래서 나는 이 책을 통해 여러분에게 '부동산 중개업', 그중에서도 '빌딩 중개업'을 소개하고자 한다.

나라가 선진화될수록 직업은 더욱 세분화되고, 전문가는 더욱 존중받는다. 부동산 중개 플랫폼이 발달한 요즘에는 스마트폰을 이용해서 아파트나 원룸 등을 거래할 수도 있다. 하지만 부자들은 더욱더 고품질의 대면 부동산 서비스를 찾는다.

물론 부동산 중개업도 상대적으로 진입은 손쉬울지 몰라도 고소득을 올리는 전문가로 자리 잡기까지는 충분한 시간과 노력이 필요하다. 한 분야의 전문가가 되기 위해서는 누구나 첫걸음을 떼야 한다. 그러니 시작부터 스스로 한계를 규정짓고 적당한 목표를 세우지는 말자.

독일의 철학자 프리드리히 니체Friedrich Nietzsche는 이렇게 말했다. "허물을 벗지 않는 뱀은 죽고 만다." 인간도 이와 똑같다. 하나의 세계를 깨고 나온다는 마음가짐으로 큰 목표를 가져야 성공할 수 있다. 유명한 달걀의 비유가 있지 않은가. 스스로 깨고 나오면 병아리가 되지만, 남이 깨고 나오면 달걀프라이가 되는 것이다.

고수익 평생 직장,
부동산 **중개업**

부동산 중개업은 매력적인 직업이다. 특히 사람 상대하는 일을 좋아한 다면 더할 나위 없이 만족스러운 직업이다. 이 외에도 부동산 중개업의 매력은 일일이 열거할 수 없을 정도로 많다. 그중 한 가지만 예를 든다면, 자격증만 있으면 정년 없이 그만두고 싶을 때까지 일할 수 있다는 점이다.

이런 이유로 해마다 나이나 성별에 상관없이 수많은 사람이 공인중개 사 자격증에 도전한다. 그중에는 관련 직종에서 경험을 쌓은 다음 개인 사무소를 내기 위해서, 혹은 부동산 관련 법인에 입사하기 위해 응시하 는 사람이 많다.

현재 우리나라에는 약 35만 명의 공인중개사가 있다. 이들 중에서 실 제로 부동산 중개업을 운영하는 개업 공인중개사는 10만 명 정도다. 또 한, 부동산 중개업에 종사하는 사람의 상위 1퍼센트는 월 1,000만 원이 넘는 소득을 올린다고 한다.

하지만 점차 모든 것이 온라인으로 처리되는 시대에 살다 보니 부동 산 정보도 온라인으로 찾고 중개인 없이 직거래로 거래하기를 원하는 사람이 늘고 있다. 부동산이 중요한 재테크 수단으로 여겨지는 와중에 자칭 '부동산 전문가'도 늘어나다 보니 중개 수수료가 아깝게 느껴지는 것이다. 이러한 추세에 따라 중개업의 전망을 회의적으로 바라보는 시선도 존재한다. 하지만 직거래로 부동산을 사고팔면 몇 가지 위험 요소에 노출된다.

첫째, 부동산 권리관계의 위험성을 놓칠 수 있다. 부동산은 개인이 구매할 수 있는 가장 고가의 상품이다. 평생에 걸쳐 거래하는 횟수도 그리 많지 않다. 이러한 부동산 거래에서 권리관계를 잘 파악하지 못하면 자신뿐만 아니라 가족의 미래까지 암울해질 수 있다. 따라서 반드시 결과를 책임질 수 있는 중개인을 통해서 거래해야 한다.

둘째, 법률적인 문제 해결에 어려움을 겪을 수 있다. 부동산을 직거래하다가 법률적인 문제가 발생하면 해결할 사람이 없다. 그러면 결국 비싼 수임료를 지불하고 변호사를 선임해야 한다. 하지만 중개인을 통해 거래하면 사전에 이러한 위험을 방지할 수 있다.

셋째, 매수인과 매도인 사이에서 합리적인 가격을 제시할 사람이 없다. 매수인과 매도인이 각자 제시한 매매 가격을 받아들이지 못해서 거래가 난항을 거듭할 때 중개인의 가격 조정 능력이 빛을 발할 수 있다. 하지만 객관적인 데이터를 기준으로 시장가격을 제시해서 매수인과 매도인 사이를 조율하는 중개인이 없다면 서로의 이익만 주장하다가 감정이 상해서 거래 자체가 어긋나는 일이 생기기도 한다.

넷째, A/S가 어렵다. 부동산도 A/S가 중요하다. 부동산 계약 후 잔금을 치를 때까지 다양한 문제가 발생할 수 있기 때문이다. 권리관계에서 문제가 발견되거나 약속 불이행 등의 말썽이 일어나는 일이 종종 있다. 이때 책임감 있는 중개인을 통해 거래하면 문제를 함께 해결해 나갈 수 있다. 잔금을 치를 때까지 전전긍긍할 필요 없이 믿고 맡길 수 있는 것이다.

◇ 부동산 계약 후 발생할 수 있는 문제 ◇

등기부등본상 권리 문제	근저당권, 압류 및 가압류 등의 권리 사항이 계약 후 뒤늦게 발견되거나 해결되지 않아서 소유권 이전이 지연될 수 있다. 매도인이 이를 해소하지 못하면 매수인은 소유권을 제대로 확보할 수 없어 큰 불안감을 느낀다.
약속 불이행	계약 시 매도인이 약속했던 조건이 이행되지 않는 상황도 문제가 될 수 있다. 예를 들어, 신축 및 리모델링 시 논의한 작업이 완료되지 않은 상태로 잔금을 요구하거나 계약 당시 협의했던 내용이 해결되지 않은 경우다. 이러한 상황은 신뢰를 떨어뜨리고 추가적인 협의를 요구하게 만든다.
명도 지연	잔금일에 매도인이 부동산을 비워 주지 않아서 매수인이 입주하지 못하는 일도 종종 발생한다. 이사 지연 문제는 실사용 목적으로 부동산을 구입한 매수자의 계획에 차질을 빚게 하며 불필요한 갈등을 유발하기도 한다. 매도인이 아닌 세입자가 임차하고 있는 경우, 임대차 계약 종료 후에도 세입자가 명도해 주지 않는 문제가 발생할 때도 있다.
잔금 지급 지연	중도금이나 잔금 지급 과정에서도 혼선이 생길 수 있다. 계약 조건에 포함된 명도가 이루어지지 않거나, 자금 조달 계획의 변경 등으로 잔금 지급이 지연되는 일이 발생한다. 예를 들어, 잔금 대출이 안 되거나 이자율 등의 조건이 기대에 못 미치면 중개인에게 잔금 일정을 늦춰 달라고 하는 일이 종종 있다. 이렇게 잔금 지급이 지연되면 거래 당사자에게 불안감과 불편함이 초래된다. 이에 따라 빌딩의 매매 계약이 해제(처음부터 계약 자체가 없었던 것처럼 무효가 됨) 또는 해지(계약 자체는 유효하지만 해지한 순간부터 계약이 종료됨)되기도 한다.

이러한 위험들이 도사리고 있는 한 부동산 중개업이 고수익의 평생 직업이 될 수 있다는 사실에는 변함이 없다. 고가 상품인 부동산 거래에는 보이지 않는 권리관계도 많다. 따라서 정보가 풍부한 온라인 거래 사이트가 존재한다고 해도 실질적인 거래는 부동산 전문가와 함께해야 한다.

법률 지식으로 무장한 실력 있는 중개사, 혹은 고객 관리에 최선을 다하는 성실한 중개업자는 오래도록 살아남는다. 오히려 나이가 들수록 부동산을 보는 눈이 깊어진다. 경험 많은 관상가일수록 사람의 얼굴뿐만 아니라 내면까지 들여다볼 수 있는 것처럼 말이다.

숙련된 공인중개사는 부동산에 대한 분석뿐만 아니라 법률적인 문제 해결 능력까지 두루 갖추게 된다. 그렇게 평생 고수익을 올릴 수 있는 직종에서 전문가로 자리 잡게 되는 것이다. 그리고 이러한 부동산 중개업의 꽃이 바로 '빌딩 중개'라고 할 수 있다.

부동산 중개업에서도 '빌딩 중개'는 아주 특수한 전문 분야다. 일반적인 부동산 중개업은 주택, 아파트, 빌라, 전월세, 상가, 원룸, 오피스텔 등 여러 가지를 종합적으로 다룬다. 그러다 보면 덩치가 큰 빌딩 중개에 선뜻 도전하기가 어렵다.

빌딩 중개는 주로 내부에 많은 사무실이나 상가가 들어선 건물을 다루는데, 이러한 건물의 수는 한정되어 있다. 하지만 건물주가 되고 싶어 하는 사람은 많다. 이들을 대상으로 한 부동산 비즈니스가 바로 빌딩 중개다.

불과 얼마 전까지 부동산 시장을 휩쓴 키워드는 '빌라왕 사기 사건'이었다. 부동산 사기는 타인의 전 재산과 인생을 망치는 중범죄일 뿐 아니라, 부동산 시장의 신뢰를 떨어뜨리는 최악의 행위다. 그로 인해 부동산 투자 분야에 투기 이미지가 두드러지면서 사람들의 불안은 더욱 커지고, 다주택자에 대한 정부의 규제 강화가 계속되고 있다. 주택 매매를 위한 대출이 막히고, 취득세와 양도세 등 부동산 관련 세금도 아주 높다. 이와 더불어 출산율 감소, 1인 가구 수 증가, 인구의 노령화 등으로 인해 향후 주택에 대한 수요는 과거처럼 폭등할 것 같지 않다.

하지만 빌딩에 대한 수요는 여전하다. 돈 좀 있다는 사람들의 주요 관심사는 언제나 '건물'이다. "연예인 ○○○이 강남에 ○○억짜리 건물을 샀다"는 등의 기사가 종종 화제가 되는 이유도 건물에 관한 관심과 수요가 꾸준하기 때문이다. 건물의 종류는 수억짜리 꼬마빌딩부터 천억 단위의 대형 빌딩까지 다양하기에 자본 규모 및 수익 목표별로 수요층 또한 다양하다.

부동산정보업체의 분석에 따르면, 상업 및 업무용 빌딩 거래 규모가 역대 최대였던 2021년에 50억 원 미만의 꼬마빌딩이 전체 거래량의 60퍼센트를 차지했다. 10건의 빌딩이 거래되면 그중 6건은 꼬마빌딩이었다는 말이다. 꼬마빌딩의 거래가 이토록 활발하다는 것은 많은 사람이 빌딩을 부동산 투자의 목표로 삼고 있다는 뜻이기도 하다. 부를 습득하는 첫 걸음, 혹은 노후를 위한 준비로 꼬마빌딩을 갖고 싶어 하는 사람이 그만큼 많다.

그렇다면 빌딩은 왜 인기가 있을까? 안정적인 임대 수익도 얻을 수 있고, 시간이 흐르면 시세 차익도 노려 볼 수 있기 때문이다. 대출이자가 버거워도 빌딩을 사서 몇 년 지나면 자산 가치가 상승하므로, 사람들은 무리해서 과감한 투자를 하기도 한다. 건물은 기본적으로 땅을 깔고 있기에 입지가 나쁘지 않다면 가치는 상승할 수밖에 없다.

또한 건물 매매는 주택 매매보다 정부 규제가 약한 편이다. 그래서 은행 대출을 활용한 투자, 2인 이상의 공동 투자, 소규모 빌딩 투자 등으로 빌딩 시장은 최근 호황을 맞았다. 재테크에 관심이 많은 젊은 세대도 차츰 빌딩 시장으로 유입되는 추세다.

물론 경제가 불경기이거나 대출이자가 높으면 건물에 대한 수요는 움츠러들 수밖에 없다. 하지만 투자 고수들은 오히려 이 시기를 노린다. 경기가 어려워 급매로 내놓은 건물을 싸게 살 기회이기 때문이다. 결과적으로 경기가 좋든 나쁘든 빌딩 시장은 활발하게 돌아간다.

게다가 부자들은 경기를 타지 않는다. 여유 자금이 넘치는 사람들은 지금처럼 경기가 안 좋을 때 급매로 구입하고, 경기가 좋을 때는 팔기 위해 애쓴다. 심지어 코로나19 팬데믹 때도 빌딩 중개로 인한 매출은 계속 일어났다. 경기가 나쁘면 문의가 적어질 뿐이지 매매가 사라지는 것은 아니다.

부동산 중개의 꽃
'**빌딩** 중개'

부동산 중개업 분야에서 최고 난도의 영역은 바로 빌딩 시장이다. 큰돈이 거래되는 시장이기 때문에 빌딩 중개사의 안목과 실력이 무엇보다 중요하다. 중개사라면 누구나 하고 싶어 하지만, 아무나 도전할 수 없는 영역이기도 하다. 그래서 나는 부동산 중개의 꽃이 바로 빌딩 중개라고 생각한다. 그 이유를 좀 더 구체적으로 살펴보면 다음과 같다.

① 어마어마한 중개 수수료

어떤 소비재든 그렇겠지만 부동산 역시 물건 가격이 비쌀수록 매출에 유리하다. 매매 금액에 따라 중개 수수료가 계산되기 때문이다. 주택, 아파트, 오피스텔 등의 거래에서 중개 수수료율은 매매 금액의 0.4~0.7퍼센트다. 하지만 상가나 빌딩 거래의 중개 수수료율은 매매 금액의 0.9퍼센트다. 당연히 작은 상가나 사무실보다 몇십억에서 몇백억 비싼 건물의 중개 수수료는 그 금액도 엄청나다.

특히 강남의 빌딩은 가격이 매우 높고 수요층도 많다. 강남에 자리한

나는 빌딩 중개로 건물주가 되었다

회사들은 강남에 사옥을 갖는 게 로망이자 꿈이다. 교통 및 편의 시설과 기반 시설이 잘 갖추어져 있는 우리나라 경제의 심장 같은 곳이기 때문이다. 이러한 지역의 빌딩 가격은 몇십억은 훌쩍 넘고 몇천억에 이르기도 하니, 중개 수수료 또한 어마어마하다.

예를 들어, 100억 원이 넘는 건물의 매매를 중개했다고 가정해 보자. 계약이 성사되면 억 단위의 중개 수수료를 받을 수 있다. 상업용 부동산의 법정 수수료는 상한 0.9퍼센트다. 만약 양쪽에서 0.9퍼센트씩 수수료를 받는다면 1억 8,000만 원이 넘는다.

물론 회사에 소속된 공인중개사는 중개 수수료를 회사와 나누어야 한다. 그래도 성과가 높고 계약을 잘하는 직원이라면 가져가는 수수료율이 기본적으로 높을 것이다. 내 주변에는 빌딩 전문 중개법인에 소속된 팀장이 많다. 부동산 중개법인에서 팀장이란 어느 정도 경력을 갖춘, 단독으로 계약을 만들어 내는 사람을 말한다. 팀원들을 데리고 있기도 하고, 단독 팀장으로 활동하기도 한다. 그들의 연봉은 적게는 3억~4억 원에서, 많게는 10억 원이 넘는다. 웬만한 자영업자, 혹은 대기업 임원이나 대표의 연봉과 맞먹는 수준이다. 직원이 70~100명 정도 되는 규모의 빌딩 중개 회사 팀장들의 5~10퍼센트는 보통 이런 연봉을 받는다.

2014년에 강남의 한 부동산 중개법인에서 일할 때였다. 옆 팀의 팀장이 서울 서초구 서초동에 위치한 옛날 뉴욕제과 빌딩을 1,050억 원에 중개했다. 이때 매도인 쪽에서만 중개 수수료로 7억 원을 받았다고 한다. 이 정도면 정말 웬만한 아파트 한 채 값이 아닌가!

나와 동갑이었던 어떤 팀장은 2017년에 회사를 퇴사한 뒤 중개사 몇 명과 함께 역삼동에 빌딩 중개법인을 차렸다. 그리고 앞서 거래된 뉴욕

제과 빌딩을 다시 1,420억 원에 자산운용 회사에 중개했다고 한다. 아무리 중개 수수료를 깎아 주었다고 해도 금액이 얼마나 컸을지 짐작해 보면 입이 떡 벌어진다.

빌딩은 일반 주택이나 아파트보다는 거래량이 적다. 다만 '상대적'으로 적어 보일 뿐이지 거래 자체는 매우 활발하며, 금액은 큰 규모를 형성하고 있다. 다음 그래프들을 살펴보자.

◇ 2019~2024년 1월 전국 상업 업무용 빌딩 매매 거래량 및 거래 금액 ◇

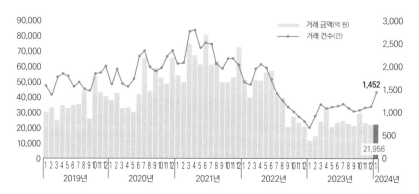

자료: 부동산플래닛

◇ 2024년 1월 전국 상업 업무용 빌딩 거래 주체별 거래 건수 ◇

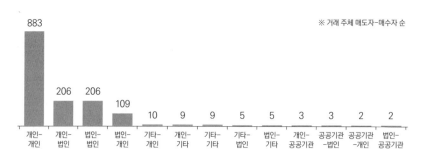

자료: 부동산플래닛

나는 빌딩 중개로 건물주가 되었다

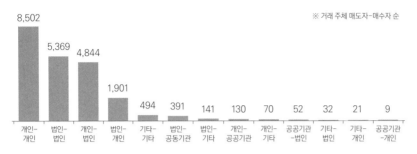

◇ 2024년 1월 전국 상업 업무용 빌딩 거래 주체별 거래 금액 ◇

※ 거래 주체 매도자~매수자 순

개인-개인	법인-법인	개인-법인	법인-개인	기타-기타	법인-공동기관	법인-기타	개인-공공기관	개인-기타	공공기관-법인	기타-법인	기타-개인	공공기관-개인
8,502	5,369	4,844	1,901	494	391	141	130	70	52	32	21	9

자료: 부동산플래닛

자료에서 알 수 있듯이 빌딩 시장의 거래액 규모는 아주 크다. 큰돈을 벌려면 당연히 큰돈이 모이는 곳에서 기회를 만들어야 한다. 빌딩 시장은 바로 그 기회를 잡을 수 있는 곳이다.

② 자산가와 네트워크 형성

건물을 매수하거나 매도하려는 이들은 대부분 자산가다. 그래서 빌딩 중개를 하다 보면 보통의 회사원이었다면 마주치기 어려웠을 사람들을 만날 수 있다. 정치인, 기업가, 스포츠 선수, 연예인 등 얼굴이 알려진 사람을 만나는 일도 흔하고 어떨 때는 몇천억 규모의 대기업 대표를 만나기도 한다.

나는 2010~2011년쯤 한 게임 회사의 대표를 만난 적이 있다. 게임에 관심이 있는 사람이라면 누구나 알 만한 우리나라의 대표적인 게임 회사 대표에게 강남에 위치한 건물을 중개해 주었다. 좋은 건물을 합리적인 가격으로 매입한 성공적인 투자였다.

모 그룹의 계열사 대표에게 광진구에 있는 건물을 구입해 준 적도 있다. 당시 미팅 때마다 좋은 물건을 보여 줘서 고맙다고 맛있는 식사를 대접해 주었던 기억이 난다.

유명한 식품 회사 대표의 가족 물건도 중개한 적이 있다. 대표의 어머니 소유인 종로의 부지를 매각해 주었는데, 이 부지를 산 매수자는 나와 오랫동안 인연을 이어 온 해운 회사의 회장님이었다. 주변 시세보다 싸고 위치도 좋은 데다가 눈에 잘 띄는 코너 자리였다. 다만 그 자리에 건물을 새로 짓기 위해서는 임차인들을 내보내야 하는 문제가 있었다. 다행히 임차인들과 협의가 잘되어서 건물을 허물고 빠르게 새로 신축할 수 있었다. 그렇게 신축한 건물의 각 층에 새롭게 우량 임차인을 구성한 다음, 다시 얼굴이 익히 알려진 축구선수에게 매각했다.

해운 회사 회장님과는 네 번 거래했는데, 그중 하나는 논현동 백종원 거리 인근 상권에 위치한 물건이었다. 이 건물은 104억 원에 거래되었다. 당시 임대료는 2,000만 원대 후반이었다. 하지만 임차인과 협의를 거쳐 3년 뒤에 6,000만~7,000만 원대로 인상했다. 이 건물을 나중에 유명 배우가 구입했다. 나는 자산 및 건물을 관리하는 회사를 함께 운영하고 있는데, 이 건물도 내가 운영하는 엠스에셋에서 관리 중이다.

한국의 대표적인 갤러리인 평창동의 '가나아트센터'와 인사동의 '인사아트센터'와도 일을 했다. 이 센터들이 소유한 부동산을 컨설팅하고, 부동산 포트폴리오를 만들어 주었다. 가나아트센터 회장님과 그 가족의 건물도 구입해 주고, 매각도 해 주었다. 아직도 가족의 건물들을 관리하고 있다. 또한 부암동의 '석파정 서울미술관'을 컨설팅하기도 했다. 이곳에는 문화재로 지정된 '석파정'이라는 정자가 있는데, 이 부지를 어떻게 개발해야 하는지 직원들과 몇 주 동안 고생해서 개발 제안을 했다.

아이돌 그룹 출신 연예인의 청담동 건물도 구입해 준 적이 있다. 그는 이전까지 고급 주택에서 비싼 전세로 살고 있었다. 그 전세금으로 건물을 사서 주거도 해결하고 임대료도 받을 수 있는 일석이조의 효과를 얻었다. 미국에 살고 있는 매도자와 가격 조정이 잘되어서 저렴하게 건물을 구입할 수 있었다. 이 건물은 몇 년 전 TV 프로그램에 나오기도 했다.

이 외에도 수많은 전문직 종사자와 재력가들의 거래를 중개했다. 이들 중에는 자수성가한 사람도 있지만 애초에 자산가 집안에서 태어난 사람도 있다. 어쨌든 사회적으로 인정받는 사람들이라는 것이 공통점이다. 빌딩 중개를 하다 보면 이런 이들과 인연을 맺고 교류하는 일이 빈번하다. 그렇게 유력 인사들과 어울리면서 접한 그들의 사고방식, 행동, 라이프스타일은 내게 값진 자산이 되었다.

한번은 아들이 넘어져서 얼굴에 상처가 깊게 났다. 나는 건물 중개로 인연을 맺은 의사에게 급히 전화를 걸었다. 고맙게도 아이를 빨리 성형외과로 데려오라고 해서 신속하게 상처를 꿰맬 수 있었다. 아내가 아파서 급하게 병원을 찾아야 했을 때도 건물을 중개해 준 또 다른 의사에게 진료와 시술을 받을 수 있었다. 이처럼 살다 보면 갑자기 가족이 아프거나, 법적인 분쟁이 생기는 등 갖가지 문제에 직면한다. 이럴 때도 도움을 주고받을 수 있는 인적 네트워크가 형성되어 있다면 얼마나 든든하겠는가.

세계에서 인구가 가장 많은 나라인 인도에서 성공하기 위해서는 수많은 사람과 경쟁해야 한다. 그러한 인도에서 발리우드 배우로 성공한 바입하브 샤Vaibhav Shah는 성공에 관해 이렇게 말했다. "성공한 사람을 볼 때 대중에게 드러난 영예만 볼뿐, 그 영예를 얻기 위해 치렀던 개인적 희생은 절대 보지 않는다." 부자들도 하는 일마다 다 잘되지는 않았을 것이다. 넘어지기도 하고 좌절하기도 하면서 끊임없이 성공하기 위한 방법을 고심하고 노력한 끝에 부자가 되었을 것이다.

유명한 사람들의 그럴듯한 성공담은 힘들지 않게 찾아볼 수 있다. 하지만 실패를 딛고 일어서서 성공을 이룬, 우리 주변의 진짜 자산가들의 이야기는 원한다고 해서 쉽게 들을 수 있는 것이 아니다. 그들과 가까이 소통하면서 비로소 돈으로 살 수 없는 삶의 철학과 지혜를 경험할 수 있다.

보통 사람과는 '부의 그릇' 자체가 다른 부자들과 관계를 맺는 순간부터 자연스럽게 자산을 다루는 태도를 배우게 될 것이다. 이러한 통찰력을 가르쳐 주는 고객과의 인적 네트워크는 매우 중요하다. 부동산 거래는 결국 사람을 통해서 연결되기 때문이다. 부동산은 평범한 물건처럼 사고팔기에는 부담이 크다. 그러다 보니 파는 사람과 사는 사람이 무엇보다 중요하다. 사람을 살펴보고, 사람에게 신뢰가 생겨야 거래가 일어난다.

③ 다방면의 전문가로 성장

역량을 갖춘 빌딩 중개인은 건물뿐만 아니라 투자 및 경제 분야에서도 전문가 못지않은 지식을 보유하고 있다. 따라서 빌딩 중개인으로 자리 잡기 위해 노력하다 보면 어느새 다방면의 전문가로 성장한 자신을 마주하게 될 것이다.

빌딩 중개인은 대표적으로 다음 네 가지 부분의 전문가가 될 수 있다.

첫째, 빌딩 중개인은 '건물 컨설턴트'다. 컨설턴트는 경영에 관한 전문

나는 빌딩 중개로 건물주가 되었다

적인 의견이나 조언을 해 주는 사람이다. 고객의 성향과 원하는 바를 잘 파악해서 적절한 건물을 제시해야 하는 것이다. 예를 들어, 나이가 젊고 고정된 수입이 있는 고객에게는 현재 임대 수익률이 낮아도 미래에 자산 가치가 높아질 건물을 추천한다. 강남을 비롯해 향후 전망이 좋은 지역이 이에 해당된다. 반면에 나이가 많고 매달 꼬박꼬박 들어오는 안정적인 수입이 필요하다면 임대료를 받을 수 있는 수익률이 높은 건물을 추천한다. 과감하게 서울을 포기하고 수도권의 입지 좋은 건물을 제안할 수 있다. 이처럼 빌딩 중개인은 고객에게 맞는 최적의 빌딩을 구입하도록 안내해 주는 길잡이다.

둘째, 빌딩 중개인은 '투자 전문가'다. 빌딩 거래는 아주 큰돈이 오가는 만큼 투자해서 성공할 만한 물건, 이익을 남길 수 있는 물건을 고객에게 소개해야 한다. 빌딩은 개별성이 매우 강하기 때문에 일반적인 아파트나 상가처럼 접근해서는 안 된다. 단순하게 수익률만 보고 투자하면 큰일 난다. 같은 도로에 있는 빌딩도 각각 특징이 다르고 매매 금액도 다르다. 건물뿐만 아니라 대지, 임차인 등 분석해야 하는 항목이 많다. 어디에 있는 어떤 건물을 사서 어떻게 리모델링이나 신축을 하고 언제 팔지를 잘 계획해야 한다. 예를 들어, 위치가 괜찮다면 노후한 주택을 저렴하게 매입해서 신축이나 리모델링을 통해 근린생활시설로 용도변경을 한 다음 시세 차익을 거두는 것도 좋은 투자다. 이처럼 치밀한 분석으로 투자 방향을 알려 주는 전문가가 될 수 있다.

셋째, 빌딩 중개인은 '건물 에이전트'다. 에이전트는 보통 운동선수를 대신해서 연봉 협상, 이적, 광고 계약 등의 업무를 처리해 주는 법적 대리인을 말한다. 빌딩 중개인 역시 에이전트처럼 건물 계약, 은행 대출 연결, 세무사 및 법무사 연결, 건물 하자 확인, 건물 리모델링 방향 제시, 임차인 연결 등 건물과 관련된 다양한 일을 대리한다. 50억 원짜리 빌딩을 매입했다면 50억 원 규모의 기업을 인수한 것이나 마찬가지다. 빌딩 중개인은 이러한 건물의 부족한 부분을 보완해서 수익을 창출할 수 있게 돕는 전문가다.

넷째, 빌딩 중개인은 '경제 전문가'다. 실력 좋은 빌딩 중개인은 매일 경제 신문과 각종 통계를 확인하며 금리, 물가, 경기, 유가, 환율 등의 최신 정보를 입수한다. 또한 누구보다 발 빠르게 법 개정, 상권 변화 등 경제 트렌드를 파악한다. 금융위기 이후에는 3저(저성장, 저물가, 저금리) 현상으로 세계 경제가 휘청거렸고, 최근 글로벌 위기 상황에서는 3고(고물가, 고금리, 고환율) 현상이 심화하고 있다. 전쟁과 주변 국가들의 변화도 경제에 영향을 미쳤다. 이럴 때 전문 빌딩 중개인은 경제 지식을 바탕으로 언제 부동산을 사거나 팔아야 하는지 적절하게 판단한다. 불확실성, 의심, 후회는 부동산의 세계에서 흔히 볼 수 있는 속성이다. 사람들의 예측 능력은 종종 형편없고, 투자 결과에 큰 영향을 미치는 대형 사건은 느닷없이 일어난다. 따라서 빌딩 중개인은 자연스럽게 경제 전문가로 성장하게 된다.

삼성그룹의 회장이었던 이건희는 이렇게 말했다. "장사꾼이 되지 말라. 경영자가 되면 보이는 것이 다르다." 빌딩 중개 역시 마찬가지다. 단순히 매출이나 올리자는 장사꾼 마인드로는 안 된다. 고객의 자산을 불려주는 경영자 마인드를 가져야만 성공할 수 있다. 물론 쉬운 일은 아니다. 누구나 시작할 수 있지만, 아무나 성공하지 못하는 분야이기도 하다. 올바른 방식을 익히고 부단히 노력해야 한다. 부자처럼 생각하고 부자처럼

나는 빌딩 중개로 건물주가 되었다

행동해야 한다. 경영자의 마인드로 세상을 폭넓게 바라볼 수 있어야 한다. 그럴수록 부는 현실이 된다.

빌딩 중개인은 앞서 언급한 네 가지 외에도 인문학, 미술, 와인, 운동, 차 등 다양한 분야를 직접 체험하고 공부한다. 그래야 자산가들과 이야기할 수 있는 폭이 넓어지기 때문이다. 결국 빌딩 중개인은 다방면에서 탁월한, 아주 특별한 전문가일 수밖에 없다.

큰돈을 벌어 본 사람과 그렇지 못한 사람은 돈과 부동산에 관한 생각에 차이가 있다. 경험이 다르기 때문이다. 나는 빌딩 중개를 해서 많은 돈을 벌었다. 나의 경험을 바탕으로 이 책을 읽는 여러분도 할 수 있다고 확신한다. 문제는 도전하지 않는다는 것이다. 혹은 현실의 벽에 부딪혀 금방 포기한다는 점이다.

빌딩 중개에 도전했다가 중간에 그만두는 이들은 "천직이 아닌 것 같다" "재능이 없는 것 같다" "적성에 안 맞는다"는 말을 많이 한다. 하지만 다양한 업종에서 성공한 사람들을 만나 보니 딱 맞는 천직이나 직업은 없는 듯싶다. 음악을 전공했지만 사업으로 성공한 사람도 있고, 운동선수가 되고 싶었지만 세일즈로 성공한 사람도 있다. 이처럼 빌딩 중개사 중에는 "그때 당시 할 수 있는 게 이것뿐이라서 열심히 했더니 건물주가 되었다"고 말하는 사람이 제법 있다.

내가 생각하는 중개업은 평생 직장이 아닌, 평생 직업이다. 나는 친구들이 높은 연봉의 직장을 찾아다니던 20대의 어린 나이에 무보수로 빌딩 중개 일을 시작했다. 인센티브로 돈을 받는 빌딩 중개사는 성과를 낸 만큼 수익이 올라가므로 노력에 따라 빠르게 억대 연봉자가 될 수 있었다. 그리고 친구들이 진급하고 퇴사와 사업에 관해 이야기할 무렵, 나는 중개로 다져진 지식을 바탕으로 빌딩 자산관리 회사를 창업했다. 아무리 생각해도 잘한 선택이었다.

명예퇴직이나 구조조정을 당한 후 치킨집, 커피숍 차릴 생각 말고 빠르게 내가 곧 '기업'이란 사실에서 출발하는 게 차라리 낫다. 실제로 자영업 창업을 하려면 돈을 억대로 투자해야 한다. 성공도 장담할 수 없다. 하지만 빌딩 중개는 건강한 몸과 정신만 있으면 얼마든지 시작할 수 있다. 빌딩에 관해 성실하게 배우고 열심히 일하면 억대 연봉을 만들 수 있다. 투자해야 할 것은 시간뿐이다. 시간을 잘 투자하는 것만으로 평생의 직장을 마련할 수 있다.

부자가 되려면 큰돈이 움직이는 좁은 문으로 가야 한다. 많은 사람이 달려드는 넓은 문에는 먹을 것도 적다. 부동산 중개업에 관심이 있다면, 빌딩 중개라는 한 우물을 깊게 파 보기를 바란다. 그게 당신의 경쟁력이 될 것이다.

저축의 시대에서 투자의 시대로

투자를 하기에 앞서 시드머니seed money는 근로소득으로 만들어야 한다. 근로소득은 시드머니를 만드는 가장 좋은 방법이다. 하지만 근로소득만으로 부를 창출하는 일은 어렵다.

근로소득으로 당장의 생활은 가능할 수 있을지 몰라도, 그것만으로는 여유롭지 않다. 누구나 이 사실을 알지만 모두가 인정하지는 않는다. 근로소득으로 이룬 '저축의 시대'는 나의 아버지가 월급을 받으며 6남매를 키우던 1980년대에 이미 끝났다.

이후는 '투자의 시대'로 넘어갔다. 근로소득이 자본소득을 뛰어넘지 못하는 현상이 발생한 것이다. 2021년 경실련(경제정의실천시민연합)의 분석에 따르면, 근로자의 임금 30퍼센트를 저축해도 서울에 25평짜리 아파트를 마련하기까지는 118년이 걸린다. 일제강점기부터 일해야 가능하다는 뜻이다. 지금은 그 기간이 더 늘어났을지도 모른다. 사실상 월급을 저축하는 것만으로는 서울에 아파트 한 채 마련하는 일도 불가능하다.

지금까지 우리나라에 돈이 얼마나 풀렸는지 살펴보면 좀 더 이해가 쉽다. 시중에 풀린 통화량은 부동산 가격에 영향을 미친다. 따라서 통화량을 살펴보는 것으로 부동산 가격을 전망해 볼 수 있다. 다음 그래프는 내가 태어난 시기인 1970년대부터 지금까지의 우리나라 화폐 공급량이다.

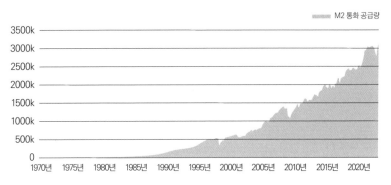

● 우리나라 화폐 공급량(1970년 1월~2023년 11월) ●

M2 통화 공급량

3500k
3000k
2500k
2000k
1500k
1000k
500k
0

1970년 1975년 1980년 1985년 1990년 1995년 2000년 2005년 2010년 2015년 2020년

자료: www.ceicdata.com

1980년대까지는 저축과 근로 수입으로 충분히 살아갈 수 있었다. 직장 생활을 하다가 자영업을 시작해도 그럭저럭 살아갔다. 하지만 1990년대에 돈이 점점 더 풀리면서 더는 저축만으로 살아갈 수 없는 시기에 들어선다.

1978년에는 짜장면 가격이 277원이었으나, 2023년에는 7,000원가량이다. 무려 2,527.11퍼센트 상승했다. 이것은 짜장면 조리법이 업그레이드되었다거나 재료가 더 고급화되었기 때문이 아니다. 시중에 돈이 많이 풀리면서 돈의 가치가 떨어진 것이다.

1999년에 123조 원이었던 시중 통화량은 2021년에는 1,197조 원으로, 약 9.7배 팽창되었다. 그 여파로 1999년에 1억 1,000만 원이던 강남 아파트는 10억 7,000만 원으로 뛰었다. 1999년에 3억 원이던 압구정 현대아파트는 2021년에 30억 원대가 되면서 10배로 폭등했다. 통화량이 10배가 되면 자산도 10배 혹은 그 이상으로 뛴다는 사실이 입증된 것이다.

빌딩도 마찬가지다. 1970년대 말의 시중 통화량은 약 4조 원인데, 2024년의

나는 빌딩 중개로 건물주가 되었다

통화량이 약 480조 원이라면 무려 120배가 뛴 것이다. 그때 4,000만 원짜리 빌딩이 있었다면 현재는 1만 1,900퍼센트가 뛰어 48억 원이 되었다는 뜻이다.

돈이 풀리면 화폐 가치가 떨어진다. 그리고 화폐 가치의 하락은 자산 가격이 상승하는 결과를 낳았다. 우리나라의 대표적인 실물 자산인 부동산은 당연하게도 꾸준히 우상향하고 있다.

◉ 미국 화폐 공급량(1960년대~현재) ◉

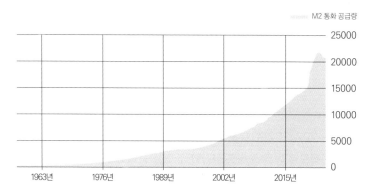

자료: ko.tradingeconomics.com

이처럼 통화량이 풀리면서 자산 가치가 큰 폭으로 오르는 현상은 우리나라에만 국한된 것이 아니다. 세계 경제의 중심 국가인 미국의 통화량을 보면, 미국 역시 1980년대까지는 근로소득과 저축만으로 그럭저럭 먹고살 수 있었다. 하지만 1990년대 이후로 계속 늘어난 통화량은 자산 가치의 팽창을 가져왔다.

기축통화인 달러가 무제한으로 풀리면, 다른 국가들도 환율 방어를 위해 엄청난 돈을 풀어야 한다.

	맨해튼	브루클린	스태튼 아일랜드
스튜디오	약 2,400달러 (약 320만 원)	약 1,800달러 (약 240만 원)	약 1,200달러 (약 160만 원)
원룸	약 3,100달러 (약 410만 원)	약 2,300달러 (약 310만 원)	약 1,500달러 (약 200만 원)
투룸	약 4,300달러 (약 570만 원)	약 3,200달러 (약 430만 원)	약 2,100달러 (약 280만 원)
쓰리룸	약 5,800달러 (약 770만 원)	약 4,500달러 (약 600만 원)	약 3,000달러 (약 400만 원)

위의 표는 2024년 기준 뉴욕의 평균 월세를 나타낸 것이다. 지역별로 차이가 있지만, 전반적으로 높은 월세를 실감할 수 있는 금액이다.

미국은 2020년 코로나19 팬데믹 이후 무제한 양적 완화를 통해 엄청난 양의 현금을 시중에 풀었다. 이에 따라 모든 자산이 급등하는 현상이 일어났다. 주식을 비롯해서 부동산까지 모두 올랐다. 돈이 풀리면 자산 가격이 무섭게 오른다는 것을 우리는 지난 2년간 경험했다. 미국에서도 시중에 풀린 통화량만큼 부동산 자산의 가격이 폭등하다 못해 월세까지 폭등해 버린 것이다.

최근 미국은 금리 인상 등을 통해 시중의 돈을 다시 회수하려는 움직임을 보이고 있다. 하지만 여전히 경기 침체 등의 이유로 풀린 돈은 회수될 기미가 안 보인다. 그런데 금리가 인상되면 대출이자가 오르면서 부동산 시장이 침체된다. 이에 미 연준을 비롯해 국가 중앙은행은 2024년 하반기부터 금리를 다시 내리기 시작했다.

나는 빌딩 중개로 건물주가 되었다

우리나라도 높은 금리로 인해 부동산 시장이 침체되고 있지만, 미국이 금리를 내린다면 침체되었던 자산 시장은 또다시 요동칠 것이다. 이제는 더 이상 노동으로 부를 이룰 수 있는 시대가 아니다. 부동산 가치는 통화량과 금리에 맞물려 살아 움직이고 있다.

Chapter 2

전문 빌딩 중개인에 도전하라

공인중개사 **자격증**을 취득하자

빌딩 중개를 하는 방법에는 두 가지가 있다. 하나는 공인중개사 자격증을 취득해서 '소속 공인중개사'로 일하는 방법이고, 다른 하나는 자격증 없이 빌딩 중개 물건을 현장 안내하거나 중개 업무를 단순히 보조하는 '중개보조원'으로 일하는 방법이다.

과거에는 직접 중개 업무를 진행하는 중개보조원도 있었다. 하지만 「공인중개사법」이 개정되면서 중개보조원의 역할에 한계가 생겼다. 개정된 법에 따라 중개보조원은 더 이상 중개 업무를 독립적으로 수행할 수 없다. 개업 공인중개사의 지시에 따라 보조적인 업무만을 수행해야 한다. 중개업의 전문성을 높이고 거래의 안전성을 보장하기 위해서 이러한 제한이 생겨났다. 공인중개사가 직접 중개와 계약 업무를 진행하고, 중개보조원은 이를 지원하는 역할을 담당한다.

따라서 중개업에 종사하고 싶다면 처음부터 공인중개사 자격을 가지고 일하는 것이 좋다. 공인중개사 자격증을 취득해야 이 일을 제대로, 오랫동안 할 수 있다.

하지만 당장 공인중개사 시험에 전념하기 어려운 사정이라면 우선 일을 배울 수 있는 중개 사무소나 중개법인에서 중개보조원으로 근무하면서 자격증에 도전하는 것도 좋다. 중개보조원은 말 그대로 '중개하는 일을 보조하는 사람'이다. 단독으로 계약서를 만들거나, 도장을 날인할 수 없다. 대신 공인중개사의 지시를 받아서 현장 안내, 상권 조사, 서류 보조 등의 일을 한다. 이처럼 작은 일부터 차근차근 시작해서 노하우를 배우며 공부하는 것이다. 중개에 필요한 법이나 문서 작성법을 배우다 보면 실무 업무뿐만 아니라 자격증을 따는 데도 도움이 된다.

중개보조원으로 일을 배우면서 지식과 실무 경험에 목마름이 있었던 나는 돈을 제대로 벌려면 자격증이 꼭 필요하겠다는 생각이 들었다. 그래서 2개월을 공부하고 제14회 공인중개사 시험에 응시했지만 자격증을 취득하지 못했다. 이후 작정하고 공부해서 제15회 공인중개사 시험에서 자격증을 취득했다.

공부할 때는 절박한 마음으로 해야 한다. 나는 일을 하면서 공부를 하다 보니 늘 피곤했다. 하지만 실무에 꼭 필요한 내용이 많아서 대충대충 넘어갈 수가 없었다. 피로가 쌓여서 눈이 자꾸 감겨도 중요한 내용은 반드시 따로 정리했다. 문장을 통째로 외우기도 했다. 오로지 '두드리면 열릴 것이다'라는 믿음으로 공부했다. 주경야독이었다.

한번은 강사가 나를 보고 이런 말을 했다. "저기 정장 입고 조는 분은 집에 가서 주무시는 게 어떨까요?" 졸음이 밀려와도 꿋꿋하게 눈을 뜨려고 했지만, 어떤 때는 잘되지 않았다. 가끔은 너무 피곤해서 마냥 졸았다. 사무실에 출근해서 일하고 난 다음 또 학원에 가서 공부를 하니 온종일 의자에 앉아 있는 시간이 많았다. 허리도 아프고, 엉덩이에 종기도 여러 번 났다. 여유 시간이 없어서 제때 밥을 먹지 못하고 강의를 들은 적도 많았다.

공인중개사 시험은 산업인력관리공단에서 시행하는 국가자격시험이다. 1차에서 2과목, 2차에서 3과목의 시험을 치른다. 절대평가 방식으로, 평균 60점 이상이면 합격이다. 시험 문제는 객관식 5지 선택형이며, 총 200문제가 출제된다. 즉, 120문제만 맞으면 되는 것이다. 각각의 과목이 과락(40점 미만)만 아니면 합격이다.

자격증을 취득한 다음에는 어떻게 공인중개사로 활동할 수 있을까? 공인중개사 자격증을 취득하면 부동산 중개법에 따라 개설등록을 하고 공인중개사 사무소를 창업할 수 있다. 또는 취업을 통해 소속 공인중개사로 일하는 방법이 있다.

예전에는 공인중개사 대부분이 중장년이었다. 하지만 요즘에는 20~40대의 청년층도 대거 유입되고 있는 추세다. 공인중개사가 젊어지고 있는 것이다. 이에 따라 업무 환경도 많이 바뀌었다. 부동산 마케팅도 IT 기반으로 이루어지고 있다.

물론 자격증이 만능은 아니다. 자격증을 땄다고 해서 무조건 월 1,000만 원의 수익이 보장되지는 않는다. 노후 대비용으로 장롱에 박아둔 자격증이 달마다 꼬박꼬박 통장에 돈을 찔러 주는 것은 아니란 말이다. 운전면허를 땄다고 해서 바로 고급 자동차가 생기지 않듯이 자격증이 있다고 해서 바로 높은 실적을 올리는 중개사가 될 수는 없다. 돈은 고객과의 거래에서 나오는 것이지 자격증에서 나오는 것이 아니기 때문이다.

내 말이 틀렸는가? 현장에서 고객을 만나고, 명함을 교환하며 발로 뛰고, 확보한 고객에게 물건을 중개했을 때 비로소 돈을 버는 것이다. 그런데 자격증 취득 합격률이 높아지고 자격증 따는 일에 골몰하는 사람이 많아지면서 마치 자격증 자체를 돈 벌어 주는 부적처럼 여기기도 한다.

자격증은 말 그대로 '중개업을 할 수 있는 자격을 갖추었다'는 사실을 증명하는 문서일 뿐이다. 그렇다고 해서 공인중개사 자격증이 생각보다 가치가 없거나, 시험이 만만하다는 의미는 아니다. 빌딩 중개에 도전하기로 마음먹었다면 우선 공인중개사 자격증을 취득하는 것이 좋다. 시험에 응시할 수 있는 자격 제한도 없고, 한번 취득하면 갱신 없이 사용할 수 있으니 응시하지 않을 이유가 없다. 하지만 자격증 취득 자체가 목표가 되어서는 안 된다. 자격증은 취득 후 중개 현장에 뛰어들 때 비로소 그 힘을 발휘한다.

공인중개사는 정년이 없는 직업이다. 부동산 중개업 종사자 중 상위 1퍼센트의 고소득자들은 월 1,000만 원이 넘는 소득을 올린다. 공인중개사 자격증은 바로 그 목표로 향해 가는 길에 놓인 최소한의 허들이다. 일단 뛰어넘어야 고소득이라는 목표를 향해 본격적인 질주를 할 수 있다.

성공하는 공인중개사가 되려면 자격증 취득은 필수지만, 그것만으로는 충분하지 않다. 실무 능력, 영업 능력, 세일즈 능력 등이 뒷받침되어야 한다. 결국 성공은 경험과 노력에서 나오는 것이다.

큰돈이 모이는 곳은 어디인가?

공인중개사 자격증을 취득했다면, 이제 어떻게 해야 할까? 돈을 벌려면 어디에서 일해야 할지 고민해 봐야 한다.

부동산 중개 분야는 참으로 다양하다. 주력하는 중개 매물과 규모에 따라 1층의 작은 부동산, 1층의 큰 부동산, 빌딩 중개법인, 토지 중개법인, 모텔 전문 중개 업체, 호텔 전문 중개 업체, 분양권 전문 중개 업체, 재개발 및 지식산업센터 분양 전문 업체 등으로 나뉜다. 중개 성격에 따라 주택임대 전문 업체, 상가임대 전문 업체, 매매 및 분양권 전문 업체 등으로도 나눌 수 있다. 한마디로 삶의 영역만큼이나 다양한 것이 부동산 중개 분야라고 보면 된다.

그렇다면 어디에서 시작하는 게 좋을까? 정답은 없다. 아무리 뛰어난 중개사라고 해도 모든 중개 분야의 특성을 다 알기는 어렵다. 그 모든 것을 익히고 경험하기에는 시간의 제약이 있기 때문이다. 중개업에서는 다양한 분야를 조금씩 아는 것으로 돈을 벌 수 없다. 한 분야의 전문가가 되어야 원하는 만큼의 소득을 얻을 수 있다. 그것조차 쉬운 일은 아니다.

결국 자기에게 맞는 분야를 하나 골라서 누구보다 잘하기 위해 노력해야 한다. 그 과정에서 자기만의 노하우를 쌓으면 돈을 벌 수 있다.

중개업에 처음 발을 들인 초보 공인중개사는 보통 임대 업무부터 배우고자 한다. 속칭 '1층 부동산'에 취직해서 주택이나 상가의 월세, 사무실 임대부터 시작하는 것이다. 이 외에 좀 더 체계적인 시스템을 경험하면서 실력을 쌓기 위해 중개법인에 입사하기도 한다.

'부동산 중개법인' 입사와 동네 1층에 있는 '로컬 부동산' 입사에는 각각 장단점이 있다.

로컬 부동산은 대부분 물건을 종합적으로 다 취급한다. 주택, 상가, 사무실 등 중개 물건을 가리지 않는다. 임대도 하고 매매도 한다. 개인 로컬 부동산은 대체로 회사의 대표가 매매를 하고 직원들은 임대를 하는 경우가 많다. 분야별로 업무가 나눠진 곳도 있지만 많지는 않다. 그래서 로컬 부동산에서 일하면 모든 물건을 중개할 수 있는 능력이 생긴다.

로컬 부동산의 가장 큰 장점은 자유롭게 업무를 할 수 있고, 높은 수수료를 받을 수 있다는 점이다. 규모가 작은 만큼 회사의 방침이 체계화된 곳이 많지 않기에 중개사 개개인이 업무 스타일과 판매 전략을 자유롭게 결정할 수 있다.

1건의 중개만 놓고 비교했을 때 중개법인보다 높은 수수료를 받을 수 있는 것도 장점이다. 로컬 부동산은 사무실 운영비가 많이 들지 않기 때문에 중개사가 받는 수수료에서 사무실 운영비로 공제되는 금액이 적다. 중개사 사무소가 위치한 지역에 대한 지식과 전문성이 쌓이기도 한다. 이러한 점은 해당 지역 고객들과 더 강한 신뢰 관계를 형성하는 데 도움이 된다.

반면에 중개법인은 업무가 더욱더 전문적이다. 다양한 분야를 다룰 수 있지만 그중에서도 사무실, 빌딩, 주택 등 하나의 물건을 전문적으로 중개한다. 사무실도 1층에 있지 않으며 로컬 부동산에 비해 공간이 크고, 다수가 모여서 일한다.

부동산 중개법인의 가장 큰 장점은 전문적인 교육 및 지원을 해 준다는 점이다. 대다수 부동산 중개법인은 체계적인 교육 프로그램을 제공한다. 이를 통해 부동산 업무에 대한 전문적인 지식과 기술을 습득할 수 있다.

또한 중개법인은 1층 부동산을 비롯해 또 다른 중개법인, 건축 사무소, 법률 사무소 등과 같은 다양한 네트워크를 보유하고 있다. 네트워크로 연결된 사무소에 축적된 지식과 정보를 얻을 수 있는 것이다. 이를 통해 고객을 찾기도 하고 거래를 좀 더 원활하게 진행할 수도 있다. 예를 들어, 빌딩 중개를 할 때는 매수자와 매도자를 연결하는 일뿐만 아니라 관련된 법률관계도 파악하고 건축 정보도 알아야 한다. 고객에게 빌딩거래에 필요한 세무 정보도 분석해 줘야 한다. 로컬 부동산에서 일하면 이 모든 일을 혼자서 처리해야 할 수 있다. 하지만 중개법인에서는 네트워크의 도움을 받아 효율적으로 처리할 수 있다.

부동산 중개법인은 일정한 규제와 윤리적인 기준에 따라 업무를 진행하기 때문에 고객의 신뢰가 두텁다는 장점도 있다. 그러한 법인에서 일하는 직원도 신용하게 되는 것은 물론이다.

하지만 모든 분야에는 빛과 어둠이 있듯이 단점도 분명하다. 로컬 부동산은 상대적으로 전문적인 교육 및 지원이 부족하다. 중개 시 필요한 부동산 지식과 업무 기술을 스스로 공부하고 익혀야 한다.

또한 중개법인보다 시스템이 잘 갖춰져 있지 않아서 고객을 찾거나 거래 관련 정보를 분석하는 데 곤란을 겪을 수 있다. 규모가 작아서 고객의 신뢰를 얻는 데 어려움이 따르기도 한다.

반면에 부동산 중개법인에는 경쟁과 압박이 있다. 여러 명이 함께 일하기 때문에 중개사 간의 경쟁이 치열하고 성과에 대한 압박이 느껴진다. 대부분 성과에 따라 보상을 받으므로 경쟁력을 유지하고 성과를 내기 위해 끊임없이 노력하지 않으면 버티기 힘들다.

◇ 부동산 중개법인 입사와 로컬 부동산 입사의 장·단점 ◇

	로컬 부동산	부동산 중개법인
장점	• 업무 스타일과 판매 전략을 자유롭게 결정할 수 있음 • 사무실 운영비가 많이 들지 않아 더 높은 수수료 비율을 얻을 수 있음(신입 기준으로, 중개 1건만으로 비교했을 때 중개법인보다 높은 비율을 얻을 수 있는 구조) • 일하는 지역에 대한 전문성을 쌓을 수 있음	• 체계적인 교육 프로그램 제공으로 부동산 업무에 관한 전문 지식과 기술 습득 가능 • 1층 부동산 및 다른 중개법인, 건축 사무소, 법률 사무소 등 다양한 네트워크 보유 • 일정한 규제와 윤리적인 기준을 따르므로 고객의 신뢰가 큼
단점	• 체계적인 교육 및 지원 부족 • 시스템이 미비해서 고객을 찾거나 부동산 거래를 원활하게 진행하는 데 어려움이 따를 수 있음 • 규모가 작기 때문에 중개법인만큼 신뢰성과 신용을 쌓기 힘듦	• 경쟁이 치열하고 성과에 대한 압박이 있음 • 회사 내규에 따라 규정과 절차를 지켜야 하므로 제한된 자유를 누릴 수밖에 없음 • 수수료 비율이 로컬 부동산보다 낮음(중개 1건만으로 비교했을 때 로컬 부동산보다 수수료 비율이 낮은 구조이지만, 거래 건수가 훨씬 많음)

나는 빌딩 중개로 건물주가 되었다

제한된 자유를 누리는 것도 단점이다. 많은 사람이 같은 공간에서 근무하다 보니 회사의 내규에 따라야 한다. 일정한 규정과 절차를 지켜야 한다는 말이다.

또한 중개법인에서 일하는 중개인은 회사에서 정한 비율에 따라 거래 수수료를 받는다. 수수료는 회사 운영에 필요한 비용을 공제하고 산정한다. 팀장으로 일한다면, 보통 팀장이 거래 수수료의 70퍼센트를 받고 회사가 30퍼센트를 가져간다. 그리고 팀장은 함께 일한 팀원에게 수수료를 나누어 준다. 팀원은 직급, 근무 기간, 성과 등에 따라 팀장이 받은 수수료의 30~70퍼센트를 받는다.

따라서 중개 1건만 놓고 비교하면 로컬 부동산보다 적은 수수료를 받는 구조다. 하지만 일반적으로 중개법인의 계약 건수가 더 많기 때문에 큰 문제가 되지는 않는다.

이처럼 로컬 부동산과 부동산 중개법인 모두 나름의 장점과 단점이 있다. 하지만 빌딩 중개에 도전하려는 중개사라면 얘기가 달라진다. 빌딩 중개 전문가가 되기 위해서는 다양한 네트워크와 체계적인 교육 시스템이 있는 중개법인에서 일을 시작하는 것이 좋다.

물론 어떤 곳에서 일하든 실전 경험은 다 도움이 된다. 하지만 처음 시작한 곳에서 배우는 것이 부동산 중개의 전부라고 생각해서는 안 된다. 시야를 넓혀야 한다. 그렇지 않으면 평생 좁은 시야에 갇힐 위험이 있다. 우물 안의 개구리가 되는 것이다.

큰돈을 벌고 싶다면 빌딩 중개 시장으로 나아가야 한다. 그리고 빌딩 중개 시장에서 일하려면 빌딩 전문 중개법인을 택해야 한다.

빌딩 중개는 계약에 도달하는 과정이 복잡하다. 건물의 위치, 상권 매매 사례, 적정 가격, 건물에 대한 이해 등 기초부터 전문 지식까지 배워야 할 것이 많다. 그 과정에 이르기 위해서는 어느 정도 시간이 필요하다. 최소 1년 이상은 정말 열심히 공부해야 한다. 1년 동안 물건에 대한 조사와 분석을 거듭하고 임장도 많이 다니다 보면 비로소 눈이 뜨인다.

나는 17년 동안 몇 군데의 빌딩 전문 중개법인에서 팀장으로 일하며 현장에서 열심히 뛰었다. 대부분 직원이 100여 명 안팎인 규모가 큰 회사들이었다. 창업하기 전 마지막으로 근무했던 중개법인의 직원 수는 무려 350여 명이었다.

빌딩 중개법인에서 팀장으로 일하면서 건물을 산 사람이 여럿 있다. 나와 같이 중개하던 팀장들은 대부분 자기 건물을 가지고 있다. 빌딩 중개를 하면서 자기 빌딩을 갖는다니, 참으로 멋지지 않은가. 여러분의 목표가 큰돈을 버는 것이라면, 큰돈이 움직이는 곳으로 가야 한다.

빌딩 중개를 하기로 마음을 정했으면 당장 빌딩 중개법인을 찾아가서 면접을 보자. 이때 여러 중개법인을 알아보는 것이 좋다. 그중에서 자신과 잘 맞는 곳을 선택해야 한다.

빌딩 중개법인 사무실은 고액의 수익을 목표로 하는 사람들이 모여 있는 곳이다. 대부분 인센티브제로 운영되며, 회사에 소속되어 있어도 개인사업자로 등록된다. 이는 중개사들 사이의 경쟁이 치열하다는 뜻이기도 하다. 그러다 보니 회사마다 시스템과 분위기에 차이가 있을 수밖에 없다. 체계가 잘 갖추어진 곳도 있지만, 모든 것을 스스로 눈치껏 체득해야 하는 곳도 있다. 체계가 없는 곳에서 되는대로 하다가 지쳐서 몇 달 버티지 못하고 그만두는 일도 비일비재하다.

나는 빌딩 중개로 건물주가 되었다

그러므로 중개업을 시작한다면 회사마다 체계가 어떤지, 어떤 프로세스로 운영되는지, 무슨 교육 프로그램이 있는지 미리 확인하는 것이 좋다. 함께 일하게 될 팀장이 멘토가 될 만한 사람인지도 잘 판단해야 한다.

빌딩 중개의 단계별
프로세스

빌딩 중개 분야는 큰돈이 모이는 만큼 거래 형태도 어렵고 복잡하다.
빌딩 중개가 이루어지는 프로세스를 살펴보면 다음과 같다.

STEP 1　　매입 목적에 적합한 건물 찾기

STEP 2　　자금 계획 확인

STEP 3　　건물 관련 서류 확인

STEP 4　　계약 시점부터 잔금일까지 확인 및 정리할 사항 처리

STEP 5　　잔금 정산과 소유권 이전 등기

STEP 1 매입 목적에 적합한 건물 찾기

먼저 고객이 건물을 매입하는 목적을 확인한다. 건물을 직접 사용하는지, 임대료 수익을 기대하는지, 신축용으로 건물을 매입하는지 등을 알아야 한다.

고객이 직접 건물을 사용한다면 사옥용인지, 주거지로 쓰는 동시에 상가도 같이 이용할 생각인지 확인해야 한다. 고객이 직접 사용하지 않는다면 임대 수익형인지, 투자형인지 확인해야 한다.

임대 수익형 빌딩은 고정적인 수익을 원하는 사람들이 구입한다. 이럴 때는 매매가 대비 임대 수익률이 높은 건물이 좋다. 반면에 투자형은 미래 가격 상승을 목적으로 건물을 매입한다. 이럴 때는 토지의 가치 및 가격 상승으로 매매 시 시세 차익을 기대할 수 있는 건물이 좋다.

목적을 확인한 다음에는 고객이 원하는 지역을 알아보아야 한다. 고객에 따라 선호하는 지역이 있을 수 있다. 모든 사람이 강남을 원하는 것은 아니다. 거주 지역과의 관계, 종사하는 비즈니스의 종류, 투자 가치관 등에 따라 원하는 지역이 달라지므로 이를 잘 파악해서 빌딩을 물색해야 한다.

STEP 2 자금 계획 확인

목적에 맞는 건물을 선정한 다음에는 고객의 희망 매입가를 확인한다. 그래야 전체적인 자금 계획을 세울 수 있다. 이때 고객이 현금을 얼마나 가지고 있는지도 꼭 체크해야 한다. 마음에 드는 건물이 있어도 자금이 부족하면 거래가 이루어질 수 없기 때문이다.

건물을 온전히 자기 돈으로 사는 사람은 많지 않다. 매입 자금이 모두

자기 자본이라면 좋겠지만, 그렇지 않은 경우가 대부분이다. 이처럼 자기 자본이 부족할 때는 은행에서 얼마를 대출받을 수 있는지, 담보 대출 금액은 얼마인지 등을 확인해야 한다.

고객의 주거래 은행에 매입할 건물의 '탁상감정가'를 의뢰하면, 건물을 담보로 대출 가능한 금액이 얼마인지 알 수 있다. 이때 반드시 세 곳 이상의 은행에서 탁상감정을 받아 보아야 한다. 심지어 같은 은행이더라도 지점에 따라 대출 금액이 달라지기도 하기 때문에 몇 곳을 선정해서 비교해 보는 것이 좋다.

건물 매입 자금은 자기 자본에 대출 금액을 합한 것을 뜻한다. 그런데 자금 계획을 세울 때는 건물 매매가뿐만 아니라 기타 비용들도 확인해야 한다. 건물 취·등록세, 중개 수수료, 법무사 수수료, 건물 부가가치세, 은행 대출이자 등이 기타 비용에 해당한다. 전체 매입 금액의 5퍼센트 정도를 기타 비용에 할애한다고 보면 된다. 따라서 은행 대출을 받을 때는 이 기타 비용까지 잘 고려해야 한다.

대출은 크게 '담보대출'과 '신용대출'로 나눌 수 있다. 신용대출은 금융 회사가 신용도를 바탕으로 대출해 주는 것이다. 고객의 신용도가 높으면 대출을 많이 받을 수 있고, 그렇지 않으면 대출받기 어렵다. 담보대출은 부동산처럼 경제적 가치가 있는 자산을 담보로 대출하는 것을 말한다. 보통 담보대출이 신용대출보다 한도가 크고, 대출 기간이 길며, 금리가 낮은 편이다.

보통 자기 자본이 30퍼센트 이하면 적극적(공격적)인 투자자, 70퍼센트 이상이면 보수적인 투자자로 분류한다. 중개사는 자금 계획을 확인하면서 고객이 이자를 감당할 수 있을지도 알아보아야 한다. 고금리 시대에는 너무 많은 대출은 위험하니, 안정적으로 50~60퍼센트의 대출을 권유하는 것이 좋다.

STEP 3 건물 관련 서류 확인

빌딩을 중개할 때, 토지와 건물의 소유권에 문제가 없는지 확인하는 일은 매우 중요하다. 진정한 소유자와 거래해야 하기 때문이다. 따라서 중개사는 매물의 권리관계에 문제가 없는지, 불법이나 위법한 건축물은 아닌지 등을 정확히 알아보아야 한다.

토지와 건물의 등기부등본에 나온 '등기사항전부증명서'를 보면 권리관계를 자세히 알 수 있다. 여기에 토지와 건물 소유자에 관한 사항을 비롯해 권리에 변동을 줄 수 있는 사항(가등기, 압류, 근저당권 설정 등) 등이 적혀 있다.

또한 건축물대장도 꼼꼼히 확인해야 한다. 여기에는 건축물의 면적, 층수, 구조 등이 기록되어 있다. 토지(임야)대장도 발급받아서 토지의 용도(지목), 면적 등을 확인한다. 건물에는 반드시 토지가 포함되어 있으므로 잘 확인해야 한다.

지적도(임야도)도 발급받아서 토지, 임야의 모양과 옆 토지와의 경계를 확인한다. 토지를 이용하는 데 법적인 제한 사항이 있는지도 꼼꼼히 살펴봐야 한다. 이는 '토지이용계획 확인원'을 발급받으면 알 수 있다.

그밖에 빌딩 중개를 할 때는 건물 및 토지의 명의와 소유자의 신분증도 모두 확인해야 한다. 토지 소유자와 건물 소유자가 다른 경우도 있기 때문에 반드시 건물과 토지 등기부등본을 모두 확인한다.

STEP 4 **계약 시점부터 잔금일까지 확인 및 정리할 사항 처리**

일반적으로 부동산 계약 시에는 매매 금액의 10퍼센트를 계약금으로 하고, 나머지 90퍼센트를 잔금으로 진행한다. 잔금까지 기간이 길거나 매매 상황에 따라 중도금을 추가할 수 있는데, 서로 협의해서 기간과 금액을 정한다. 중도금은 대출이 불가능하며, 잔금을 처리할 때 은행 대출이 가능하다. 그러므로 반드시 고객이 가진 현금과 대출금, 잔금 일정 등을 꼼꼼하게 확인해야 한다.

한편, 임대 건물을 매매할 때는 계약 후 잔금일 전까지 임대사업자 등록을 마쳐야 한다는 점에 주의해야 한다. 만약 공동명의로 건물을 매입한다면 계약 단계부터 자금 조달 등 건물 매입에 관한 전반적인 내용이 들어간 동업계약서를 작성한다. 그래야 추후에 대출이자에 따른 비용 처리를 정상적으로 받을 수 있기 때문이다.

간혹 임차인 및 점유자 명도 문제가 걸려 있는 빌딩이 있다. 명도는 건물에 머물고 있는 소유자나 임차인 및 기타 점유자 등을 내보내는 것을 말한다. 리모델링을 비롯해 이유로 임차인을 내보내야 할 때는 서로 잘 합의해서 명도를 진행해야 한다.

빌딩 중개에서는 명도가 완료된 날을 잔금일로 정하는 것이 좋다. 보통 매도인이 임차인을 명도하는 것이 더 수월하기 때문이다. 매수인이 임차인을 명도할 때 비용도 더 들고 문제 해결도 더 어렵다. 현명한 빌딩 중개인은 이러한 상황에 대비해 다양한 명도 사례를 미리 공부해 둔다.

STEP 5 **잔금 정산 및 소유권 이전 등기**

잔금일을 특정하기 힘들 때는 유연하게 서로 협의해서 잔금일을 조정할 수 있다는 특약을 기입한다. 매도인과 매수인이 잔금일 때문에 서로 얼굴 붉히며 잘잘못을 따지지 않도록 조율하는 게 중개인의 몫이다. 잔금을 받아야 빌딩 중개가 완료되므로 잔금일까지 긴장을 늦추지 말고 원만한 마무리가 될 수 있게 조율해야 한다.

잔금 정산 시간은 오전으로 정하는 것이 좋다. 당일에 확인해야 할 사항이 생각보다 많기 때문이다. 이때 매도인, 매수인, 법무사, 은행 대출계 직원이 정확한 시간에 모이도록 잘 챙겨야 한다.

또한 중개사는 잔금 정산 금액을 완벽하게 정리할 수 있어야 한다. 잔금을 치르기 전에 임대료, 전기료, 수도세 등을 정확히 계산해서 매도인과 매수인이 정산을 잘 마무리하도록 한다.

그다음 '부동산 소유권이전등기'에 필요한 서류가 모두 갖추어져 있는지 꼼꼼히 확인한다. 매매로 부동산의 소유자가 변경될 시에는 이를 '부동산등기부'에 등기해야 소유권 변동 효력이 생기기 때문이다. 건물에 설정된 등기가 소유권에 반하거나, 소유권 외의 문제가 있다면 말소 여부를 확인하고 잔금을 지급한다. 매수자가 대출을 받기 위해서는 소유권 이전 서류와 매도자의 근저당 말소 서류가 있어야 하는데, 대출받으려는 은행의 법무사는 이 서류들을 가지고 빠르게 등기소에 가서 근저당 말소 처리를 한다. 그리고 소유권을 이전한 후 새롭게 근저당을 설정한다.

잔금이 처리되면 매매 빌딩에 있는 임차인들에게 건물이 매매되었다는 사실을 공문으로 알리는 것이 좋다. 공문에는 새로운 소유주의 이름과 전화번호, 은행 계좌번호 등을 적는다. 이런 서비스를 제공하면 건물을 매입한 매수자에게 신뢰를 얻을 수 있다. 나중에 건물을 다시 팔고자 할 때도 연락해 올 가능성이 높다.

잔금을 치르고 빌딩 소유주가 변경되면, 기존 임대차계약서의 소유자도 변경해야 한다. 그래야 이미 설정되어 있는 임대차 기간을 보장받는다. 만약 계약서를 변경하지 않으면 임차인이 계약을 해지하고 나갈 수도 있다.

잔금을 정리하면서 이 모든 일을 정확하게 처리해야 당당하게 중개 수수료를 받을 수 있다.

◈ 부동산 매매 계약 프로세스 ◈

순서	계약 프로세스
1	**계약 전 준비** • **계약일 시간 조정:** 계약 시에는 매수자보다 매도자의 필요 서류가 많으므로, 매도자에게 약속 시간보다 30분 전에 도착하도록 요청 • **매매계약서 작성:** 부동산 소재지, 물건 정보, 건평, 대지면적, 계약 조건 등을 미리 작성 • **건물 확인설명서 작성:** 계약 전날 물건지에 가서 건물 상태를 확인하고, 확인설명서에 누수나 건물 하자 관련 문제 등을 정확히 작성 • **재산세 및 도로점용료, 교통 유발금 등 산출:** 매매 계약 시 각종 비용을 조율할 수 있도록 산출 금액을 미리 계산해서 준비

2. **계약 시 필요 서류**

구분		매도	매수
2	개인	① 신분증 ② 인감증명서 　(3개월 이내, 인감도장 확인용) ③ 인감도장 ④ 통장 사본 ⑤ 임대차계약서(사본) ⑥ 등기권리증(확인용) ⑦ 사업자등록증	① 계약금 ② 신분증 ③ 도장 + 대리인 참석 시 추가 서류 ④ 대리인 신분증 ⑤ 위임장(용도 기입) ⑥ 매수인 인감증명서 　(본인 출력, 4개월 이내)

| 법인 | ① 대표자 신분증
② 사업자등록증
③ 법인 인감증명서(3개월 이내)
④ 법인 인감도장
⑤ 법인 등기부등본
⑥ 통장 사본
⑦ 임대차계약서(사본)
⑧ 등기권리증(확인용)
 + 대리인 참석 시 추가 서류
⑨ 대리인 신분증
⑩ 위임장(용도 기입)
⑪ 법인 인감증명서 추가 1부
  (3개월 이내) | ① 계약금
② 대표자 신분증
③ 사업자등록증
④ 법인 인감증명서(3개월 이내)
⑤ 법인 등기부등본
⑥ 법인 인감도장
  (사용인감 대체 시 사용인감계 필수)
 + 대리인 참석 시 추가 서류
⑦ 대리인 신분증
⑧ 위임장(용도 기입) |

3   **중도금 지급**

4   **필요시 임차인 명도 및 건물 용도변경 진행**

잔금 시 필요 서류

구분	매도	매수

5
 	
개인
	① 부동산 매도용 인감증명서
	  (매수자 인적 사항 기재)
	② 매매계약서(원본)
	③ 주민등록초본
	  (주소 변동 사항 전부 기재)
	④ 인감도장
	⑤ 등기권리증
	⑥ 임대차계약서(원본)
	⑦ 신분증
	⑧ 지방세, 국세 완납 증명서
	⑨ 기타
	  (도면, 건축·대수선 용역 계약서)
		① 매매계약서 원본
		② 신분증
		③ 도장
		④ 주민등록등본
		⑤ 사업자등록증
		⑥ 건물분 부가가치세
		  (포괄양도양수 시 제외)
		 + 대리인 참석 시 추가 서류
		⑦ 대리인 신분증
		⑧ 위임장(용도 기입)
		⑨ 매수인 인감증명서
		  (본인 출력, 3개월 이내)

	+ 대리인 참석 시 추가 서류 ⑩ 대리인 신분증 ⑪ 위임장(용도 기입) ⑫ 매도인 인감증명서 　(본인 출력, 3개월 이내)	
법인	① 부동산 매도용 인감증명서 　(매수자 인적 사항 기재) ② 매매계약서(원본) ③ 대표자 신분증 ④ 대표자 인감도장 ⑤ 사업자등록증 ⑥ 법인 인감도장 ⑦ 법인 등기부등본 ⑧ 등기권리증 ⑨ 임대차계약서(원본) ⑩ 지방세, 국세 완납 증명서 ⑪ 기타 　(도면, 열쇠, 건축·대수선 용역 계약서) + 대리인 참석 시 추가 서류 ⑫ 대리인 신분증 ⑬ 위임장(용도 기입) ⑭ 법인 인감증명서 추가 1부 　(3개월 이내)	① 매매계약서 원본 ② 대표자 신분증 ③ 사업자등록증 ④ 법인 인감증명서(3개월 이내) ⑤ 법인 등기부등본 ⑥ 법인 인감도장 　(사용인감 대체 시 사용인감계 필수) + 대리인 참석 시 추가 서류 ⑦ 대리인 신분증 ⑧ 위임장(용도 기입)

잔금 당일 확인 사항

- **등기부등본**: 등기부등본을 다시 출력해서 다음 사항 확인
  - ✓ 가압류, 가등기 등 말소해야 할 내용이 남아 있는가?
  - ✓ 등기부등본과 건축물대장의 내용이 동일한가?
  - ✓ 기타 권리관계 및 불법 사항 등의 문제가 없는가?
- **정산 서류**: 매도인이 임대료, 공과금 등을 정상적으로 정산 처리를 했는지 관련 서류 확인

나는 빌딩 중개로 건물주가 되었다

◇ 중개인이 꼭 챙겨야 할 잔금 정산 자료 예시 ◇

영 수 증

일금 :일백일십억원整

(₩11,000,000,000원)

(주) ███ ███홀딩스 귀하

상기 금액을 정히 영수하고, 후일에 확실하게 하기 위하여
본 영수증을 작성하며 기명 날인 합니다.

영수내용 : 서울시 강남구 ███ ███ ███
매매 총대금 조 (토지 및 건물)

2024년 09월 30일

성   명 : 황 ███   ㊞

영 수 증

일금 :일백일십억원整

(₩11,000,000,000원)

(주) ███ ███홀딩스 귀하

상기 금액을 정히 영수하고, 후일에 확실하게 하기 위하여
본 영수증을 작성하며 기명 날인 합니다.

영수내용 : 서울시 강남구 ███ ███ ███
매매 총대금 조 (토지 및 건물)

2024년 09월 30일

성   명 : 황 ███   ㊞

매도인(황███) 잔금 정산

2024.09.30.

(단위:원)

No	구 분	금 액	일 자
1	매매대금	11,000,000,000원	2024.03.27.(수)
2	계 약 금	(-) 1,100,000,000원	2024.03.27.(수)
3	중 도 금	(-) 1,500,000,000원	2024.05.30.(목)
4	㈜ 임대차 보증금 (101호,2층)	(-) 120,000,000원	2024.09.30.(월)
5	공과금 정산	(-) 0원	2024.09.30.(월)
6	대출상환금액	(-) 1,800,000,000	2024.09.30.(월)
상계 후 잔금 (현금이체)		8,280,000,000원	

매수인(███홀딩스 ·황███) 잔금 정산

2024.09.30.

(단위:원)

No	구 분	금 액	일 자
1	매매대금	11,000,000,000원	2024.03.27.(수)
2	계 약 금	(-) 1,100,000,000원	2024.03.27.(수)
3	중 도 금	(-) 1,500,000,000원	2024.05.30.(목)
4	㈜ 임대차 보증금 (101호,2층)	(-) 120,000,000원	2024.09.30.(월)
5	공과금 정산	(-) 0원	2024.09.30.(월)
상계 후 잔금 (현금이체)		8,280,000,000원	

No	성 명	금 액	계 좌 안 내
1	황███	8,280,000,000원	███은행 ███████-███-██████

『논현동 ■■■■』 매매계약 잔금 정산서

부동산 소재지		서울시 강남구 ■■■■
매도인 "갑"	성 명	황■■
	주 소	■■■■
	주민등록번호	■■■■
매수인 "을"	성 명	주식회사 ■■■홀딩스
	주 소	■■■■
	법인등록번호	■■■■

1. "갑"의 지불내역 (~24/09/30까지 정산)
(단위 : 원)

No	구 분		내 용		금 액
1	공과금	공용전기	일반용 10k	공용전기 임대인납부	정산예정
		101호 전기	주택용 3k	임차인납부	0
		102호 전기	일반용 35k	공실 임대인납부	정산예정
		201호 전기	일반용 25k	임차인납부	0
		301호 전기	주택용 3k	공실 임대인납부	정산예정
		302호 전기	주택용 3k	공실 임대인납부	정산예정
		303호 전기	주택용 3k	공실 임대인납부	정산예정
		401호 전기	주택용 3k	공실 임대인납부	정산예정
		402호 전기	주택용 3k	공실 임대인납부	정산예정
		403호 전기	주택용 3k	공실 임대인납부	정산예정
		501호 전기	주택용 15k	공실 임대인납부	정산예정
		601호 전기	주택용 3k	공실 임대인납부	정산예정
		수도	일반용(1~3층)	3층 납부방법 체크	0
			가정용(5개)(4층~6층)	공실 임대인납부	정산예정
		가스	1층,2층	임차인납부	0
			102, 301, 302, 303, 401, 402, 403, 501	정산완료	0
			601호	임대인 정산예정	정산예정
	정산금 합계				000,000

2. "을"의 지불내역 (~24/09/29까지 정산)
(단위 : 원)

No	구분	내용	금액
1	매매대금	매매계약 총금액	11,000,000,000
2	계약금	매매 계약금	(-) 1,100,000,000
3	중도금	매매 중도금	(-) 1,500,000,000
4	現 임대차 보증금	101호, 2층	(-) 120,000,000
	정산금 합계		8,280,000,000

2024년 09월 30일

매도인 "갑" : 황■■ (인)

매수인 "을" : (주)■■■■홀딩스 (인)

논현동 ■■ ■ 잔금 준비서류

2024년 09월 30일

구 분	필 요 서 류
매도인 준비사항	□ 매매계약서(원본) □ 부동산 매도용 인감증명서 1통 (매수자 인적사항 기재) □ 주민등록초본 1부(주소변동사항 전부 기재) □ 인감도장 □ 등기권리증(토지,건물) □ 임대차계약서(원본) □ 신분증 □ 지방세, 국세 완납증명서 <기타서류> □ 건물전체 열쇠, 비밀번호 등
엠스빌딩	□ 매매계약서(원본), 변경매매계약서 □ 부동산 거래신고필증 □ 포괄양도양수 계약서 □ 총대금 영수증 (11,000,000,000원) □ 엠스빌딩 인감도장 □ 공과금, 잔금 정산서 □ 중개수수료 세금계산서

나는 빌딩 중개로 건물주가 되었다

매수인 준비사항	□ 매매계약서(원본) □ 법인인감증명서 (3개월 이내) □ 법인등기부등본 □ 법인인감도장 (사용인감시 사용인감계 必) □ 대표자 신분증 □ 사업자등록증
기 타	□ 매수인측 은행 : □ 매수인측 법무사 : □ 매도인측 은행 : □ 매수인측 은행 말소 법무사 :

TIP

빌딩 중개 시 꼭 검토해야 할 서류

빌딩을 사고팔 때는 거액이 오간다. 따라서 진정한 매수자와 매도자가 거래를
해야 한다. 이런 당연한 절차를 잘 처리하기 위해서는 서류를 꼼꼼하게 확인하
는 방법밖에 없다. 다음 서류들을 하나하나 살펴보고 문제가 없는지 확인해야
한다. 사람의 말보다는 서류의 정보를 믿어야 한다.

등기부등본 (소유주 확인)	• 가압류, 가등기 등 말소해야 할 내용이 남아 있는지 확인 • 등기부등본과 건축물대장의 내용이 동일한지 확인 • 기타 권리관계 및 불법 사항 등의 문제가 없는지 확인
건축물대장, 토지대장	• 대장상 면적과 실제 면적이 상이한 부분이 없는지 확인 • 불법 건축물이 등재되어 있는지 확인 • 근린생활시설로 용도변경 시 문제 발생 가능성 확인
토지이용계획 확인원	• 지구단위계획구역, 토지거래허가지역 등의 유무 확인 • 기타 토지 사용에 규제가 있는지 확인

등기부등본에서 확인할 수 있는 사법상 권리

등기사항전부증명서(등기부등본) '갑'구에는 소유권 변동 내역과 향후 소유권 변동을 예고하는 내용이 나오는데, 이것을 분석할 수 있어야 한다. 갑구에서 확인할 수 있는 중요한 사법상 권리는 다음과 같다.

압류	채권 확보를 위해서 채무자의 부동산 처분 권리를 제한하는 강제집행을 말한다. 채권자는 압류한 부동산의 매각 대금에서 변제 또는 배당받는다.
가압류	집행보전절차의 하나로, 나중에 강제집행을 할 목적으로 채무자의 재산을 임시로 확보하는 일을 말한다. 채무자가 부동산을 팔아 버리는 등의 행위로 강제집행이 곤란해질 우려가 있을 때 시행한다.
가처분	금전 채권 이외의 청구권에 대한 강제집행을 보전하거나, 권리관계 다툼에 대한 임시 지위를 정하기 위해 법원이 행하는 일시적인 명령을 말한다.
가등기	본등기를 할 수 있는 요건이 갖추어지지 않은 상황에서 본등기의 순위를 보전하기 위해 임시로 하는 등기를 말한다. 가등기 자체로는 물권 변동의 효력은 없지만, 가등기에 기한 본등기를 하게 되면 가등기의 순위에 소급하여 물권 변동의 효력이 생긴다.

인구 감소와 경기 침체는
부동산 시장의 위기일까?

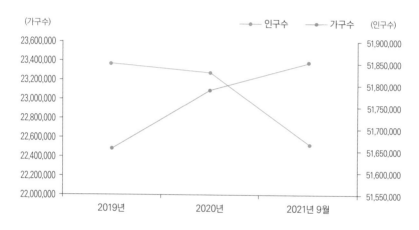

자료: 통계청

　현재 우리나라 인구는 지속적인 감소 추세에 있다. 하지만 인구 감소가 집값 하락으로 이어지지는 않는다. 인구는 감소하지만 가구는 계속 증가하기 때문이다. 주택은 가구 수에 따라 공급된다. 부부와 자녀들로 이루어진 가구가 같이 산다면 주택 한 채로 충분하지만, 자녀들이 독립하면 여러 채가 필요하다.

　인구 감소는 가구 감소와 직결되지 않는다. 부동산 시장에서 중요한 것은 가구 수다. 2022년 통계청 추계에 따르면, 인구는 감소하지만 가구는 계속 늘고 있다. 1인 가구, 이혼, 자녀 독립, 외국인 가구 등의 증가 때문이다. 2020~2050년까지의 고령화 및 1인 가구 증가 추이를 보면, 임대 수요는 더욱 커질 것으로 예측된다. 이는 중소형 상가나 임대 주택 등의 수익형 부동산 거래의 증가로 이어질 것이다. 수익형 부동산에 대한 관심은 계속 높아지고 있는데, 특히 꼬마빌딩이라 불리는 중소형 빌딩이 큰 인기를 끌고 있다.

강남 지역을 예로 들면, 고액 자산가들은 중대형 빌딩을 중심으로 경기가 좋든 나쁘든 매매한다. 경기가 좋을 때는 빌딩 갈아타기 등의 투자 활동이 활발해지고, 경기가 나쁠 때는 급매 물건을 싼값에 거래한다. 이처럼 경기와 상관없이 중개인의 수익은 발생한다. 그래서 수십~수백억 원의 연봉을 받는 중개인들이 탄생하는 것이다.

그렇다면 금리 변화는 부동산 시장에 어떤 영향을 미칠까?

금리는 모든 경제의 기본이다. 부동산 시장에서는 금리가 부동산 가격에 큰 영향을 미친다고 본다. 한국은행이 기준금리를 인상하면 주요 은행들도 대출이

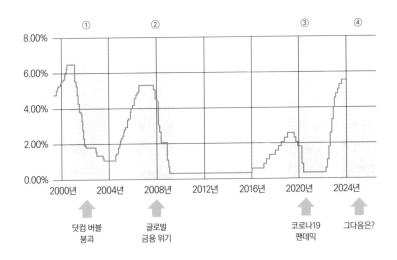

나는 빌딩 중개로 건물주가 되었다

자율을 높인다(미국이 금리를 인상하면 우리나라도 금리를 인상하고, 인하하면 우리나라도 인하한다). 금리가 인상되면 부동산 구매자의 대출 부담이 증가해서 수요가 줄고, 결국 부동산 가격이 하락하는 경향이 있다.

반대로 기준금리가 하락하면 대출이 쉬워져서 부동산 구매가 촉진된다. 이에 따라 수요가 증가하고 부동산 가격이 상승하는 경향을 보인다.

왼쪽의 그래프는 2000년부터 2024년 사이의 미국 금리 변화를 나타내고 있다. 금리가 인하된 ①~④ 구간의 상황을 살펴보면 다음과 같다.

① 2001년에 연준은 닷컴 버블 붕괴 이후 경기 침체로 7번에 걸쳐 금리를 인하했다.
주요 사건: 닷컴 버블 붕괴(2000년), 9·11 테러(2001년)

② 2008년에 연준은 글로벌 금융 위기로 인해 7번에 걸쳐 금리를 인하하며, 0퍼센트에 가까운 수준을 유지했다.
주요 사건: 서브프라임 모기지 사태(2007년), 리먼 브라더스 파산(2008년)

③ 2020년에 연준은 코로나19 팬데믹으로 인한 경제 침체로 3번에 걸쳐 금리를 인하하며, 이번에도 0퍼센트에 가까운 수준으로 유지했다.

④ 앞으로 다가올 금리 인하 구간

금리 인하는 대부분 경제 침체 등의 위기 상황에서 경제를 촉진하기 위해 시행된다. 2000년대와 2020년대에는 닷컴 버블 붕괴, 글로벌 금융 위기, 코로나19 팬데믹 등으로 인해 금리가 인하되었으며 이제 네 번째 금리 인하 구간이 도래했다.

코로나19 팬데믹으로 풀린 막대한 자금을 회수하기 위해서 미국은 5.5퍼센트, 한국은 3.5퍼센트까지 금리를 인상하기도 했지만 경기 침체가 이어지면서 다시 금리 인하가 진행되고 있다. 미국은 대선이라는 이벤트를 맞이하며 팬데믹 때보다 더 많은 달러를 풀어서 경제 부양에 나서기도 했다.

전 세계적으로 돈의 가치는 계속 폭락하고 있다. 엄청난 인플레이션이 일어나면서 물가는 폭등하고, 이에 따라 소비는 위축되고 있는 실정이다. 시장에 자금이 돌지 않으니 건설 경기는 나빠지고, 건설사들은 부도를 맞는다. 명백한 경기 침체 상황이다.

> **기준금리 인상 → 경기 침체 → 금리 인하 → 자산 폭등**

지난 20년간 계속된 패턴이다. 기준금리를 인상하면 경기 침체가 오고, 경기 침체가 오면 경제를 부양하기 위해서 빠른 속도로 금리를 인하한다. 하지만 부자들은 오히려 경기 침체기에 부동산 매입을 노린다. 해외 부동산도 마찬가지다. 활황일 때 투자한 사람들은 지금 손실이 눈덩이처럼 커졌는데, 부자들은 경기가 침체될 때 적극적으로 매입을 검토하고 있다.

경기 침체가 다가오면 정부는 무조건 금리 인하 카드를 쓰게 된다. 2024년 3.5퍼센트까지 금리를 연속 동결했다가 경기 침체가 다가오자 빠른 속도로 인하한 것만 봐도 그렇다. 이러한 금리 인하는 자산의 폭등을 가져온다.

우리는 유동성이 늘어나면 자산 가치가 상승한다는 것을 이미 알고 있다. 유동성이 늘어날수록 현금 가치가 떨어지기 때문이다. 현금 가치가 떨어지면 400원 하던 짜장면이 7,000원으로 오르듯이, 부동산 자산의 가격도 뛰어오른다.

◉ 코스피 지수와 통화량(M2) 증가율 ◉

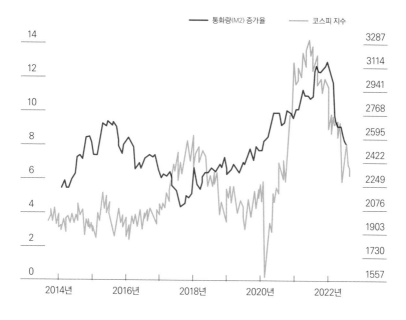

자료: 한국거래소, 한국은행

　돈이 풀린 만큼 주가도 올라간다. 통화량과 인플레이션 사이의 복잡한 상관관계에 관해서는 여러 가지 의견이 있지만, 통화량이 인플레이션을 결정하는 가장 중요한 변수라는 점은 분명하다.

　따라서 물가 안정을 위해서는 통화량을 안정적으로 공급하는 것이 매우 중요하다. 또한, 통화량의 증가는 2~3년 정도의 시차를 두고 인플레이션에 본격적인 영향을 미치는 것으로 보인다.

◉ 우리나라 주택가격지수 ◉

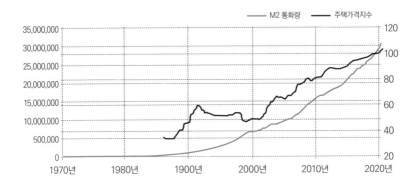

◉ 우리나라 M2 통화량 ◉

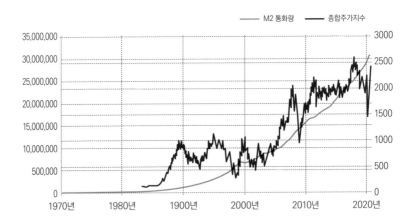

나는 빌딩 중개로 건물주가 되었다

부동산과 주식 같은 자산 가격의 상승은 통화량 증가로 인한 인플레이션의 결과로 볼 수 있다. 단기적으로는 정부 정책이나 시장 환경의 변화 등이 영향을 미치지만, 장기적으로는 통화량의 증가로 화폐 가치가 감소하고 자산 가격이 상승한다. 그러므로 경기 침체가 닥쳐도 부동산의 가치는 여전히 유효하다고 볼 수 있다.

미국의 헤지펀드 브릿지워터어소시에이츠의 창업자 레이 달리오Ray Dalio는 "인플레이션 시대에 현금은 쓰레기"라고 말했다. 돈을 많이 푼 결과로 현금 가치는 하락하고, 실물 자산의 가치만 올라가고 있기 때문이다. 물가 상승은 현금 구매력을 떨어뜨린다. 예를 들어, 작년에 2만 원을 주고 샀던 치킨 한 마리를 올해는 2만 5,000원으로 구입할 수 있다면 현금 구매력이 20퍼센트 감소한 것이다. 이는 현금을 보유한 것만으로 마이너스 20퍼센트의 수익률을 기록한 것과 마찬가지다. 물론 쓰레기라고 해서 막 쓰라는 것은 아니다. 레이 달리오는 투자의 관점에서 말한 것이다. 현금은 곧 무기가 될 수 있다. 따라서 우리는 현금으로 투자의 종잣돈을 만드는 데 주력해야 한다.

Building

Realtor

Chapter 3

전문 빌딩 중개인으로
첫발 내딛기

빌딩 중개인은
1인 **사업가**

    부동산 중개는 꼬박꼬박 월급을 받는 분야가 아니다. 개인이 곧 대표이자 직원인 1인 기업이나 마찬가지다. 빌딩 중개도 그렇다. 규모의 차이가 있을 뿐이다.

    빌딩을 전문으로 하는 부동산 중개 업체의 급여 체계는 회사마다 조금씩 다르다. 기본급을 주는 곳도 있고 그렇지 않은 곳도 있는데, 기본급이 없는 곳이 더 많다. 예전에는 100퍼센트 인센티브제로 운영되었기에 급여가 아예 없었다. 일한 만큼 돈을 가져가는 시스템이기 때문에 회사에 소속되어 있어도 개인사업자인 셈이다.

    그렇다면 굳이 회사에 소속되어야 할 이유는 무엇일까? 기본급 유무는 크게 중요하지 않다. 빌딩 거래는 중개 수수료가 커서 기본급 없이도 억대 연봉자가 될 수 있다. 일을 배우는 입장에서는 기본급보다는 이끌어 줄 사수가 있는지, 체계적인 교육 매뉴얼이 있는지가 더 중요하다.

    빌딩 중개인은 보험회사 판매직과 비슷한 면이 있다. 계약을 많이 할수록 소득이 높아진다는 점이 특히 그렇다. 당연하게도 초보 중개인이 많은 계약을 하는 노련한 중개인이 되기까지는 지식을 쌓고 정보를 축적할 수 있는 시간이 필요하다. 회사는 바로 그 밑바탕이 되어 주는 곳이다.

기본급을 바라보고 빌딩 중개업에 발을 들이는 것은 어리석다. 빌딩 중개를 하겠다고 마음먹었다면 큰 수익을 목표로 나아가야 한다. 그러므로 기본급에 집착할 필요는 없다. 하지만 이끌어 줄 사수나 교육 매뉴얼이 없다면 오래 버티기 힘들다. 뭘 해야 할지 모른 채 우왕좌왕하다가 시간만 허비하고 실망해서 그만두게 된다.

한 분야의 전문가가 되기 위해서는 1만 시간을 투자해야 한다고 한다. 그만큼 노력이 중요하다는 뜻이다. 어떤 분야에 입문해서 전문가가 되기까지는 무르익는 시간이 필요하다. 빌딩 중개 또한 이러한 마음가짐으로 시작해야 한다. 그 과정을 생략할 수는 없다. 빌딩 중개를 근로의 개념으로 생각하면 안 된다. 회사에 소속되더라도 스스로 1인 기업가라고 생각해야 한다.

부동산 물건을 보고, 분석하고, 구매자에게 연결하는 것이 중개업이다. 다만 빌딩 중개는 세밀하게 살펴봐야 할 것이 많아서 좀 더 전문적이다.

빌딩 중개인이 되려면 일반적인 공인중개사보다 꼼꼼하게, 더욱더 세부적인 사항을 볼 수 있는 안목이 필요하다. 건물의 물리적인 부분뿐만 아니라 법률적인 부분과 임대차 관련 내용도 검토해야 한다. 이에 관한 지식이나 노하우가 있어야 하는 것은 당연하다. 부동산 중개 시장을 운동장으로 비유하면, 빌딩 중개는 모든 종목을 아우르는 종합운동장이나 다름없다. 자산 투자의 정점에 있는 것이 빌딩 투자인 만큼 중개 시장의 정점에는 빌딩 중개가 있다.

빌딩 중개에 처음 입문했을 당시 절박했던 나는 열정과 시간을 모두 투자해서 빌딩 분야를 익혔다. 공인중개사 공부를 하면서 부족한 지식과 경험을 보충하기 위해 책도 읽고 대학원 강의와 세미나도 들으러 다녔다.

빌딩 중개인이라면 지리 감각을 먼저 익혀야 한다. 그다음 건물과 토지 현황을 파악하고 매각 사례를 공부한 후, 매각되었던 현장으로 임장을 가야 한다. 건물의 입지는 어떠한지, 상권은 어떠한지, 왜 매각되었는지, 누가 어떤 목적으로 구입했는지 등을 분석하고 판단할 수 있어야 한다. 이것은 경험을 통해서만 익힐 수 있기에 단숨에 습득할 수 없다. 시간이 흐를수록 보이지 않는 부분을 볼 수 있는 눈이 생긴다. 나중에는 건물의 외형과 위치만 봐도 머릿속에 대강 이 빌딩이 어떤 가치를 지니고 있으며 향후 어떻게 될 것인지 그림을 그릴 수 있다. 그러다 보면 어느새 빌딩 중개 전문가가 되어 있을 것이다.

꼭 빌딩이 아니어도 돈을 벌 수는 있다. 주택과 전월세를 주력으로 다루는 공인중개사도 얼마든지 직장인 평균 소득보다 더 벌 수 있다. 만약 최저임금보다 못 버는 중개사가 있다면, 게으르기 때문이라고 생각한다. 하지만 직장인 평균 소득보다 월등히 높은 소득을 원한다면 빌딩 중개에 뛰어들어야 한다.

빌딩 중개 경험이 쌓이다 보면 억대 연봉 이상의 소득을 누릴 수 있다. 열심히 하면 1년 안에 1억 원의 연봉을 벌기도 한다. 2년 후에는 해마다 1억 원씩 연봉이 올라갈 수도 있다. 다만 거기에 이르기까지의 과정을 견뎌야 한다.

중국 속담에 이런 말이 있다. "기적은 하늘을 날거나 물 위를 걷는 것이 아니라, 땅 위를 걸어 다니는 것이다." 걸어 다닐 수 있는 건강한 신체만으로도 큰 자산이다. 그러므로 특출난 능력이 없다고 해서 기죽을 필요는 전혀 없다. 열심히 할 각오가 되어 있다면 누구나 빌딩 중개에 도전할 수 있다.

그럼에도 불구하고 자신이 생각하는 '주관적 가치'와 사회에서 인정하는 '시장 가치'가 반드시 일치하지는 않는다. 보통은 스스로 생각하는 주관적 가치가 시장 가치보다 높다. 이 괴리에 불만을 느끼거나 부당하다고 생각할 수도 있다. 하지만 시장은 수요와 공급에 의해 가치가 결정된다. 자신의 가치를 객관적으로 평가하기 위해서는 명확한 기준을 적용해서 냉정하게 판단해야 한다. 객관적으로 부족한 부분이 있다면 그것을 채우기 위해 노력해야 한다. 중개 회사에 입사해서 열심히 공부하라고 거듭 강조하는 이유가 여기에 있다.

이왕 빌딩 중개업에 뛰어들었다면 수익 목표를 직장인 평균 소득보다 훨씬 크게 잡아라. 포기하지 않는 한, 그 꿈은 반드시 이루어질 것이다. 빌딩 중개 시장과 여러분의 잠재력은 생각보다 크다.

그러나 종종 이러한 잠재력을 부정적으로 받아들이는 사람도 있다. 빌딩은 거래 금액이 크고 중개 과정이 복잡하다 보니 계약을 성사시키기 어렵다고 생각하는 것이다. 그런 이들에게 나는 이렇게 묻고 싶다. 직장인 평균 소득보다 더 많은 소득을 올리는 것이 간단한 일이겠는가?

결국 마인드의 문제다. 진정한 1인 사업가로 우뚝 서려면 노력해야 한다. 어느 분야든 그렇겠지만, 특히나 빌딩 중개는 허투루 해서 될 분야가 아니다. 기본급만 바라며 안일하게 일을 시작한 신입 빌딩 중개사는 도태될 수밖에 없다.

사회는 갈수록 파편화된다. 영국의 경우 1996년 무렵에 이미 회사의 3분의 2 정도가 1인 기업이었다고 한다. 우리나라도 고용 없는 성장이 현실화되고 있다. 내가 처음 사회생활을 했을 때인 2000년대 초반에는 실업률이 4퍼센트대였다. 지금은 6퍼센트대다. 가족 가게에서 일손을 돕거나, 단순 알바로 일하거나, 일주일에 1~2시간만 일해도 취업자로 통계가 잡힌다. 실제로는 실업자인데 통계상 일하는 사람으로 잡히는 것이다. 따라서 실업률은 통계보다 훨씬 높고, 계속 높아질 수밖에 없다.

우리나라도 많은 직업이 1인 기업으로 파편화되고 있다. 결국 무슨 일을 하든 '내가 곧 기업'이란 사실에서 출발해야 한다. 기업인의 마인드로 업무에서 얻은 지식, 경험, 인맥 등을 어떻게 시장과 접목해서 이윤을 낼 수 있을지 고민하는 사람만이 발전적인 성장을 거듭할 수 있다.

빌딩 중개를 하다 보면 단순히 중개사로서의 능력만 향상되는 것이 아니라, 투자 안목과 사업에 대한 지평도 넓어진다. 돈이 흐르는 길을 알게 되는 것이니 자산가가 되고 싶다면 도전해서 손해 볼 일은 전혀 없다.

처음 6개월이
성패를 좌우한다

　빌딩 중개로 큰돈을 벌기 위해 많은 사람이 회사에 입사하지만, 대개 6개월을 버티지 못하고 나간다. 하지만 6개월을 넘기고, 1년 이상 꾹 참고 일하는 사람은 기어이 살아남아서 성공을 이뤄 낸다. 6개월이 고비인 셈이다.

　그렇다면 6개월을 넘기기 힘든 이유는 무엇일까? 이를 유추해 보기 위해 부동산 중개법인의 하루 루틴을 살펴보겠다.

◇ 빌딩 중개사의 하루 루틴 ◇

보통 아침에 출근하면 매물 중에서 매각된 것을 정리한다. 그다음 각종 부동산 관련 사이트와 SNS 등을 통해 광고를 한다. 광고 작업이 끝나면 전화를 한다. 회사에서 제공한 고객 명단을 바탕으로 연락을 돌리는 것이다. 이를 '콜드콜Cold Call'이라고 한다. 고객의 안부를 물으면서 근황 정보를 수집하거나, 물건의 매각 및 매수 의사를 확인하거나, 필요한 경우 소개를 요청하는 영업 기법이다.

고객 명단은 건물주 데이터베이스이기도 하다. 매수자나 매도자가 없으면 찾아야 하는데, 바로 그 명단에 답이 있다. 오랫동안 축적된 데이터베이스에서 고객을 발굴할 확률이 높다. 큰 자본가는 한정되어 있기 때문이다.

부동산 중개법인은 5,000만 명이 넘는 대한민국 인구 중에서 건물을 소유한 사람들의 명단을 가지고 있다. 대개 상위 10퍼센트의 자산가 명단이다. 물론 명단을 가지고 있지 않은 곳도 있지만, 제대로 운영되는 부동산 중개법인이라면 틀림없이 명단을 보유하고 있다.

이러한 고객 명단을 기반으로 틈날 때마다 전화를 하는 것은 하루 루틴 중에서도 매우 중요한 업무다. 이 명단에 등록된 사람은 현재 건물을 소유한 이들이 대다수지만, 앞으로 건물을 살 확률이 높은 사람도 포함되어 있다. 그들 모두 잠재고객이다. 건물이 있는 사람은 그 건물을 팔고 다른 걸 살 수 있고, 건물이 없는 사람은 새롭게 건물을 살 수 있다. '어느 구름에 비 올지 모른다'는 속담처럼 섣불리 예측할 수는 없지만 누구라도 가능성이 있는 것이다.

건물주 데이터베이스는 정말 큰 재산이다. 그런 자료를 회사에서 공유한다는 것은 신입 중개사도 기회를 만들 수 있다는 의미이기도 하다.

데이터베이스 자료를 잘 활용하면 고정 고객을 만드는 데 큰 도움이 된다. 연락이 닿은 자산가가 빌딩을 매수하고자 할 때 나에게 전화할 수 있도록 라포르 형성Rapport Building을 하면서 마케팅을 하는 것이다. 라포르 형성은 고객이 중개사에게 신뢰를 느끼고 중요한 거래를 맡길 수 있게 만드는 핵심 요소다. 데이터베이스를 활용해서 자산가와 접점을 마련한 후, 적절한 의사소통과 마케팅을 통해 '이 중개사는 말이 잘 통하고, 내가 원하는 것을 잘 알고 있다'라는 인식을 심어 줄 수 있다.

예를 들어 고객의 거래 이력, 선호하는 투자 방법, 관심 지역 등을 미리 파악한 다음 맞춤형 제안을 하는 것이다. 그러면 고객은 '나를 진심으로 이해하고 돕고자 한다'는 인상을 받는다. 이러한 접근은 단순한 거래 관계를 넘어 장기적인 고정 고객으로 이어질 가능성을 높여 준다.

따라서 잠재 고객에게 지속적으로 연락하고, 통화 내용은 그때그때 문서로 정리해 두는 것이 좋다. 6개월간 이 작업을 반복하다 보면 자기만의 영업 감각이 생긴다. 고객이 될 사람인지 아닌지, 고객이 된다면 언제쯤 매매를 하게 될지 감이 잡힌다.

전화를 받은 상대방은 진심으로 대화에 응할 수도 있고, 귀찮은 마음에 건성건성 대꾸할 수도 있다. 스팸 취급을 당하거나 통화 자체가 성립되지 않는 일도 허다하다. 이러한 상황은 충분히 각오해야 한다. 하지만 의미 없는 작업이라고 생각해서 콜드콜을 안 하면 안 된다.

콜드콜 작업을 한 다음 그 내용을 정리하는 것으로 오전 업무를 마무리하고, 오후에는 임장을 나간다. 임장을 나가서 광고된 물건들을 현장에서 살펴보고, 다시 돌아와서 임장했던 내용을 정리한다.

계속해서 임장을 나가다 보면 어느새 건물을 보는 눈이 달라진다. 매일 건물을 분석하다 보면 자연스럽게 건물과 소통하게 된다. 마치 사람을 대하듯 살아 있는 존재처럼 느껴지는 순간이 찾아온다. 현장에 나가지 않고 지도나 로드뷰만 봐서는 알 수 없는 감각이다.

빌딩의 입장에서 생각해 보면, 빌딩 중개인은 마치 의사와 같은 사람이다. 의사는 환자를 진단해서 어떤 병에 걸렸는지 파악한다. 이처럼 빌딩 중개인은 빌딩을 살펴보고 어떤 문제가 생겼는지 파악해야 하며, 이것은 현장에 직접 나가 봐야 익힐 수 있다.

자신이 관리하는 건물의 오장육부가 썩어 가고 있는데, 그걸 모른다면 빌딩 중개인의 자격이 없다. 시장에서 매각될 만한 물건들을 확보했다면 자기 건물처럼 관리해야 한다. 그 물건들을 중개해서 큰 수익이 생기면 결국 내 재산이 되기 때문이다.

따라서 임장을 나가는 일 역시 하루도 빼먹지 말고 매일 반복해야 한다. 좀 더 쉽게 가는 방법 같은 것은 없다. 신입 중개인에게 게으름은 최대의 적이다.

억대 연봉을 받는 중개인이 되고 싶다면 프로 의식을 가져야 한다. 운동선수처럼 루틴을 정해 두고 움직여야 성과로 이어진다. 정해진 루틴을 하루도 빠짐없이 꼬박꼬박 순서대로 이행해야 한다. 그러다 보면 어느 순간 루틴이 더는 부담스럽지 않고 몸에 딱 맞는 옷을 입은 것처럼 자연스러워진다. 그 기간이 입사 후 6개월 정도 걸린다.

자기계발서의 초석을 마련했다고 평가받는 미국의 작가 로버트 콜리어 Robert Collier는 이렇게 말했다. "성공은 날마다 반복되는 작은 노력의 합이다." 사소한 노력을 '꾸준히' 반복할 때, 우리는 비로소 막연했던 성공에 한 걸음씩 가까워진다.

같은 시기에 빌딩 중개법인에 입사한 A와 B가 있다고 가정해 보자. A는 6개월 동안 꾸준히 노력해서 루틴을 만드는 데 성공했다. 반면에 B는 하다 말기를 반복하면서 6개월의 시간을 보냈다. 그렇게 1년이 지나고 2년이 흘렀다. 처음에는 비슷했던 두 사람의 성과는 점점 차이를 보이기 시작한다. 어느덧 A의 성과는 B의 두 배를 넘어섰다. 이러한 차이는 시간이 흐를수록 점점 더 커질 것이다.

실제로 습관을 형성하는 데 짧게는 한 달부터 길게는 6개월 이상이 걸린다는 사실이 드러났다. 아이들이 공부하는 습관을 익히는 데도 6개월이 필요하고, 보통 사람들이 헬스장 가는 습관을 만드는 데도 평균 6개월이 걸렸다. 지금껏 같이 일했던 사람들을 떠올려 봐도, 모두 6개월 언저리에서 성패가 갈렸다.

누구나 1~2년 안에 연봉 1억 원을 만들 수 있다는 것은 절대 허황한 이야기가 아니다. 지금 나와 함께 일하는 직원들은 대부분 그 정도의 수입을 올린다. 그러니 일단 시작했다면 포기하지 말고 6개월 동안 노력해 보기를 바란다.

나는 중개 업무를 시작하면서 매일 다음 날 할 일을 미리 정리했다. 그리고 아침이 되면 전날 정리해 둔 '오늘 할 일 리스트'를 확인하고 하루를 효율적으로 보내기 위한 계획을 세웠다. 이어서 주요 경제 신문의 부동산 기사와 광고를 살펴보면서 최신 이슈와 트렌드를 분석했다. 그다음 전날 조사하고 임장했던 물건들을 정리해서 온라인에 매물 광고를 올렸다. 오후에는 건물주와 통화하거나 미팅을 진행했고, 새로운 매물을 임장하며 현장을 꼼꼼히 확인했다. 이러한 하루하루가 쌓이면서 점차 빌딩 중개 업무에 관한 역량을 키워 나갔다. 이렇게 루틴을 만들어서 실행하고 움직이면 계약이 안 나올 수가 없다.

이것은 지금도 유지하고 있는 루틴이다. 나는 전날 몇 시에 잤든지 상관없이 오전 5시 30분이면 무조건 일어난다. 기상 후에는 30분 동안 달리기를 하고 1시간 정도 근육 운동을 한 다음 출근한다. 매일 아침 업무 회의를 하고, 오후에는 유튜브 촬영을 하거나 임장을 나가거나 미팅을 한다. 고액의 빌딩 거래를 실수 없이 중개하기 위해서는 이처럼 꾸준한 업무 패턴 속에서 능숙하게 일을 처리할 수 있도록 관리해야 한다.

미국의 베스트셀러 작가인 제임스 클리어James Clear는 『아주 작은 습관의 힘』이라는 책을 통해 "100번만 같은 일을 하면, 그게 당신의 강력한 무기가 된다"고 했다. 작은 습관이 모이면 변화가 일어나고, 변화가 쌓이면 무시하지 못할 차이를 만들어 내기 때문이다. 이처럼 큰 변화는 매일의 작은 변화 속에서 일어난다는 점을 꼭 명심하자. 예를 들어, 좋은 저축 습관은 부를 이루는 첫 번째 열쇠다. 그다음 저축으로 모은 돈을 스노우볼처럼 굴려서 부자의 길에 들어서는 것이다.

빌딩 중개에서
매물의 범위

    시장 구경은 늘 흥미롭다. 시장에 가면 크고 작은 물건들이 빼곡히 자리 잡고 있다. 채소와 과일, 생선과 고기뿐만 아니라 그릇이나 학용품까지 그 종류가 무척 다양하다. 빌딩도 이와 다르지 않다. 거대한 빌딩부터 소규모 빌딩, 오피스 빌딩, 상업용 빌딩, 상가주택에 이르기까지 여러 유형이 있다. 그리고 다양한 사람이 시장을 오가는 것처럼, 빌딩을 사고파는 사람들의 목적과 배경도 각양각색이다.

    공동묘지에 핑계 없는 무덤이 없다는 말처럼, 부동산 시장에 나온 빌딩 매물도 저마다의 이유가 있다. 빌딩 중개인은 그 이유를 철저하게 파악하고, 물건의 특성과 가치를 꼼꼼히 분석해야 한다. 매도자와 협의해서 거래 가능한 금액을 조율하고, 그 금액이 현실적으로 매력적인 수준이라면 구매할 매수자를 찾아서 연결하는 것이 바로 빌딩 중개인의 역할이다.

    이는 단순한 중개를 넘어 빌딩의 숨은 가치를 발견해서 매도자와 매수자를 납득시키는 일이기도 하다. 결국 최적의 거래를 만들어 내는 일은

나는 빌딩 중개로 건물주가 되었다

중개인의 전문성과 통찰력, 그리고 신뢰를 바탕으로 이루어지는 예술에 가깝다.

이제 막 신입 빌딩 중개인이 되었다면 루틴 형성을 위해 노력하는 동시에 매물에 관해 공부해 나가야 한다. 아무리 많은 고객을 확보해도 정작 중개할 매물이 없다면 무용지물이다.

그렇다면 어디서부터 어디까지를 빌딩 매물로 볼 수 있을까? 빌딩 중개에서 매물의 범위는 건물의 크기, 위치, 용도, 지역에 따라 다양하게 구분된다. 우선 크기에 따라 초대형 빌딩, 대형 빌딩, 중형 빌딩, 소형 빌딩, 꼬마빌딩으로 분류할 수 있다. 구체적인 기준은 다음과 같다.

◇ 빌딩 크기에 따른 분류 ◇

초대형 빌딩	연면적 3만㎡ 이상(1만 평)
대형 빌딩	연면적 1만㎡ 이상~3만㎡ 미만(3,000~1만 평)
중형 빌딩	연면적 3,000㎡ 이상~1만㎡ 미만(1,000~3,000평)
소형 빌딩	연면적 1,000㎡ 이상~3,000㎡ 미만(300~1,000평)
꼬마빌딩	연면적 1,000㎡ 미만(300평)

초대형 빌딩은 도시의 랜드마크로 자리 잡는 경우가 많은데, 대규모 상업 시설이나 프리미엄급 대형 오피스 빌딩(주로 서울의 중구, 종로구 등에 위치한 초대형 업무 빌딩)을 말한다. 대형 빌딩과 중형 빌딩, 소형 빌딩은 규모의 차이가 있지만, 주로 상업 시설이나 사무실, 회사 사옥 등으로 활용된다. 그리고 꼬마빌딩은 2025년 현재 강남 기준으로 보통 연면적

300평 이하, 높이 7층 이하, 가격 200억 원 이하의 소규모 건물을 말한다. 작은 회사의 사옥이나 사무실, 상가주택, 원룸 건물, 상업 시설 등으로 다양하게 활용된다.

그중에서도 상대적으로 가격이 저렴해서 부동산 투자자들에게 인기가 많은 꼬마빌딩의 유형을 좀 더 자세히 알아보자.

우선 '오피스 빌딩'은 사옥이나 사무실로 활용되는 건물이다. 보통 다층으로 구성되어 있으며, 상가나 주거지역과는 구별되어 있다. 주로 사무실로 쓰이는 건물이지만, 1~2층은 임대료가 높아 근린생활시설로 사용되기도 한다. 근린생활시설은 주택가와 인접해 주민들의 생활에 편의를 줄 수 있는 시설 등을 말한다. 음식점, 미용실, 카페, 세탁소, 의원, 독서실 등이 여기에 해당한다.

'원룸 건물'은 전용면적 4~8평형의 원룸들로 구성된 건물이다. 주로 대학가나 역세권 등에 자리 잡고 있으며, 학생이나 직장인의 주거지로 많이 사용된다. 대개 풀옵션을 갖추고 있는 것이 특징이며, 건물주가 직접 관리하면서 고수익을 얻는 경우가 많다.

'상가주택'은 주택과 상가가 혼합된 형태의 건물이다. 주인이나 세입자가 위층에 거주하고, 아래층을 상가로 임대하는 경우가 대부분이다. 주로 상권이 형성된 지역과 주거지역 사이에 위치한다.

'근생건물'은 근린생활시설이 입주해 있는 건물로, 전체가 상가 오피스로 이용되는 건물을 말한다. 흔히 '올근생'으로 불린다. 주로 상권이 형성된 지역에 자리 잡고 있다. 주인은 별도의 주택에 살면서 건물 전체를 점포로 임대한다. 상권의 특성에 따라 다양한 업종이 입점해서 생활의 편의를 제공한다.

최근 10년 동안 F&BFood & Beverag, 식음료와 리테일retail, 소매이 약세를 보이는 다가구주택 밀집 지역에서 근생 신축 붐이 일어났다. 특히 조용한 주거지에서도 업무가 가능한 소규모 오피스 신축 건물의 수요가 증가하면서 이러한 트렌드가 확산되었다. 다가구주택이나 단독주택을 통임대가 가능한 소규모 사옥형 오피스 건물로 신축하고, 곧바로 매각하는 사례가 늘었다. 지역 내 신축 붐과 더불어 소규모 오피스 건물에 대한 선호도가 높아진 결과다.

◇ 꼬마빌딩의 유형 ◇

오피스 빌딩	원룸 건물	상가주택	근생건물
사옥 및 사무실로 사용되는 건물	원룸으로 구성된 건물	주택과 상가가 혼합된 건물	상가와 사무실을 조합한 건물

한편, 빌딩 중개인이 거래하는 매물에는 건물만 있는 것이 아니다. 건축 부지인 토지도 중요한 매물이다. 건축 부지는 건물을 건축하기에 적합한 토지로, 미래에 멋진 건물이 들어설 곳이다.

이 외에 공장 부지, 숙박 시설 등도 매력적인 매물이다. 공장 부지는 꾸준한 수요가 있다. 특히 제조업이나 물류 산업이 발달한 지역에서는 장기 임대계약을 통한 안정적인 수익 창출이 가능하다. 숙박 시설은 관광지나 비즈니스 중심지에서 수요가 있다. 예를 들어 공항이 인접한 인천 지역은 항공 승무원, 비즈니스 여행객, 관광객 등의 고객층이 형성되어 있어 투자 유연성이 높다.

빌딩 중개 매물은 지역에 따라 나뉘기도 한다. 크기나 용도 같은 외형상의 매물 범위도 중요하지만, 그보다 중요한 것은 고객의 구매 목적에 적합한 빌딩을 파악하는 것이다. 빌딩을 구입하는 목적이 시세 차익인지, 다달이 받는 임대료인지에 따라 중개할 건물의 유형뿐만 아니라 지역까지 달라진다. 예를 들어, 서울 중심부와 강남 지역의 매물은 시세 차익이 높고 서울 외곽의 매물은 대체로 임대료 수익률이 높다.

빌딩 중개를 하다 보면 어디에 있는 건물을 사는 게 정답이냐고 물어보는 매수자가 많다. 나는 물건마다 다르다고 이야기한다. 강남이라도 다 좋은 게 아니고, 인기 없는 지역이라도 무조건 안 좋은 게 아니다. 아무리 인기 지역이라도 안 팔리는 구석진 곳에 위치했거나, 건물의 상태가 별로라거나, 상가 입점이 만족스럽지 않은 경우가 있다. 반대로 인기 없는 지역이라도 대로변 및 코너에 위치했거나, 건물의 상태가 말끔하거나, 상가 입점이 잘되어 있는 경우가 있다. 게다가 주변 매매 사례보다 저렴하다면 금방 매각된다.

요즘에는 부동산 가치를 평가할 때 건물의 임차 구성이 어떻게 되어 있는지, 어떤 독특한 설계와 최신 트렌드를 반영했는지 등이 중요한 요소로 여겨진다. 물론 가장 중요한 것은 위치인데, 해당 지역의 특성과 조화를 이루는 건축물인지도 고려해야 한다. 즉, 지역 특성에 적합한 설계와 임차 구성이 건물의 가치를 높이는 핵심 요인이다.

빌딩은 자산가의 전유물이다. 경기가 안 좋을 때도 돈이 있는 사람들은 빌딩을 매수한다. 괜찮은 위치의 물건이 저렴하게 나와 있다면 적극적으로 매수에 나설 것이다.

　　　　　　　　　나는 빌딩 중개로 건물주가 되었다

무엇이
좋은 물건인가?

빌딩 중개 시장의 주요 고객이기도 한 빌딩 투자자들이 꿈꾸는 건물은 마치 금광과 같은 것이다. 미국에서 서부의 황무지로 영토를 확장하던 개척 시대에 발견되었던 금광처럼 빌딩이 부를 가져오기를 바란다. 그만큼 큰 꿈을 꾸고 있기에 기대치가 무척 높다.

매수자들을 만나면 늘 '정말 좋은 물건' 좀 소개해 달라는 말을 한다. 하지만 그런 물건을 찾는 것은 말처럼 쉽지 않다. 대부분 위치와 상권을 중요하게 생각하는데, 그게 전부가 아니다. 빌딩 전문가라면 보이는 것 외에 감추어진 가치를 발견할 수 있어야 한다.

빌딩 중개에서 건물의 상태와 위치는 특히 중요하다. 지역 또한 무시할 수 없다. 그렇다면 정말 좋은 물건을 찾기 위해 건물의 상태, 위치, 지역을 어떻게 살펴보고 분석해야 하는지 알아보자.

① 상태
빌딩의 외부 및 내부를 신중하게 살피는 것이 좋다. 외부는 외벽, 창문, 지붕, 옥외 계단의 상태가 어떠한지 살펴본다. 또한 기계식 및 자주식 주차장, 공원, 편의 시설 등이 가까운지도 알아봐야 한다. 매수자가 어떤 것을 우선시할지 알 수 없으므로 최대한 많은 정보가 필요하다.

내부는 바닥, 천장, 벽면, 시설물 작동 여부, 노후화 정도, 화장실 및 엘리베이터 상태 등을 점검해야 한다. 이는 건물 개선에 필요한 비용을 유추하는 데 도움이 된다.

예전에 한 매수자가 "비 오는 날 건물에서 비가 새면 너무 스트레스받을 것 같다"는 말을 한 적이 있다. 이전에 소유했던 건물에 누수가 있어서 노이로제에 걸릴 뻔했다고 토로했다. 이 매수자는 물이 새지 않는 것이 최우선 조건이었다. 빌딩 중개사라면 이런 부분을 반드시 확인해야한다. 특히 누수는 정말 잡기 힘들고, 나중에 소송으로 확대될 수도 있기 때문이다.

사전에 건물의 상태를 철저히 확인해 두면 매수인이 원하는 물건을 이야기했을 때 적절하게 후보를 추려 낼 수 있다.

② 위치

빌딩의 위치도 중요하다. 건물을 둘러싼 주변 환경은 주거, 상업 및 생활 편의성을 결정하는 요소 중 하나다. 건물이 위치한 곳의 교통 편의성, 공공시설, 공원 등을 고려해야 한다. 지하철이나 버스 등의 대중교통 접근성이 좋고, 주변에 상점·학교·병원 등의 시설이 다양하게 포진해 있다면 우수한 매물이 된다. 그만큼 거래 가능성이 높아지는 것이다.

빌딩 중개를 하다 보면 입지가 좋고 공실이 없는 매물을 소개해 달라는 매수자가 많다. 문제는 경기 침체기에도 같은 요구를 하는 매수자가 많다는 것이다. 지금처럼 내수 경기가 어려워지면 빌딩 1층에 들어서 있던 상가들의 폐업이 늘어난다. 이런 건물을 신축하거나 리모델링해서 가치를 높이는 일은 쉽지 않다. 그렇기에 입지가 좋고 임대 수익이 안정적인 빌딩은 수요가 높을 수밖에 없다. 하지만 그런 입지의 물건은 가격이 비싸다. 웬만한 투자금으로는 어림도 없다. 그렇다고 해서 매수자의 요구가 잘못된 것은 아니다. 부동산은 위치가 가장 중요하기 때문이다. 모두가 다 좋아하는 위치에 있는 빌딩은 자산가들에게 인기가 많다. 당연히 많은 돈을 들이고도 사고 싶은 가치가 있는 빌딩이다.

③ 지역

지역을 분석할 때는 인구 흐름을 파악하는 것이 무엇보다 중요하다. 지역의 인구 흐름은 빌딩의 미래 가치와 관련이 있기 때문이다. 이러한 인구 흐름을 파악하려면 인구 통계 데이터나 관련 연구 자료 등을 살펴보아야 한다. 타인의 정보나 들리는 이야기 등으로 판단하면 안 된다. 국토교통부 통계누리(stat.molit.go.kr), 공공데이터 포털(www.data.go.kr) 같은 국토부 사이트나 서울시 상권분석 서비스(golmok.seoul.go.kr), 서울데이터허브(data.seoul.go.kr/bsp) 같은 플랫폼을 통해서 상주인구, 카드 매출, 업종별 출퇴근 유동량, 업종 분포도 등의 다양한 데이터를 쉽게 확인할 수 있다. 이를 활용해서 상권을 분석하고 투자 의사 결정에 도움을 받을 수 있다.

그렇다면 인구 흐름은 어떻게 결정될까? 경제 활동성, 산업 구조의 변화, 교통 체계의 개선, 주거 환경의 개선 및 변화, 교육 시설의 종류 등이 중요하다.

인구 변화는 빌딩 시장에 직접적인 영향을 미친다. 주변 지역의 인구가 증가하거나 감소할 때, 빌딩의 가격 및 수요는 바로 영향을 받는다. 인구 증가는 아파트나 빌라 등 주거 공급의 증가를 가져온다. 이는 주택 건설이 활발하게 이루어진다는 것을 의미한다. 자연스럽게 주택 가격이 상승하는 효과를 불러온다. 주거 시설이 증가하면 그에 따라 상업 시설도 늘어난다. 사람이 많아짐에 따라 늘어날 소비를 충당해야 하기 때문이다. 자연스럽게 상업용 건물의 숫자가 증가하게 된다.

반대로 인구 감소는 주거용 건물의 수요와 공급 사이에 괴리를 가져온다. 인구가 감소하면 아파트나 빌라의 수요가 줄어든다. 결국 수요와 공급의 법칙에 따라 주거용 건물의 가격이 하락하게 된다. 이처럼 상주인구가 줄어들면 소비 인구도 감소한다. 이는 상업용 건물의 수요 감소로 이어지고, 자연스럽게 빌딩 가격도 하락한다.

다만 모든 빌딩의 수요가 동일한 속도 및 형태로 변화하는 것은 아니다. 지역의 인구 흐름을 살펴본 다음 각각의 빌딩을 자세히 분석해야 한다. 빌딩 시장의 수요와 공급은 하나의 이유로만 결정되지 않는다. 부동산 가격이 상승하고 하락하는 데는 금리 변동, 내수 경제 상황 등 여러 요인이 작용한다. 빌딩 중개인으로 오랫동안 일하다 보면, 숫자가 알려주지 않는 진실을 차차 볼 수 있게 된다. 단순히 지금의 현상만 보고 섣부르게 예측하거나 판단해서는 안 된다.

강한 것이 살아남는 것이 아니다. 환경에 적응하는 개체가 살아남는다. 빌딩 중개 시장도 마찬가지다. 찰스 다윈Charles Darwin의 『종의 기원』을 굳이 언급하지 않아도 살아남는 자가 강한 것이다. 진정한 고수는 계속 진화하는 사람이다. 한때 고수였다고 영원히 고수가 되지는 않는다.

나는 빌딩 중개로 건물주가 되었다

건폐율, 용적률, 연면적이란?

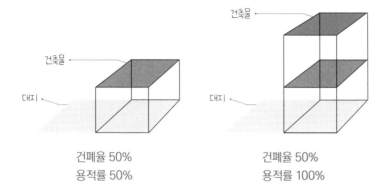

건폐율 50%
용적률 50%

건폐율 50%
용적률 100%

건축물의 가치는 건물이 서 있는 대지의 값과 건축물의 값이 합쳐진 것이다. 이를 파악하려면 기본적으로 용적률, 건폐율, 연면적에 관해 알아야 한다.

용적률은 대지 면적에서 건축물이 차지하는 비율을 말한다. 즉, 건물을 얼마나 높게 지을 수 있는지를 나타내는 지표다. 만약 같은 면적의 대지 두 곳의 용적률이 서로 다르다면, 용적률이 높은 대지에 더 높은 건물을 지을 수 있다. 같은 크기의 대지이지만 용적률이 낮다면 건물을 낮게 지어야 한다.

건폐율은 대지 면적에 대한 건축면적의 비율을 뜻한다. 쉽게 말해, 대지 전체 중 건축물이 차지하는 면적을 말한다. 건폐율이 높을수록 대지를 건물로 가득 채울 수 있고, 건폐율이 낮으면 대지 일부에만 건물을 지을 수 있다. 용적률이 건물의 크기와 높이를 나타낸다면, 건폐율은 대지 내에서 건물이 차지하는 면적으로 볼 수 있다.

연면적은 건물에 있는 바닥 면적을 전부 합친 면적이다. 예를 들어, 바닥 면적이 100평인 2층 건물의 연면적은 200평이다. 하지만 빌딩에 따라 고층으로 올라갈수록 면적이 좁아지는 건물이 있다. 그래서 바닥 면적의 총합이 중요하다. 연면적이 넓어야 높은 임차 수익을 얻을 수 있기 때문이다.

한정된 크기의 대지 위에 되도록 넓고 높게 건물을 지어야 투자에 유리하다. 하지만 용도지구별로 건폐율과 용적률이 법으로 정해져 있기 때문에 무조건 넓고 높게 건물을 지을 수 있는 것은 아니다. 따라서 건물을 신축하기에 앞서 용도지구별로 건폐율과 용적률 등을 잘 파악해야 한다.

매물 확보가
가장 **기본**이다

저평가된 저렴한 매물을 찾아라

'저평가된 매물'을 찾는 것은 아무리 강조해도 지나치지 않다. 저평가된 매물이란, 한마디로 '시장가격 대비 저렴하게 나온 매물'이다. 저평가되었다는 것은 그만큼 가격 상승 여력이 있다는 말이다. 당연히 매수자들에게 인기가 많을 수밖에 없다.

빌딩 중개는 결국 저평가된 매물을 찾는 작업이라고 해도 과언이 아니다. 감각적으로 이러한 매물을 척척 찾는 경지에 이를 수 있다면 좋겠지만, 그럴 수 있는 사람은 많지 않으므로 보편적인 방법을 알아보겠다.

먼저 부동산플래닛(www.bdsplanet.com), 디스코(www.disco.re), 밸류맵(www.valueupmap.com) 등의 부동산 전문 사이트를 살펴본다. 이때 지역, 가격대, 면적 등의 조건을 구체적으로 설정해서 검색한다. 주변 매매 사례보다 저렴하게 나온 물건을 찾는 것이 목적이다. 자세히 살펴보면 지가는 상승했는데 2~3년 전에 매각되었던 사례와 비슷한 가격으로 나온 물건들이 있다. 이때 정말 매각이 진행되는 물건인지 확인해야 한다. 매각이 진행되지 않는 물건을 광고성으로 올리는 중개인도 있기 때문이다.

중개 경력이 쌓이면 저평가된 물건이 보인다. 입지, 매매가, 도로 폭 등을 종합적으로 살펴보았을 때 매매 사례보다 저렴한 물건이다. 당연히 물건의 물리적인 부분도 살펴야 하는데, 특히 너무 노후한 것은 아닌지 확인해야 한다. 또한, 급매물인지도 알아봐야 한다. 부동산을 매각하는 이유는 개인의 사정에 따라 다양하다. 그중에서도 사업이 부도를 맞았거나 상속 등의 문제로 급하게 물건을 내놓을 경우 매도자는 가격을 낮추더라도 빠르게 매각하고 싶어 한다. 이렇게 여러 가지 검토 과정을 거친 다음에야 저평가된 우량 매물을 찾을 수 있다.

매물 주변에 위치한 오래된 부동산 중개업소를 찾아가는 것도 좋은 방법이다. 다만 중개업소에 찾아가서 저평가된 매물을 찾는 일에는 고도로 숙련된 스킬이 필요하다. 경쟁자인 낯선 중개인에게 순순히 저평가된 매물을 내줄 공인중개사는 거의 없다는 말이다. 저평가된 매물은 누구나 찾는 보물이기 때문이다.

어떤 매물이 저평가되었는지 판단하기 위해서는 철저한 시장 조사와 더불어 신중한 판단이 요구된다. 한두 가지 자료나 정보만으로 판단해서는 안 된다. 최대한 다양한 정보를 수집하고 비교해서 원하는 매물을 찾아야 한다. 이는 당연히 매우 고단한 작업이다.

그렇다면 부동산 매물을 저평가하는 기준은 무엇일까? 주로 다음과 같은 요소가 고려된다.

첫째, 주변 환경이다. 도로 너비, 전철역·버스정류장 등 대중교통 접근

나는 빌딩 중개로 건물주가 되었다

성, 양호한 상권 주변 대형 시설 여부, 다양한 개발 호재 및 상업 시설 등을 파악해야 한다. 이런 요소를 두루 갖추고 있음에도 상대적으로 낮은 가격을 형성하고 있다면 저평가된 매물이다.

둘째, 빌딩의 상태다. 건물의 외관이나 형태, 신축년도, 시설물의 상태, 엘리베이터 설치 여부, 임대료, 깔끔한 내부 등을 고려해야 한다. 모든 조건이 우량함에도 불구하고 상대적으로 낮은 가격을 형성하고 있다면 저평가된 매물이다.

특히 임대료는 매매 가격에 큰 영향을 미친다. 신축 건물이 아닌 이상, 적정 수준의 임대료를 받지 못하면 매매 시장에서 제대로 된 가치를 인정받기 어렵다. 과거에 매입했던 가격 기준으로는 충분한 수익이 나오는 임대료일지 몰라도, 현재 상승한 부동산 가격 대비 낮은 임대료는 매도에 걸림돌이 될 수 있다. 따라서 향후 빌딩 매각을 염두에 두고 있다면 임대료를 시장가격에 맞게 잘 관리해야 한다. 부동산 시장에서는 앞으로 받을 가능성이 있는 임대료보다 현재의 임대료를 기준으로 평가하는 경향이 강하다.

과거에는 임차인을 변경하거나 건물을 리모델링해서 임대료를 올리고 자산 가치를 높이는 일이 흔했다. 하지만 임차인보호법(상가건물 임대차보호법)의 강화로 상황이 달라졌다. 임차인에게 귀책사유가 없는 한 10년간 계약갱신요구권이 보장되고, 임대료도 협의 없이는 최대 5퍼센트를 초과해서 올릴 수 없다. 임대료 조정이 쉽지 않기 때문에 매도자에게는 장기적인 전략이 필요하다. 시장 상황과 법적 제약을 고려해서 효율적으로 임대료를 관리해야 한다.

약 5년 전부터 빌딩을 신축해서 통임대를 맞추고 적정 임대료를 설정한 뒤 매각하는 방식이 유행했다. 그런데 신축 건물이 증가하면서 통임대가 어려워지고, 몇 년간 공실이 지속되면서 어려움에 직면하는 사례가 늘고 있다. 임대가 구성되지 않으면 금융 비용이 커지고, 이 상황이 부담스러워서 매각하려고 해도 임대 수익이 없는 물건은 시장에서 큰 관심을 받지 못한다.

빌딩은 건축에 시간이 걸리기 때문에 시장 트렌드를 즉각적으로 반영하기가 어렵다. 최신 트렌드와 미적 감각을 제대로 반영한 신축 건물이 제때 등장하지 못하는 이유도 여기에 있다. 결국 신축 빌딩 소유주들은 공실로 인한 부담과 시장의 낮은 수요 사이에서 울며 겨자 먹기로 가격을 대폭 낮춰서 급매로 내놓는 일이 많다. 이런 물건 역시 저평가된 매물로 간주할 수 있다. 투자자에게는 기회지만, 소유주에게는 큰 손실로 작용한다.

일시적으로 수요가 급증한 매물은 다르게 말하면, 수요가 빠르게 빠질 수도 있다는 것을 반드시 알아야 한다. 일시적인 수요 증가로 신축되었지만, 트렌드가 변하면서 수요가 감소하는 바람에 입지 및 건물의 상태 등에 비해 저평가될 수 있다. 이런 매물은 투자의 관점에서 기회가 될 수 있지만, 신중하게 시장을 분석하고 트렌드를 예측해야 하는 리스크가 동반되기도 한다.

급매로 싸게 나온 데다가 누가 봐도 괜찮은 빌딩은 시장에 매물로 풀리자마자 즉시 계약된다. 빌딩 중개 경력자라면 이런 물건을 절대 가만두지 않는다. 기회를 잡으려면 바로 그 물건을 알아볼 수 있어야 하는 것이다.

나는 중개 일을 하면서 누구나 쉽게 접할 수 있는 공개 매물과 개인적으로 관리하는 시장의 소수 매물을 모두 철저하게 분석했다. 이 매물 중 현재 시점에서 매력적이고 투자 가치가 있는 물건을 따로 정리했다. 그리고 주기적으로 잠재 고객에게 연락해서 해당 매물을 적극적으로 추천했다. 이렇게 신중히 관리된 물건은 가치를 알아보는 매수자가 나타나면 빠르게 계약으로 이어진다.

이처럼 중개인의 전문성과 시장에 대한 통찰력은 거래 성사에 중요한 역할을 한다. 매도자가 최초에 내놓은 호가 높은 매매 금액에서 시장에 맞는 적정 가격으로 조정되는 타이밍에 기회가 온다. 저평가된 매물은 가격 경쟁력을 얻는 순간, 구입을 희망하는 매수자가 생기기 때문에 발빠르게 움직여야 한다.

시장에 나온 지 오래된 물건도 눈여겨보자

시장에 나온 지 오래되었지만 팔리지 않다가 가격이 조정되면서 매각되는 물건도 많다. 그러므로 매물로 나온 지 오래된 빌딩이라고 그냥 버릴 필요는 없다.

시장에서 팔리지 않는다는 것은 인기가 없는 매물이라는 의미다. 수익성이 낮거나 물리적 조건이 매수자들의 기대에 부합하지 않아서 거래가 이루어지지 않는 것이다. 건물주가 이러한 문제점을 인지하고 가격을 조정하면, 핸디캡은 해소되고 거래 가능성은 높아질 수 있다.

빌딩이 처음 중개 시장에 노출되면 연락이 엄청나게 온다. 온갖 부동산 중개인에게서 전화가 오는 것이다. 건물주는 곧 팔릴 것이라는 기대를 하고 연락을 받지만, 나중에는 전화 받는 일이 귀찮아진다. 그렇게 시간이 흐르다 보면 얼른 팔고 싶은 생각이 드는 순간이 온다. 빨리 매각될 수 있게 가격을 조정하는 것이다. 이때 중개의 기회가 생긴다. 하지만 대부분의 중개인은 이것을 보지 못한다. 시장에 오래 방치된 매물은 팔리지 않을 것이라고 지레짐작해서 소유주에게 직접 매각 의사를 확인하거나 새롭게 접근할 생각을 하지 않는다. 이미 누구나 알고 있는 매력 없는 물건이라고 단정 지어 버리는 것이다. 그러나 이런 매물에서도 새로운 가능성을 발견할 여지가 있다.

처음 매물로 나온 빌딩은 대개 시장가격보다 비싸다. 아직 시장의 상황이 반영되지 않았기 때문이다. 건물주 입장에서는 자기 물건이 가장 좋아 보이는 법이다. 하지만 전문가 입장에서 분석해 보면 그렇지 않은 경우가 많다.

시장가격보다 비쌌던 매물은 사람들의 손을 타면서 가격이 조정된다. 전화는 계속 오는데 팔리지는 않고, 말도 안 되는 가격을 제시하는 사람까지 나타난다. 건물주는 이리 치이고 저리 치이면서 '아, 이게 팔릴 물건이 아니구나'라는 생각까지 하게 된다. 그러다가 임자를 만나는 수가 있다. 투자 목적으로 빌딩을 리모델링해서 가치를 높이려는 매수자가 등장하는 것이다.

나는 시장에 나온 지 1년이 넘은 물건을 중개한 적도 있다. 계약 직전까지 갔다가 돌연 취소하는 소동을 겪으면서 시간이 흐른 물건이었다. 그사이 건물 소유주가 사망해서 상속자인 자녀들의 소유가 되었다. 자녀들은 건물이 팔리지 않으니 상속세를 연부연납(세금 일부를 법정 신고 기한이 지난 후 장기간에 걸쳐 나누어 납부하는 방법)으로 내겠다고 신청한

나는 빌딩 중개로 건물주가 되었다

상황이었다.

나는 객관적인 매각 사례 자료를 제시하며 매도자 측을 설득했다. 비슷한 조건의 빌딩 몇 개를 예시로 분석해서 합리적인 매도 가격을 알려주고, 매수자들의 관심을 끌기 위해서는 합리적인 수준보다 더 저렴해야 한다고 설명했다. 이를 뒷받침하기 위해 체계적인 분석 자료를 준비해서 브리핑했고, 결국 매도자 측은 가격을 조정해서 매각에 성공했다. 사망한 이전 소유자가 처음 제시했던 가격보다 20~30퍼센트가량 조정된 금액이었다.

하지만 가격 조정부터 매각까지 이렇게 수월하게 진행되는 일은 드물다. 매물 정보가 대부분 공개적으로 노출되다 보니 소리 소문 없이 급매로 매각되거나 시장가격보다 비싸게 팔리는 일은 현실적으로 잘 일어나지 않는다.

처음 내놓은 가격보다 비싸게 팔리면 매도자에게는 좋지만, 매수자에게는 달갑지 않은 일이다. 한쪽만 일방적으로 이익을 얻으면 반드시 문제가 생긴다. 그게 자본주의의 속성이다. 중개인이라면 항상 균형 잡힌 가격으로 거래를 중개하기 위해 최선을 다해야 한다. 물론 균형 잡힌 가격이란 것 자체가 추상적인 개념이기는 하지만, 동네에서 누구나 아는 물건이라면 합리적인 가격이 형성되어 있기 마련이다.

한번은 이런 적이 있다. 신축 빌딩을 중개했는데, 공개적으로 60억 원에 나온 물건이었다. 당시 대출에 대한 압박을 느끼던 건물주가 가격을 내릴 테니 빨리 매각해 달라고 요구했다. 나는 52억 원을 이야기한 건물주를 설득해 1억 원을 더 깎아서 중개했고 계약으로 이어졌다. 그런데 갑자기 매수자가 전화해서 시장가격보다 비싸게 구입했다면서 수수료를 많이 받으려고 매도자와 짠 게 아니냐고 난리를 쳤다. 가만히 들어 보니 매수자와 과거에 거래한 적이 있는 다른 중개사가 자신이 중개했으면 48억 원에 구입할 수 있는 물건인데 왜 비싸게 샀냐고 했다는 것이었다.

나는 느닷없는 상황에 당황했지만 침착하게 건물주에게 연락해서 48억 원에 거래 가능한 물건을 52억 원으로 매각하라고 한 것인지 물었다. 하지만 건물주 역시 처음 듣는 이야기인 듯했다. 건물주는 직접 문제의 중개사와 매수자에게 연락했고, 다른 중개사의 거짓말로 인한 오해로 밝혀졌다. 결국 사과가 오가고 오해는 풀렸지만, 이간질로 자칫 계약이 어그러질 뻔한 사건이었다.

이처럼 피치 못할 문제가 생겨도 침착하게 대응하기 위해서는 온라인 부동산 사이트를 떠돌아다니는 매물의 거래 가능 가격이 얼마인지 파악하고 있어야 한다. 시장에 나온 지 오래된 물건도 눈여겨봐야 하는 이유가 여기에 있다. 많은 자료를 조사하고 여러 사례를 수집해서 객관적이고 합리적인 가격을 제시하면 결국 매도자와 매수자 모두에게 균형 잡힌 가격에 접근할 수 있다. 이 지점에서 중개가 다시 시작되는 것이다.

현장 임장으로 물건 찾기

빌딩 중개에서 임장은 무척 중요하다. 임장이란 현장에 가서 건물의 상태를 직접 눈으로 확인하고, 주변 환경을 알아보는 과정을 말한다. 나는 회사의 대표가 된 지금도 월요일과 수요일에는 꼭 임장을 한다. 그리고 이때 유튜브 촬영을 하는 것이 루틴 중 하나다. 그 주의 매물을 정리한 다음 반드시 임장을 나간다. 꾸준히 임장을 하지 않으면 시장에 나온 물건에 대한 감을 잃어버리기 때문이다.

빌딩 중개인은 사무실에 앉아서 지도와 로드뷰만 보고 있으면 안 된다. 현장에 직접 나가서 건물 상태를 파악하고, 정보가 부족한 부분은 추가로 연구해서 알아내야 한다. 빌딩 주변의 상권은 얼마나 활성화되어 있는지, 유동 인구는 어떠한지 등을 자세하게 알아봐야 한다. 매수자들도 임장을 나가서 매물을 꼼꼼하게 확인하고 분석하는데, 중개사가 중개할 물건을 임장하지 않는 것은 말이 안 된다.

요즘 세상에 '나만 아는 물건' 같은 것은 많지 않다. 시장에 나온 매물의 70~80퍼센트는 온라인에 이미 노출되어 있다고 해도 과언이 아니다. 그러므로 임장을 나가서 로컬 부동산 중개업소에서는 해당 매물에 관해 어떻게 이야기하는지 파악해야 한다. 만약 내가 그 물건을 매수자에게 브리핑하고 추천했는데, 로컬 부동산 중개업소에서 내가 말한 것과 달리 가격이 너무 높고 임대도 안 돼서 구입하면 고생할 것이라고 이야기한다면 매매 계약으로 이어질 수 없다.

그래서 나는 신입 중개사들에게 온라인상에서 찾은 물건은 꼭 현장에 가서 정보를 파악하라고 말한다. 로컬 중개업소에서 물건에 관해 어떤 이야기를 하는지 듣고, 주변을 꼼꼼하게 탐문하고, 건축물의 물리적인 부분까지 빈틈없이 파악하는 임장을 하는 것이다.

임장을 통해서 물건을 확보하는 구체적인 방법을 정리하면 다음과 같다.

첫째, 로컬 부동산 중개업소에 찾아가서 중개 일을 한다고 밝히고 이야기를 나누는 방법이다. 이렇게 안면을 트면서 아군을 한 명씩 확보한다고 생각하면 더욱 좋다. 온라인 사이트에서 본 임대 광고를 분석한 다음, 분석한 매물 주변의 로컬 중개업소에 가서 직접 임대 시세를 확인하는 것이다. 이와 더불어 매매 사례, 시장 현황, 입지 조건, 상권 등의 시세 현황을 물어볼 수 있다.

나는 신입 직원들에게 지역을 정해서 부동산 매물 사이트에 올라온 물건을 정리한 후, 그 지역의 부동산 중개업소에 직접 찾아가 보라고 권한다. 로컬 중개업소 사장님들이 해당 물건에 관해 어떻게 말하고, 지역에 관해서는 또 어떻게 브리핑하는지 들어 보는 것이다. 이때 이것저것 질문하면서 중개인의 실력을 확인하고, 중개 방식을 보고 배울 수도 있다. 결과적으로 적절한 매물을 확보하지 못하더라도 여러 중개인과의 만남을 통해서 다양한 경험을 간접 체험하고 공부할 수 있다.

둘째, 스스로 건물을 매수하는 사람이라고 생각하면서 임장하는 방법이다. 자신이 매수자라면 어떤 물건을 찾으려고 할지, 무엇을 중요하게 여길지 판단해 보는 것이다. 이러한 마음가짐으로 원하는 지역의 로컬 부동산에 방문하고, 관심 가는 빌딩의 상태 등을 확인한다. 매수자 입장에서 로컬 부동산 중개인이 소개해 주는 물건의 단점을 파악하기 위해 노력하는 것도 안목을 키우는 데 큰 도움이 된다.

셋째, 임대 현수막을 눈여겨보는 방법이다. 임대 현수막에 게재된 전화번호가 부동산 중개업소의 번호일 때가 있다. 연락해 보고 중개업소가 맞다는 사실이 확인되면 공동중개를 진행하는 것이다. 통화 과정에서 임대로 내놓았지만 매각도 함께 진행한다는 정보를 얻을 수도 있다. 무심코 지나칠 수 있는 현수막 하나에도 물건 확보의 기회가 숨어 있는 것이다. 경기가 안 좋을 때는 중개 수수료를 아끼기 위해서 직접 현수막을 거는 건물주도 있다. 이때는 잠재 고객으로 생각하고 꾸준히 연락을 지속하면서 잘 관리하면 된다.

이밖에 길을 지나다가 괜찮은 빌딩이 있다면 들어가서 관리소장에게 혹시 건물을 매매하지는 않는지 물어볼 수도 있다. 중요한 것은 항상 가능성을 열어 두고 기회를 찾기 위해 노력해야 한다는 점이다.

물건을 확보할 때 반드시 염두에 두어야 할 사항은 소유주와 직접 매각에 관한 이야기를 나누어야 한다는 것이다. 또한, 실제로 본 적 없는 물건을 고객에게 소개해서는 안 된다. 임장도 하지 않은 물건을 소개했다가 신뢰도 잃고 사람도 잃을 수 있기 때문이다. 반면에 충실한 임장으로 빌딩의 상태를 확인하고 지역을 분석하고 주변 호재를 조사한 다음, 매매가와 임대가의 비교 사례까지 정리해서 고객에게 브리핑을 한다면 매매 확률은 올라갈 수밖에 없다.

임장의 중요성은 몇 번을 강조해도 부족하다. 그래서 나는 신입 중개사가 입사하면 매일 임장을 나가도록 한다. 임장한 빌딩의 지리적 위치와 주변 상권을 분석하는 훈련을 위해서다. 현장에 나가 보면 이전까지는 미처 몰랐던 많은 정보를 알게 된다. 건물주의 전화번호를 확보한 다음 연락해서 미팅이 잡히는 일도 심심찮게 일어난다.

신입 중개사라면 매물 확보 목적이 아니라도, 관심 지역을 천천히 살펴보면서 임장해야 한다. 현장을 계속 살피다 보면 처음에는 보이지 않던 지형적 특성이나 건물 관리 상태 같은 세부적인 부분이 눈에 들어오기 때문이다.

나는 이 과정을 '블록block 작업'이라고 한다. 지역을 정한 다음 대로변을 중심으로 건물 하나하나를 따져 보고, 물건 소유주나 담당자를 찾아가 빌딩의 정보를 수집하면서 매각 의사를 확인하는 작업이다. 예를 들어 어제는 첫 번째부터 다섯 번째 빌딩까지 조사했다면, 오늘은 여섯 번째부터 열 번째 위치한 빌딩을 조사하는 식으로 계획을 세워서 해당 지역을 살펴보는 것이다. 각각의 빌딩의 소유주, 연면적, 건축면적, 매각 의사 등을 확인하는 것으로 작업을 진행한다.

이런 작업은 매물 확보가 잘 이루어지지 않더라도 꾸준히 끈기 있게 이어 가야 한다. 위치, 상권, 매매 사례를 철저히 분석하면서 건물 하나하나를 정성스럽게 임장하고 기록하는 것이 중요하다. 이 과정에서 비공개로 매각을 희망하는 빌딩이 작업 범위 안에 들어올 수도 있다. 이는 중개 기회로 이어지기도 하는데, 만약 대로변에 위치한 빌딩이라면 거래 금액이 크기 때문에 수수료가 수십억 원대에 이를 가능성도 있다.

신입 중개사는 규모가 작은 거래를 하나씩 경험하며 차근차근 실력을 쌓는 동시에, 큰 거래를 중개할 준비 또한 게을리하지 말아야 한다. 결국 꾸준한 분석과 임장이 이러한 기회를 현실로 만들게 될 것이다.

빌딩 상태 확인을 위해 답사할 때도 루틴을 만드는 것이 좋다. 루틴 없이 무작정 답사를 갔다가 놓친 것이 있으면 다음 날 다시 가는 수고를 해야 할 수도 있기 때문이다.

빌딩 답사를 가면 먼저 외관부터 꼼꼼하게 살핀다. 어떤 자재를 썼는지, 얼마나 노후화되었는지 두루두루 보면서 현장감도 확인해야 한다. 로드뷰로 봤을 때는 몰랐는데 직접 임장을 가 보니 유동 인구가 많고, 주변에 유명한 음식점과 카페가 자리하고 있는 것을 발견했다고 해 보자. 이때 주변 가게에 줄을 서서 대기하는 사람들의 모습까지 확인한다면, 그 지역의 가능성을 좀 더 긍정적으로 평가할 수 있다. 이렇게 현장에서

나는 빌딩 중개로 건물주가 되었다

느낀 점을 생생하게 브리핑하면 고객의 신뢰가 더욱 두터워진다.

빌딩을 확인할 때는 고객의 입장에서도 살펴보아야 한다. 빌딩 외부를 살폈다면 주차장과 건물 입구, 로비 등도 확인한다. 엘리베이터를 타고 올라가면서 설비 상태도 살피고, 옥상도 점검한다. 계단을 걸어 내려오면서 건물 내부를 꼼꼼하게 들여다보는 일도 빼놓을 수 없다. 이때 자신이 건물주라면 어디를 고쳐야 빌딩의 가치가 올라갈 수 있을지 진단하는 작업도 필요하다.

물건을 답사할 때 사진 촬영은 필수다. 빌딩 전면을 비롯해서 주차장, 층수와 임대 상황이 명시되어 있는 안내판 등을 꼼꼼하게 촬영한다. 옥상부터 지하까지 계단으로 내려오면서 확인한 시설 상태와 미화 상태, 입점한 업체 등도 사진으로 남겨 둔다.

만약 엘리베이터가 없는 소형 빌딩이라면, 엘리베이터 설치가 가능한지 예측할 수 있어야 한다. 건축물 규모에 비해 화장실이 넓게 지어졌다면 화장실 규모를 줄이고 엘리베이터 설치 공간을 확보할 수 있다. 화장실 공간이 부족하다면 건폐율에 영향을 미치지 않는 장애인 승강기를 설치하거나, 각 층의 슬래브를 절단해서 공간을 재구성하는 방식으로 해결할 수도 있다. 엘리베이터는 보통 1억 원 정도의 설치비가 든다(설치 공간 2.5m×2.5m 기준). 이러한 공사를 진행할 때는 반드시 임차인과 충분히 협의하고, 공사로 인한 불편 사항을 사전에 조율해야 한다.

빌딩의 내부 연면적을 산출해서 주변의 임대가 및 매매가와 비교해 보는 일도 필요하다. 당연히 주변의 부동산 중개인들이 임대가 및 매매가를 얼마로 보고 있는지도 파악해야 한다. 이를 통해서 경쟁력을 갖춘 임대 조건을 설정하고, 공실 해소에도 효과적으로 대응할 수 있기 때문이다. 신축 빌딩은 주변 임대료보다 높은 금액을 내고도 입주하겠다는 임차인이 나타나기도 한다. 그러나 노후한 건물은 임대료 혜택 등의 조건을 제공하지 않으면 공실을 해소하기가 어려운 현실이다.

물건 답사 시 기본 요령

① 해당 물건(매매 사례 현존 물건)과 지역을 온라인 데이터베이스로 확인한다.
② 카메라, 해당 물건 지역의 지번도(토지의 지번이 나온 도면), 물건의 건축년도·면적·층수 등을 정리한 기본 자료를 준비한다.
③ 답사를 나가서 해당 물건을 촬영한다. 빌딩 정면과 옆면 및 뒷면, 인포메이션, 엘리베이터, 인접 도로, 주차장, 내부 시설, 그 밖의 특이 사항 등을 꼼꼼히 촬영한다.
④ 주차 시설을 살펴보고, 실제 주차 가능 대수를 확인한다. 법정 주차 대수와 실제로 주차 가능한 대수가 다를 수도 있으므로 면밀히 확인해야 한다.
⑤ 엘리베이터가 없는 빌딩은 엘리베이터 설치가 가능한지 알아본다.
⑥ 주변 부동산 중개업소에 방문해서 주변 시세, 임대 시세, 매물 현황 등을 조사하고 상가 권리금, 층별 임대 등 상권 분석자료 등을 받는다(다른 부동산 중개업소에도 방문해서 동일한 확인 작업을 거친다).
⑦ 해당 물건의 주변 상권, 교통 상황, 호재 요인 등을 조사한다.
⑧ 주변 다른 건물의 층별 임차 업종을 파악한다.
⑨ 신축이나 리모델링이 필요한 빌딩이라면 주변 신축 건물 및 리모델링 건물의 사진을 찍어 온다.

물건 답사 시 무엇보다 중요한 것은 셀링 포인트Selling Point에 맞춰서 빌딩과 주변을 확인하고 조사해야 한다는 점이다. 그래야 답사 내용을 추후 고객에게 브리핑할 자료와 연계할 수 있다. 만약 답사하는 빌딩에 공실이 있다면 건물 관리인을 만나서 왜 공실이 생겼는지, 언제부터 공실이 생겼는지 물어본다. 그리고 자신이 임대인이 된다면 그 자리에서 무슨 업종을 할지도 고민해 본다.

이처럼 매일 임장을 나가다 보면 자신이 관리하는 지역에서 누가 물건을 매도하고 있는지 알 수 있다. 나는 지금도 이런 작업을 루틴처럼 지속하고 있다. 부지런히 돌아다니면서 빌딩 주인과 인사도 하고, 임차하고 있는 가게 주인과 이야기를 나누기도 한다. 빌딩 주인이 비공개로 내놓은 물건도 임차인이라면 알고 있을 가능성이 있다. 거기에서 나의 경쟁력이 시작되는 것이다.

영화 〈죽은 시인의 사회〉를 보면 '카르페 디엠Carpe Diem'이라는 말이 나온다. 로마의 시인 호라티우스Horatius의 시 구절에서 유래된 이 라틴어 문구는 '현재에 충실하라'는 뜻이다. 지금 이 순간에 충실한 사람을 이길 법칙은 없다.

공동중개로 매물의 파이를 키워라

'공동중개'는 매도자 측 중개인과 매수자 측 중개인이 서로 협력해서 중개를 완성하는 것을 말한다. 최근에는 부동산 매물 사이트의 확산으로 '나만의 물건'이 점점 사라지고 있다. 동시에 전속중개 계약을 기반으로 한 전속 부동산과 전속 매각 담당자가 증가하면서 필연적으로 공동중개가 자리를 잡아 가고 있다.

공동중개는 매물 정보 수집에 드는 시간과 비용을 줄일 수 있다는 장점이 있다. 하지만 수수료를 나누어야 하기에 단독중개보다 소득이 줄어들 수 있다. 그럼에도 불구하고 협력 관계를 형성해서 함께 계약을 성사시키면 단독으로 일할 때보다 훨씬 큰 시너지를 낼 수 있다. 특히 공동중개 과정에서 서로 신뢰가 쌓이면 지속적인 협력자를 얻게 된다. 이는 장기적으로 더 많은 거래를 불러오며, 안정적인 중개 네트워크를 구축하는 데 중요한 자산이 된다.

빌딩 매물은 주거용 전월세 매물처럼 흔하지 않기 때문에 상대적으로 거래 자체도 드물다. 더군다나 빌딩 소유자 중에는 매물을 공개적으로 내놓지 않고 처리하는 사람도 많다. 이런 특성 때문에 빌딩 중개에서는 다양한 네트워크와 공동중개가 필수적이다.

매수인이 원하는 조건에 딱 맞는 매물이 자신에게 없다면 다른 중개업소와 협력해서 물건을 확보해야 한다. 이때 가장 중요한 것은 해당 매물이 매수인의 요구를 충족하는지 여부와 문제가 없는 물건인지 파악하는 일이다. 따라서 상대 중개사에게 전달받은 매물 정보를 꼼꼼하게 검토하고, 브리핑 내용의 정확성도 철저히 확인한다.

특히 공동중개에서는 매매 물건의 소유권 구조와 매각 결정권자를 정확히 파악해야 한다. 매매 계약의 최종 결정권자는 명의자인 건물주지만, 실제로는 명의신탁 형태로 형제나 자금 지원자 등이 결정에 관여하는 일도 있다. 이런 상황에서는 공동중개인 사이의 원활한 의사소통이 중요하다.

공동중개를 할 때는 거래의 복잡성을 이해하고 문제를 예방하기 위해 노력해야 한다. 공동중개는 신뢰를 기반으로 협력을 통해 성공적인 결과를 만들어 내는 일이다. 그리고 이 과정을 철저히 수행하는 것으로 중개인의 전문성을 입증할 수 있다. 중요한 정보를 알려 주지 않거나 빠뜨리

나는 빌딩 중개로 건물주가 되었다

면 계약할 수 없는 상황이 생기기도 하기 때문이다.

양쪽 중개인의 경력, 지식, 신뢰도, 중개 기법 등에 따라 결과가 달라질 수도 있다. 특히 빌딩 중개는 고도로 전문화된 지식과 노하우가 필요한 분야이기에 공동중개를 할 때도 신중하게 접근해야 한다. 결국 공동중개는 중개인 각각의 경험과 효용성이 중요하다.

나는 여러 군데의 로컬 부동산 및 법인 부동산과 교류한다. 각각의 부동산에 소속된 중개사들과 인사도 나누고, 메일도 보내고, 소식도 전하고, 종종 식사도 하면서 관계를 형성하며 친분을 쌓는다. 빌딩 중개 시장은 사람과 사람이 모여서 이루어지기 때문이다. 빌딩 중개를 하려면 매수자와 매도자가 모두 필요하다. 나에게 매도자가 필요하거나, 반대로 매수자가 필요할 때 다른 중개사에게 도움을 요청할 수 있다.

여러 사람과 교류하다 보면 경우의 수가 많아져서 매매 확률이 높아진다. 공동중개를 한다고 해서 매물의 파이가 줄어드는 게 아니다. 오히려 넓어진다.

그렇다면 공동중개로 매물의 파이를 키우기 위해서는 구체적으로 어떻게 해야 할까?

첫째, 내가 가지고 있는 매물을 다양한 빌딩 중개업소에 등록해야 한다. 여러 중개업소에 매물을 보내면, 여러 중개업자가 내 물건을 공동으로 중개해 준다. 물건이 우수하면 여러 중개사의 피드백을 받는다. 그중 적극적으로 관심을 보이는 중개업자들을 관리하면서 공동중개를 극대화해야 한다. 여러 빌딩 중개업소를 통해 더 많은 매수자에게 노출되기 위한 목적이다. 중개업소마다 각자의 고객 데이터베이스를 가지고 있기 때문에, 다양한 중개업소를 활용하면 매물의 홍보 범위가 넓어질 수 있다.

둘째, 매물의 가치를 객관적으로 판단할 수 있어야 한다. 공동중개 가능한 매물의 정보를 모으고 정말 문제없이 거래 가능한 물건인지 파악하는 것이다. 이때 거래 금액이 보편적인 시세에서 어긋나지 않는지도 반드시 확인해야 한다. 공동중개는 중개업을 하는 공인중개사들과 연대하는 것이다. 이 중에는 법인도 있고 개인도 있다. 하지만 모두가 빌딩 분야의 전문가는 아니며, 모두가 성실하고 정직한 것은 아니라는 사실을 염두에 두고 있어야 한다. 뒤늦게 결정적인 하자가 발견되거나 거래 금액이 맞지 않아서 계약이 진행되지 않는 물건도 허다하다.

셋째, 매물의 가치를 정확하게 알면 상대방의 허술한 정보에서도 좋은 매물을 찾을 수 있다. 상대방이 가치 없는 매물이라고 판단한 것 중 보물을 발견할 가능성도 있는 것이다.

넷째, 공동중개에서는 신뢰가 가장 중요하다. 상대방의 매도자나 매수자에게 따로 연락해서 단독으로 매매를 진행하는 것은 상도덕에 크게 어긋난다. 빌딩 중개 시장에서 비밀은 없다. 이런 행동은 결국 소문이 나게 마련이다. 어제의 동지가 내일의 원수가 되지 않도록 상도덕을 잘 지켜야 한다. 그렇지 않으면 살아남기 힘들다.

절대
중개하지 말아야 할 빌딩

① 합법성과 안전성에 문제가 있는 빌딩

빌딩 거래가 시작되기 전에 가능한 모든 정보를 확보하고, 법적인 측면과 안전성을 고려해야 한다. 중개를 피해야 할 빌딩은 합법성과 안전성에 문제가 있는 물건이다. 대개 다음과 같다.

첫째, 법적인 분쟁이 진행되고 있거나 진행될 여지가 있는 빌딩은 피해야 한다. 예를 들어 권리분석을 했는데 채권이 많아서 계약금에도 손실이 갈 만한 물건, 소유권에 대한 가처분등기가 된 물건 등은 조심해야 한다. 특히 소유권 분쟁은 치명적일 수 있다. 또한 위반건축물, 건축 허가 문제 등도 추후 법적인 분쟁에 휘말릴 가능성이 있기에 피하는 것이 좋다.

둘째, 건축물에 구조적 결함이 있는 빌딩도 피해야 한다. 특히 건물 기반에 심각한 결함이 있고, 거기에 누수까지 있다면 중개해서는 안 된다.

셋째, 주유소처럼 환경오염에 노출된 건축 부지는 잘 알아보고 중개해야 한다. 환경오염에는 지하수 오염, 대기 오염, 불법 폐기물 처리 등이 포함된다. 이런 부지를 구입한 매수자는 환경 복원 등으로 재정적 부담을 떠안을 수 있다. 폐업한 주유소가 그대로 방치되는 경우를 종종 볼 수 있는데, 그만큼 환경 복원 비용이 많이 들기 때문이다.

넷째, 건축 부지의 경계선이 불분명한 사례도 조심해야 한다. 건축 부지의 경계선이 다른 필지를 침범하거나, 남의 건축물이 해당 필지에 넘어와 있으면 건축 과정에서 큰 문제가 발생할 수 있다. 이러한 상황은 쉽게 해결되지 않으며, 건축물의 경계 분쟁으로 이어질 가능성이 높다. 따라서 계약을 체결하기 전에 경계복원측량 및 현황측량 등을 통해 경계에 문제가 없는지 확인해야 한다. 이것으로 사전에 분쟁 가능성을 차단할 수 있다. 이러한 문제가 발생하면 거래가 성사되어도 법적 분쟁에 휘말릴 가능성이 크므로, 안정적인 거래를 위해서도 미리미리 정리하는 것이 좋다.

이처럼 빌딩 중개를 할 때는 부동산의 상태, 위치, 용도 등을 철저히 조사하고 잠재적인 문제와 제약 사항을 꼼꼼하게 따지는 일이 무엇보다 중요하다. 이는 지속적인 분석 확인 임장을 통해서 훈련할 수 있다.

또한, 중개를 진행할 빌딩의 과거 수리 내역도 빈틈없이 파악해 두어야 한다. 과거의 수리 내역을 확인하면 건물의 전반적인 상태와 유지·관리 수준을 알 수 있다. 어떤 부분이 수리되었는지, 어떤 유형의 작업이 이루어졌는지를 알면 건물의 구조적 결함이나 잠재적인 문제를 사전에 파악하는 일이 가능하다.

과거 수리 내역은 향후 유지·보수 비용을 추정하는 데도 유용하게 쓰인다. 예를 들어, 특정한 곳을 반복적으로 수리했다면 해당 부위에 추가 비용이 들 가능성이 높다. 이를 통해 예상되는 유지 비용을 매수자에게 설명하고, 매수자의 투자 결정을 돕는 자료로 활용할 수 있다.

만약 수리 및 보수 공사가 완료된 빌딩이라면, 보증 기간을 확인해서 필요한 경우 보증 혜택을 받도록 한다. 이는 매수자의 비용 부담을 줄이는 중요한 요소가 될 수 있다.

결국 건물의 수리 내역을 면밀히 조사하고, 이를 바탕으로 매수자에게 적절한 정보를 제공하는 것은 중개인의 전문성과 신뢰도를 높이는 과정이기도 하다.

② 수많은 권리 설정이 되어 있는 빌딩

임차권, 가압류, 가처분 등의 수많은 권리가 설정되어 있는 건물은 완벽하게 권리분석을 하고 중개해야 한다. 보통 채권 금액이 매매 금액보다 높을 때는 중개하기 어렵다. 건물주가 완전한 소유권을 가지고 있다고 볼 수 없기 때문이다. 이는 소유권에 결함이 있다는 것이며, 소유권 분쟁의 대상이 될 수 있다는 뜻이다. 그러므로 되도록 중개를 피하는 것이 좋다. 특히 문제가 될 수 있는 대표적인 권리는 다음과 같다.

첫째, '임차권'은 임차인이 임대차 계약을 통해 얻은 임차물(주택, 상가 등)에 대한 우선 사용권을 법적으로 보호받기 위해 설정하는 권리다. 전세금이나 임대료를 돌려받지 못하는 상황을 방지하기 위해 설정한다.

둘째, '가압류'는 채무자의 재산을 법원의 허가를 받아 일시적으로 묶어 두는 조치를 말한다. 채무자가 재산을 처분하거나 이전하는 것을 방지하기 위해 채권자가 신청하는 것이다.

셋째, '가처분'은 재판이 확정되기 전에 상대방의 행위를 금지하거나, 일정 상태를 유지하도록 하는 임시적인 법적 조치를 말한다. 재판의 최종 결과가 나올 때까지 적용되며, 재산권의 보호나 분쟁 상태의 유지에 필요할 때 신청한다. 즉, 가처분이 설정되었다는 것은 해당 빌딩에 분쟁이 존재한다는 뜻이다. 소유권이나 재산권과 관련한 문제가 얽혀 있을 가능성이 크므로, 중개를 진행하기 전에 반드시 매도자에게 상세히 확인한다. 매도자와 협의해서 가처분이 말소 가능한 상태인지 판단하고, 말소가 가능하다면 그 절차를 매도자 측에서 완료하도록 해야 한다. 가처분이 말소된 이후에야 안전하게 중개를 진행할 수 있다.

넷째, 등기사항전부증명서에 '경매처분등기'가 기입되어 있으면 매도인이 경매 등기를 처리하는 것으로 중개해야 한다. 즉 부동산 거래를 진행할 때 등기사항전부증명서에 '경매처분등기'가 기입되어 있다는 것은 해당 부동산이 이미 경매 절차에 들어가 있다는 뜻으로 이해해야 한다. 부동산 중개를 진행할 때 가장 기본적인 원칙은 등기부상 소유자와 계약을 체결해야 한다는 점이다. 등기부등본에 명시된 소유자는 법적으로 해당 부동산의 권리를 주장할 수 있는 유일한 인물로 간주한다. 따라서 매매 계약의 상대방은 반드시 등기부상 소유자가 되어야 하며, 그렇지 않다면 계약의 법적 효력은 무효화가 될 수 있다. 이는 매수자에게 치명적인 법적 문제를 초래할 수 있으므로, 중개인은 이 점을 철저히 확인해야 한다.

한편, 경매 물건을 중개하는 요령도 알아 두면 좋다. 만약 '경매개시결정등기'가 있다면, 등기사항전부증명서에 누가 경매를 진행했는지 적혀 있다. 채무자(소유자)는 채권자(경매 신청자)와 진행 사항을 알 것이다. 먼저 채무자가 경매 신청자와 채권을 해결하고, 나머지 배당자인 은행 등의 채권자들과도 합의하는 것이 중요하다. 그러면 매도자, 매수자, 채권자 등과 변호사, 법무사, 공인중개사 등이 모여서 채권을 정리하고 중개 계약을 할 수 있다. 필요 시 에스크로Escrow 계좌(일시적으로 자금을 보관하고 있다가 거래 조건이 충족되었을 때 전달하는 은행 계좌)는 중개법인의 계좌를 사용하면 된다.

③ 준공이 나지 않은 신축 물건

아직 준공이 나지 않은 신축 빌딩도 중개하면 안 된다. 준공이 나지 않은 건물은 등기가 되어 있지 않으므로 미등기 건축물이다. 법적으로 보호되지 않는다. 사용승인(준공허가)이 나지 않으면 명의 이전이 불가능하며, 금융 회사에서 대출받기도 어렵다. 따라서 준공되지 않은 빌딩은 완전한 상품이 아니다. 자금난 등의 이유로 건축이 중단될 수도 있다. 설계 변경도 있을 수 있기에 제대로 준공된다는 보장도 없다.

이러한 빌딩은 '유치권' 문제도 발생할 수 있다. 건물 공사 업자가 노무자들의 임금을 체불하거나 공사 대금을 지급하지 못하면, 노무자들이 건물에 유치권을 행사할 수도 있다. 유치권을 좀 더 쉽게 설명하면, 노무자들이 공사 업자에게 돈을 받을 때까지 건물을 점유할 수 있는 권리를 말한다. 이러한 상황에서 거래를 진행하면 매수자가 모든 공사 대금을 지불해야 하는 위험을 떠안게 될 수도 있다. 이러한 건물은 소유권이 완전한 상태가 아니므로 중개해서는 안 된다.

④ 지구단위계획 등 목적에 부합하지 않는 빌딩

'지구단위계획'이란 도시의 효율적인 개발과 관리를 위해 설정된 도시 관리 계획을 말한다. 어떤 지역을 개발하고 관리하기 위해 특정한 방향으로 제한하겠다는 내용이 담겨 있다.

지구단위계획은 주로 신규개발사업지구, 택지지구, 역세권, 대학가, 아파트개발지 등 특정한 테마가 있는 지역에 수립된다. 해당 필지에 대한 건축 가능 여부, 건폐율, 용적률, 높이 제한, 건축한계선 등 다양한 기준을 정해 놓고 있다.

만약 어떤 토지를 중개했는데, 뒤늦게 건축이 허용되지 않는 토지라는 사실을 알게 되면 큰일이다. 물건을 검토할 때는 단순히 용도 지역만 봐서는 안 된다. 해당 필지의 특성과 한계를 잘 분석해야 한다. 먼저 관할 구청 건축과에 전화해서 해당 필지에 건축이 가능한지, 무엇에 제한이 있는지 등을 문의한 후 중개 여부를 검토한다. 만약 건축이 가능하다면 매수자에게 얘기해서 건축사에게 건축 기본 설계 개요를 받아 보면 좋다. 간단한 분석을 통해 구입해야 할 토지인지 아닌지 판단할 수 있다.

일반적으로 지구단위계획 구역의 필지들은 공동으로 건축해야 하는데, 간혹 단독 건축이 가능한 물건이 존재한다. 이러한 물건을 발견하는 일은 마치 흙 속에서 진주를 발견하는 것과 같다. 지구단위계획 구역에서 단독 건축이 가능한 필지는 우량한 건축 부지가 될 가능성이 크기 때문이다. 이를 잘 활용하면 경쟁력 있는 매물이 될 수 있다.

한편, 재개발은 낙후된 부분을 새롭게 정비해서 도시 환경을 개선하고 주거의 질을 높이기 위해 시행된다. 이러한 재개발 예정지 안에서는 신축 등의 행위도 엄격히 제한된다.

재개발 지역에서는 보통 두 가지 선택지가 주어진다. 하나는 현금 청산을 받고 떠나는 것이고, 다른 하나는 개발이 완료된 후 새롭게 건축된 아파트나 상가를 분양받는 것이다. 내가 중개했던 한 물건은 거래 후 가로주택정비구역으로 지정되면서 건축이 제한되었지만, 이후 개발이 완료되면서 아파트와 상가를 분양받았다. 결과적으로 매수자는 매우 만족스러워했다. 이처럼 개발구역 지정이 반드시 부정적인 요인으로 작용하는 것은 아니다.

개발구역으로 지정되었더라도 해당 지역의 개발 계획과 향후 가치를 잘 분석하면 오히려 좋은 투자 기회가 될 수도 있다. 특히 재개발 지역은 장기적인 관점에서 안정적인 수익 창출 및 자산 가치 상승을 기대할 수 있기에 신중히 접근하면 매력적인 투자처가 될 가능성이 있다.

하지만 이렇게 개발구역으로 지정되는 지역의 빌딩 중개를 할 때는 미래의 위험 요인을 반드시 제거한 다음, 중개를 진행해야 한다. 이것은 절대로 물러서서는 안 되는 철칙iron rule이다.

⑤ 그밖에 공부상 불일치 건물

'등기부등본'과 '토지대장'은 부동산 거래의 신뢰도를 높이고 투명한 토지 이용 및 관리를 위해 반드시 필요한 자료다.

등기부등본은 부동산의 소유권 이전이나 설정 등을 공식적으로 기록한 문서를 말한다. 부동산 거래 시 발생할 수 있는 다양한 권리관계를 명확하게 정리해서 분쟁을 예방하는 데 큰 도움을 준다.

토지대장에는 토지의 위치, 면적, 지목(토지의 용도) 등의 정보가 기록되어 있다. 이것은 도시 계획, 부동산 개발, 세금 부과 등 토지와 관련된 정책 수립에 중요한 기초 자료로 활용된다.

그런데 이렇게 중요한 문서들의 내용이 서로 다를 때가 있다.

첫째, 등기부등본과 토지대장의 소유자가 다른 경우다. 이럴 때는 소유권 이전 등의 법적 절차에 문제가 생긴다. 따라서 이를 해소하기 위해 추가 비용과 시간이 소요될 가능성이 크다.

둘째, 토지대장과 건축물대장의 정보가 서로 다른 경우도 있다. 이럴 때는 소유자 정보를 먼저 확인하는 게 좋은데, 소유자 정보는 등기부등본이 우선시된다. 등기부등본에 명시된 소유자 정보가 최신 정보로 간주되는 것이다. 토지대장이나 건축물대장의 정보가 등기부등본과 다르다면 관할 시청이나 구청에 찾아가서 정정하면 된다. 문서상의 정보가 서로 일치하지 않는 이유는 개발 사업을 진행하는 과정에서 과거의 정보가 소멸되지 않았거나, 새로운 정보로 대체되지 않았기 때문이다.

셋째, 토지대장과 건축물대장의 대지 면적이 다른 경우가 있다. 이것은 면적을 기재하는 방식이 조금 다르기 때문이다. 토지대장에 기록된 면적은 '1필지의 토지 전체 면적'을 나타낸다. 이는 일반적인 토지 면적을 말한다. 반면에 건축물대장에 등록된 대지 면적은 해당 토지 중에서 '실제로 건축 가능한 면적'을 뜻한다. 1필지의 토지라도 건축이 불가능한 부분은 빼고 표시된다. 예를 들어, 도로로 인해 후퇴해야 하는 부분이나 도시계획시설로 결정된 부분 등을 제외한 순수 대지 면적이다. 이럴 때는 토지대장에 기재된 면적이 기준이 된다.

빌딩 중개를 할 때는 항상 문서를 꼼꼼히 확인해서 위험 요소를 미리 파악해야 한다. 빌딩 중개는 거래 금액이 크기 때문에 한 번의 실수로 모든 것을 잃을 수도 있다. 100-1=99가 아니라 0이 될 수도 있는 것이 빌딩 중개다. 따라서 결함이 있는 빌딩 매물은 절대 취급하지 말아야 한다.

나는 빌딩 중개로 건물주가 되었다

빌딩의 실제 소유자를 확인하는 방법

명의신탁이나 대리인을 통해 부동산 거래가 진행되는 일이 종종 있다. 그러면 명의만 빌린 사람(명의신탁자)과 실제 소유자가 다른 상황이 발생할 수 있다. 또한, 매도인이 대리인을 내세워서 계약을 진행하려는 경우도 많다. 이럴 때는 반드시 적법한 대리권을 증명하는 서류(위임장, 인감증명서 등)를 확인해야 한다.

매물의 진정한 소유자가 누구인지 명확하지 않거나 의심스러울 때는 더욱더 세심한 검증이 필요하다. 이럴 때는 등기권리증(소유권 증명 서류)을 통해서 매도인이 실제 소유자임을 확인해야 한다. 이와 더불어 신분증을 대조해서 계약 상대방이 등기부상 소유자와 동일인임을 확인하는 과정이 필요하다.

매도인이 빌딩에 관해 얼마나 잘 알고 있는지 파악하는 일도 중요하다. 진정한 소유자라면 관리 상황, 유지·보수 내역, 임차인 현황 등 빌딩의 구체적인 세부 정보를 잘 알고 있을 가능성이 높다. 특히 임대차계약서 원본을 요청해서 현재 임차인들과의 계약 관계를 점검해야 한다. 이는 부동산의 실질적인 활용 상태를 파악할 수 있는 기초 작업이다.

반면에 매도인이 빌딩에 관해 잘 모르거나 모호한 답변을 한다면, 명의신탁이나 대리인의 개입 가능성을 의심해 볼 수 있다. 이때는 자연스럽게 "건물 관리 상태는 어떤가요?" 혹은 "임차인들과의 계약은 주로 어떤 형태로 이루어졌나요?" 같은 질문을 던지면서 상황 파악을 해야 한다.

부동산 거래의 핵심은 매물의 법적 상태를 명확히 하고, 거래 상대방이 진정한 소유자인지 철저히 확인하는 것이다. 이를 통해 매수자와 매도자 간의 신뢰를 형성하고, 계약의 안정성을 확보할 수 있다. 하지만 이를 소홀히 하면 계약 체결 후 대리인의 권한 부족 또는 소유권 문제로 인한 분쟁이 발생할 수 있다.

건물주가 마주해야 할 현실

"왕관을 쓰려는 자는 그 무게를 견뎌라."
_윌리엄 셰익스피어William Shakespeare

건물주가 되면 좋은 점이 많다. 경제적 자유, 자산에서 오는 큰 안정감, 끊임없는 현금 흐름, 사회적으로 인정받는 분위기, 인플레이션에 따라 점점 올라가는 자산 가치 등 수많은 장점이 있다. 이런 이유로 건물을 바라보기만 해도 배가 부른 것이 건물주의 심정이다. 오죽하면 조물주 위에 건물주가 있다는 말까지 나왔겠는가.

하지만 건물주에게도 나름의 고충이 있다. 특히 건물의 크기에 비례하는 책임이 그러하다. 건물로 인해 덕을 보는 게 많지만, 그만큼 무거운 책임이 따른다. 미래에 대한 불확실성에서 오는 다양한 리스크와 비용을 고려해야 한다.

① **공실 위험:** 우량하지 않은 임차인으로 인해 임대료가 연체될 수 있고, 임차가 안 되어 공실이 생길 수도 있다.
② **불량 임차인:** 임대료 미납에 따른 소송 등 법적 분쟁의 리스크가 있다.
③ **부담스러운 관리비:** 건물을 유지·보수하기 위해 지속적인 관리비가 발생한다. 임차인이 없어도 건물주는 관리비를 감당해야 한다.

④ **감가상각:** 건물의 가치가 감소하는 감가상각도 고려해야 한다. 시간이 지날수록 땅값은 오르지만, 건물 자체의 가치는 떨어질 수 있다.

⑤ **높은 투자 자본:** 건물을 사려면 많은 투자 자본이 필요하다. 가지고 있는 자산이 부족하면 은행 대출을 이용하고 이자를 감당해야 한다.

⑥ **현실적인 수익률:** 대부분의 건물주가 평균 2퍼센트, 최대 3퍼센트의 수익률을 보이며 비강남권 빌딩을 가진 건물주의 경우 4~5퍼센트 정도의 수익률을 기대할 수 있다.

⑦ **세금:** 건물의 관리 외에도 세금을 특히 신경 써야 한다. 세금이 제일 무섭다. 취득세, 양도소득세, 세금 중과, 비과세 계산 등을 잘해야 한다. 세금 관리를 못하면 3억 원을 벌고 5억 원을 지출할 수도 있다. 예를 들어 대출이 너무 많으면 대출이자 부담이 커지는데, 여기에 임대료 수입에 대한 소득세 및 재산세까지 더해지면 계속해서 자기 자본이 투입될 수 있다.

	개인	기업
취득세 (부동산을 취득할 때 부과되는 세금)	4.6% ※ 조건에 따라 취득세 감면 혜택이 가능하다(1세대 1주택 취득 등).	4.6%(중과세 9.4%) ※ 대도시에서 법인을 설립한 지 5년 이내라면, 대도시 내에서 부동산을 취득할 때 취득세가 중과된다. 예를 들어, 상가나 업무 시설을 취득할 때 개인 명의면 4.6%의 세금을 부담하지만 법인은 9.4%의 세금을 부담하게 된다.

양도세 (양도가액에서 취득가액을 차감한 양도차익에 부과되는 세금)	2년 이상 보유 시 기본 세율 6~45%(2년 미만 보유 시 주택은 70% 또 는 60%, 토지나 상가는 50% 또는 40%의 양도 세율 적용) ※ 조건에 따라 양도세 감면 혜택이 가능하다(장기보유특 별공제 등).	법인은 단기간에 매매해 도 10~20%의 법인세율 적용 ※ 부동산을 단기 매매하는 경 우에는 개인보다 법인이 유리 하다.
종합 부동산세 (보유하고 있는 부동산의 가치에 따라 매년 납부)	주택 및 일정 규모 이하 부동산은 면제 ※ 조건에 따라 종합부동산 세 감면 혜택이 가능하다.	개인과 동일한 면세 기준 적용

　　대부분의 건물주들은 평범한 회사원보다 부유하지만, 드라마나 영화에서 나오는 것처럼 골프장을 다니며 온종일 노는 삶이 전부는 아니다.

　　건물은 안정적인 수익을 제공하는 동시에 다양한 위험을 안고 있다. 소위 '알짜 빌딩'을 찾는 일은 쉽지 않으며, 현실적인 수익률은 꿈꾸는 것과 다를 수 있다. 건물주는 건물의 크기와 비례하는 책임이라는 무게를 견뎌야 하기에 경제 및 부동산 공부와 더불어 다양한 세법 등의 법률적 공부도 해야 한다.

　　건물주 스스로 빌딩의 유지·보수를 직접 관리하는 일도 생각보다 쉽지 않다. 그래서 많은 건물주가 빌딩 구입부터 관리와 매각까지 자산관리 회사를 통해 진행한다.

　　미래의 건물주를 꿈꾼다면 불어나는 자산을 어떻게 관리하면 좋을지 조금씩 그림을 그려 보는 것도 좋다. 또한, 빌딩 중개를 넘어 빌딩 분야 전반을 관리하는 기업으로 사업을 키우고 싶다면 전문 자산관리 회사를 목표로 나아가는 것도 하나의 방향이 될 수 있다.

Chapter 4

밸류업
매물 찾기

밸류업
매물 찾는 **방법**

부동산 재테크에 관심이 있는 사람들은 '부동산 밸류업Value Up'이라는 말을 많이 들어 보았을 것이다. '밸류업'은 '가치Value'와 '상승Up'이 결합된 용어로, 저평가되었거나 낮은 건물의 가치를 높여서 수익을 추구하는 사업을 의미한다. 이는 재산을 단순하게 보유하기만 하는 것을 넘어서, 적극적인 개선과 관리를 통해 건물의 잠재력을 최대한 끌어올리는 것을 목표로 한다.

가치 상승으로 더 높은 임대 수익을 확보하거나, '엑시트Exit' 전략으로 매각 시 시세 차익을 얻는 것이 이 사업의 핵심이다. 예를 들어, 리모델링으로 공간의 효율성을 개선하거나 시설을 업그레이드해서 임대 매력을 높이는 방식 등이 있다.

결국 밸류업은 부동산의 물리적·경제적 가치를 동시에 향상시켜서 장기적 안정성과 단기적 수익성을 모두 실현하려는 전략으로, 부동산 투자자들에게 매력적인 비즈니스 모델로 자리 잡고 있다.

과거 1세대 투자자들은 안정적인 투자를 선호했다. 위치나 상태가 좋은 빌딩을 매입해서 꾸준한 임대 수익 혹은 매매 차익을 추구한 것이다. 하지만 좋은 건물은 많은 자산이 필요해서 진입 장벽이 높았다. 이에 2세대 투자자들은 점차 저평가된 빌딩을 확보해서 부가가치 전략을 추구하는 것을 더 선호하게 되었다. 밸류업이라는 개념이 도입되기 시작한 것이다.

밸류업을 위해 빌딩 내에 대형 프랜차이즈 가맹점이나 유명 맛집을 유치하는 방법도 효과적이다. 하지만 구조적으로 밸류업을 하려면 '신축' '리노베이션renovation' '코스메틱cosmetic' 등의 방법을 동원해야 한다.

◇ 부동산 밸류업 방법 ◇

신축	리노베이션	코스메틱
기존 건물을 철거하고 새 건물을 짓는 것	건물의 기본 골조를 유지하면서 기능을 향상시키는 것	인테리어, 청소 등을 통해 건물의 가치를 상승시키는 것

신축은 기존의 낡은 건축물을 철거하고 새 건축물을 짓는 것을 말한다. 당연히 이전보다 훨씬 좋은 건물이 들어서게 된다. 땅의 용도에 따라 기존 건물보다 더 크고 높은 건물을 지을 수도 있다.

리노베이션은 기본 골조는 그대로 두고 건물의 기능을 향상시켜서 가치를 끌어올리는 것이다. '증축' '개축' '대수선' 등이 여기에 해당한다. 또한 건물 용도를 주택에서 근린생활시설로 바꾸는 등의 '용도변경'과 '임차인 재구성'도 건물의 가치를 올리는 리노베이션에 해당한다.

나는 빌딩 중개로 건물주가 되었다

코스메틱은 건물 내부와 외부의 인테리어, 청소 등을 통해서 가치를 상승시키는 것을 말한다. 위치는 좋지만 낡고 오래된 빌딩은 주변 시세보다 저평가되는 일이 많다. 이럴 때 청소를 하고 인테리어를 개선해서 건물의 가치를 올릴 수 있다.

사람들이 빌딩을 매수하는 이유는 자산 가치를 극대화하기 위해서다. 최대한의 임대 수익과 매매 차익을 원한다. 밸류업 매물 역시 이러한 관점에서 접근해야 한다.

밸류업을 하려면 먼저 저평가된 매물을 매입해야 한다. 그다음 밸류업 과정을 거쳐서 빌딩의 가치를 상승시켜 재매각을 진행한다. 하지만 매수자 혼자 이러한 과정을 수행하기는 쉽지 않다. 이때 빌딩 중개인이 개입해서 수익을 극대화하는 데 도움을 주면, 중개인과 고객은 평생의 동반자가 될 수 있다. 이 얼마나 멋진 일인가.

그래서 빌딩 중개 전문가가 되려면 신축, 리노베이션 같은 건축 관련 공부를 꼭 해야 한다. 또한 어떻게 임차인을 구성해야 최상의 임대 수익을 올릴 수 있는지도 알아야 한다. 중개한 건물을 임대차하고, 다시 재매각하는 과정을 직접 경험하면 어떻게 해야 밸류업을 할 수 있는지 구체적인 그림이 그려진다. 중요한 것은 자기 물건이라는 마인드로 여러 사례를 조사하고 분석해야 한다는 점이다. 그렇게 노력하면 밸류업을 할 수 있는 다양한 아이디어가 떠오른다.

예를 들어, 내가 중개했던 매물 중에는 이런 사례가 있다. 역 근처에 위치한 빌딩이었는데, 매수자가 "모든 것을 알아서 해 달라"고 요청했다. 나는 기대에 부응하기 위해서 공실과 공용 부분을 꼼꼼하게 점검한 다음, 화장실을 대대적으로 리노베이션했다. 입지가 좋은 빌딩이었기에 공용 공간만 개선되면 충분히 경쟁력이 있으리라 확신했다. 그 결과 몇 년 간 공실이었던 두 개 층의 임대가 나가면서 건물의 수익률이 크게 개선 되었다.

이와 같은 작업은 일반적인 중개 업무를 뛰어넘어 건물의 숨겨진 가치 를 발굴하는 일이다. 개인적으로도 매수자와 임차인 모두에게 만족을 제공한 뜻깊은 경험이었다. 이러한 밸류업 경험은 고객의 자산 가치를 높 이는 조력자로 자리매김하는 데 디딤돌이 되어 준다.

밸류업 매물로 인기 있는 지역을 몇 군데 소개하면 다음과 같다. 사실 지역적 인기는 변동성이 있고 많은 요인에 의해 결정되기 때문에 일률적 인 기준을 적용하기는 어렵다. 다만 보편적으로 인기 있는 지역은 다음 과 같다.

서울	대한민국의 수도이며, 국내외에서 많은 사람이 주목하는 도시다. 다양한 문화 시설, 교통 편의성, 경제활동 등 여러 가지 이유로 밸류업 매물이 있을 가능성이 높은 곳이다. 개발계획이나 교통 계획 등을 꾸준히 업데이트해서 살아 있는 정보를 보유하고 있으면 밸류업 매물을 찾을 수 있을 것이다.
수도권 근교	경기도 일부 지역과 인천 등도 인기 있는 지역 중 하나다. 주거 환경과 교통 접근성이 좋아서 밸류업 매물의 가능성이 높다. 매의 눈으로 핵심 상권 등을 잘 살펴보면 우수한 물건이 보인다. 대규모 개발, 상권 확충, 주거 및 교육 시설의 변동, GTX 신설 및 연장 등의 교통 여건 개선 등을 꾸준히 살펴야 한다.
대도시	부산, 대전, 대구, 광주, 세종 등은 경제적으로 활성화된 지역이다. 개발 상황에 따라서 밸류업 건물이 나올 수 있는 가능성이 높다. 핵심 상권 및 위치, 역세권 등을 파악하고 공실 리스크 등을 분석하면 알짜 물건을 만들 수 있다. 개발 요인과 광역 교통망 개선 대책 등을 꾸준히 살펴야 한다.

나는 빌딩 중개로 건물주가 되었다

관광 도시	관광 명소로 유명한 도시들도 밸류업 매물이 있는 지역이다. 대표적으로 제주도, 부산의 해운대, 강릉 등의 동해안 도시는 관광객의 관심을 받는 곳이다. 관광 명소에 자리 잡은 밸류업 매물을 매입하면 유명 프랜차이즈 가맹점 및 맛집을 비롯한 고급 임차인을 구성해서 우수한 임대 수익을 올릴 방안을 고민해 볼 수 있다. 또한 신축할 수 있는 위치 좋은 곳이 있는지 살펴보는 것도 좋다.

이처럼 빌딩 중개를 하기 위해서는 지역의 개발 상황과 교통 개선 현황 등에 따라 밸류업 빌딩이 나올 가능성을 예측할 수 있어야 한다. 최신 정보를 꼼꼼하게 확인해야 하는 것은 필수다.

TIP

밸류업 현장 체크 항목에 꼭 포함되어야 할 내용

밸류업 현장 체크 리스트에는 다음과 같은 내용이 반드시 담겨야 한다.

우선 건물의 건축물대장 등을 확인하고, 불법 증·개축 등의 위법 건축물이 있는지 여부를 확인한다. 건축물대장에 위법 건축물 등재가 되어 있지 않아도 현장에 가서 확인해야 한다. 현장에 갔을 때 불법 건축물이 의심되면, 아직 건축물대장에 등재되지 않았으니 매입 후 임차인에게 철거한다는 약속을 받아야 한다.

건물의 노후 정도나 누수 여부도 반드시 확인해야 한다. 이는 빌딩 가격 산정에 큰 영향을 미친다. 이 외에도 건물 관리 상태와 소방 시설, 주차 공간 등도 꼼꼼히 점검해야 한다.

건물의 임대 현황과 공실 상태를 파악하는 것도 중요하다. 주변 임대료 수준과 대중교통의 접근성 역시 고려해야 할 사항이다.

건물 가격을 정할 때는 건축물대장의 준공연도로 건축비를 산정해서 감가상각한 다음 건축물 가격을 구한다. 또한 토지이용계획원의 용도 지역, 지구단위계획구역 등 토지에 규제 사항이 없는지도 확인해야 한다.

건물 입지 및 상권을 확인할 때는 시간대별 유동 인구 파악을 위해 오랜 시간을 투자해야 한다. 전철역이나 버스 정류장까지의 도보 시간도 확인해야 하며, 상가 건물의 경우에는 북향을 추천하는 전문가들의 의견을 고려해야 한다. 건물이 국유지나 사유지와 인접하다면 전망이 확보되므로 더욱 매력적이다.

빌딩 매각 정보를 확인하기 위해 밸류맵이나 디스코 등의 서비스를 활용할 수 있으며, 근처 부동산 중개업소에서 정보를 얻는 것도 도움이 된다. 다만, 정보가 다수에게 공개될 우려가 있으므로 유의해야 한다.

밸류업이 가능한 매물

개발 호재가 있는 지역

'개발 호재'는 빌딩 가치 상승의 주요 요인 중 하나다. 부동산 가치를 향상시킬 수 있는 다양한 개발 요건을 말한다. 도로, 지하철, 중심업무지구, 대형 상권, 택지지구 조성 등이 대표적인 개발 호재다. 이처럼 특정지역에 대한 개발 계획이 발표되면, 그 지역의 부동산 가격이 상승한다.

실제로 서울 은평구 연신내 복합개발, 수원의 스타필드 건설, 강남구 삼성동의 현대자동차 사옥과 복합환승센터 건설, 잠실의 국제교류복합지구 개발, 위례신사선 교통 호재, 구리 한강변 개발, GTX 교통 호재 등이 발표되면서 해당 지역의 빌딩 가치는 재평가되었다. 하지만 이처럼 큰 개발 프로젝트는 시간이 걸리는 단점이 있다. 완공 시기가 장기간에 걸쳐 있기 때문이다. 빌딩마다 개발 호재가 미치는 영향과 시기가 달라지므로 밸류업의 시기와 규모도 다르게 나타난다. 이에 관한 신중한 조사가 필요하다.

보통 개발 호재가 터져 나오면 해당 지역의 빌딩 물건은 매각을 철회하거나 가격이 오른다. 때로는 급격하게 오르기도 한다. 나는 빌딩 중개를 하면서 이런 현상을 자주 경험했다.

현대자동차가 삼성동의 한전 부지를 구입하기 전에는 그 주변에 평당 3,000만~4,000만 원대의 매물도 종종 있었다. 실제로 2009년에 삼성동 지역에서 평당 3,614만 원에 매각된 물건이 있다. 그런데 현대자동차가 한전 부지를 구입했다는 소식이 전해지면서 사정이 달라졌다. 이면도로에 나온 빌딩 물건까지 순식간에 평당 7,000만~1억 원을 호가하며 2~3배 정도 올랐다. 이뿐만이 아니다. 2021년에는 삼성동 지역의 한 빌딩이 평당 3억 600만 원에 매각되었다. 도로변에 위치한 또 다른 건물은 2021년 9월에 평당 5억 6,844만 원에 매각되기도 했다.

한편, 개발 호재가 다른 데보다 약간 부족해도 좋은 입지 조건과 교육환경 및 생활 편의 시설 등을 갖춘 지역의 매물이라면 경쟁력이 있다. 현재는 인프라가 미비하지만 향후 크게 개선될 여지가 있는 지역에 자리한 빌딩도 밸류업 매물이 될 수 있다.

전문 빌딩 중개인이라면 미래에 충분한 매매 차익을 기대할 수 있는 매물을 찾아야 한다. 그러려면 건물 입지 및 개발 호재에 관한 뛰어난 분석력, 주변 지역 상황에 대한 충분한 정보력 등을 갖추어야 한다. 그리고 이를 갖추기 위해서는 쉬지 않고 발품을 파는 노력과 고객을 만족시키겠다는 굳은 의지가 필요하다.

향후 개발 가능성을 종합적으로 고려했을 때, 어떤 경우에는 현재의 빌딩을 철거하고 새로 짓는 것이 임대 수익 및 매매 차익 실현에 더욱 효과적이기도 하다. 그런 경우 밸류업을 하는 방법은 신축이다. 빌딩 중개인이 건축에 관한 전문적인 지식을 갖춰야 하는 이유가 여기에 있다. 모든 상황에 통용되는 원칙은 없다. 빌딩별로 잘 살펴서 현명하게 대처할 수밖에 없다.

◇ 구축을 매입해서 신축한 사례 ◇

북쪽 도로를 접한 건물

보통 주택에서는 남향을 좋아한다. 남향이 해가 잘 들고 밝기 때문이다. 그런데 빌딩은 매수자에 따라 북향 건물이 1순위가 될 때도 있다. 좀더 정확하게 말하면, 북쪽 도로를 접하고 있는 건물을 의미한다. 북향의 대지가 유리한 이유를 알려면 우선 '일조권 사선제한'의 개념을 이해해야 한다.

'일조권'이란 햇빛을 확보할 수 있는 권리를 말한다. 그리고 '일조권 사선제한'이란 뒤 건물의 일조권을 위해 건물의 높이를 제한하는 것을 말한다. 내 건물로 뒤 건물의 일조권을 침해하지 말라는 뜻이다. 일조권을 침해하지 않으려면 뒤 건물의 햇빛을 확보해야 한다. 보통 정북 방향을 기준으로 일조권을 따지는데, 해가 남쪽에 떠 있으므로 뒤 건물의 남쪽은 내 건물의 북쪽이 된다.

3층 이하의 건물은 웬만해서는 일조권 사선제한의 영향을 받지 않지만, 4층부터는 영향을 받을 수 있다. 그런데 북쪽 도로를 접하고 있는 대지는 건물을 신축할 때 일조권 사선제한의 영향을 덜 받게 된다. 북쪽 도로만큼 뒤 건물과 떨어져 있기 때문이다. 따라서 북쪽 도로를 접한 건물은 반듯하게 신축이 가능해 볼륨감이 우수하고 웅장해 보인다.

빌딩 매수를 원하는 고객 중에는 신축할 수 있는 매물을 원하는 이들이 많다. 이때 북쪽 도로를 접한 매물을 제안하면 매수자가 만족할 만한 설계가 가능하다. 그래서 북쪽 도로를 접한 빌딩은 다른 물건보다 10~20퍼센트 정도 가격이 비싸다. 그만큼 선호도가 높고, 가치 또한 인정받고 있다.

임장을 나가면 일조권 문제로 건축면적을 다 활용하지 못하거나, 반듯하지 않고 사선으로 지어진 빌딩을 많이 보게 된다. 이런 빌딩은 누수나 하자 문제가 없는지 각별하게 신경 써야 한다. 예를 들어, 일조권 때문에 실내 공간 대신 테라스로 만들어야 하는 경우가 있다. 이때 외부에 노출된 테라스는 온전히 비를 맞는다. 그 비가 건물 안으로 스며들어 아래층에 물이 새는 일이 상당히 많다.

반듯하게 지을 수 있는 건물이 가치를 인정받는다는 점을 기억하자. 이런 물건을 찾는 것도 빌딩 중개인의 역할이다. 매물을 찾을 때는 누구나 좋아하는 물건이 늘 1순위다. 북쪽 도로에 접한 신축 부지, 양호한 도로 조건, 우수한 상권 접근성, 주변의 개발 호재 등 누구나 반길 만한 요건을 갖춘 매물을 찾는 것을 목표로 삼아야 한다. 아무리 가격이 저렴해도 못생긴 토지 모양, 일조권의 영향으로 제대로 된 건축면적을 찾지 못하는 부지, 상권과 교통 여건이 떨어지는 곳은 당연히 순위에서 멀어진다.

TIP

일조권 사선제한은 건축에 어떤 영향을 미칠까?

건물을 보다 보면 반듯하게 높이 지어진 건물이 있는 반면, 위 사진처럼 사선으로 지어진 건물도 있다. 높은 층으로 올라갈수록 사선으로 깎여져서 점차 좁아지는 것이다. 왜 이렇게 건물을 지은 걸까?

도시 개발 규정에는 건폐율과 용적률 외에도 건축을 제한하는 다양한 규정이 있다. 그중의 하나가 바로 '일조권'이다. 이것은 햇빛을 받을 권리를 말한다. 건축법에 의한 건축물의 높이 제한 기준의 하나가 바로 일조권인 것이다. 건물을 무차별적으로 지어 올리다 보면 그보다 낮은 건물, 주로 북쪽 방향의 집들은 햇빛을 받을 기본 권리를 침해받게 된다. 즉, 내가 짓는 건물로 인해 주변 건물에 사는 사람들의 권리가 침해되는 것이다.

옆 건물의 일조권을 지켜 주기 위해 다닥다닥 붙여서 건물을 짓는 대신, 일정 거리를 두고 지어야 한다. 그래서 건물을 지을 때 인접한 대지로부터 띄어야 하는 거리(이격 거리)를 법에서 정해 놓고 있다. 이를 위한 법이 바로 '일조권 사선 제한'이다. 주변 건물의 일조권을 확보하기 위해 건물을 신축할 때 지상층의 높이를 제한하는 규정이다. 이로 인해 건물의 높이분만 아니라 디자인까지 영향을 받게 된다.

사선 제한의 기준점은 도로의 반대쪽, 북쪽 경계선, 인접지와의 경계선이다.

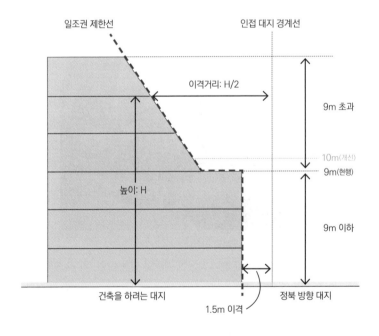

나는 빌딩 중개로 건물주가 되었다

2023년 9월 21일 개정된 건축법 시행령에 따르면, 건물의 높이에 따라 인접 대지 경계선으로부터의 이격 거리가 정해져 있다. 건물의 높이가 10미터 이하인 부분은 최소 1.5미터 간격을 두어야 하고, 10미터를 초과하는 부분은 해당 부분 높이의 2분의 1 이상 간격을 두고 건축해야 한다.

- 높이 10미터 이하 부분: 인접 대지 경계선으로부터 1.5미터 간격
- 높이 10미터 초과 부분: 인접 대지 경계선으로부터 해당 건축물 각 부분 높이의 2분의 1 이상 간격

공원, 도로, 철도, 하천, 공공녹지 등이 인접한 경우에는 건물을 지을 때 유리하다. 건물의 간격이 떨어져 있어서 일조권 사선제한의 영향을 별로 받지 않기 때문이다. 특히 북쪽 도로를 접하는 건물이 좋다. 도로 너머에 있는 건물의 일조권을 방해하지 않기 때문에 건물을 반듯하게 지어 올릴 수 있다. 당연히 도로가 넓을수록 일조권 사선제한에서 자유롭다.

따라서 신축을 목적으로 부지를 매입한다면, 매매 계약 체결 전에 반드시 일조권 사선제한을 검토해야 한다. 그래야 사업성 측면에서 유리하다.

※ 일조권 사선제한은 주거지역(전용 및 일반)에만 해당되는 규정이며, 준주거지역이나 상업지역 같은 다른 용도 지역에는 적용되지 않는다.

코너에 위치한 건물

코너에 있는 건물은 눈에 잘 띄고 접근성이 좋아 가치가 높다. 코너 건물은 각지角地에 지어진 건물을 뜻하는데, 각지란 두 개 이상의 도로가

교차하는 곳에 위치한 토지를 말한다. 접하는 각의 수에 따라 '2면 각지' '3면 각지' '4면 각지' 등으로 불린다. 건물이 두 개 이상의 도로와 접하면 출입이 편리하고 노출이 용이해서 광고 선전 효과가 높다. 즉, 경제성이 뛰어나다.

코너 건물은 가공하기에 따라서 더 높은 차원으로 밸류업이 가능하다. 빌딩 전체를 고급스러운 디자인으로 바꾸고, 합리적이고 효율적인 공간 재배치를 통해 눈에 띄는 밸류업을 할 수 있다.

바로 옆 토지와의 합병도 밸류업 방법 중 하나다. 코너 매물의 크기가 작다면, 옆 토지나 건물을 사서 합치는 방법을 고려해 볼 수 있다. 그렇게 신축하면 코너가 지닌 이점에 넓은 면적까지 더해져 큰 효과를 누릴 수 있다.

코너 매물은 도로를 접하고 있어서 일조권 사선제한에서도 비교적 자유롭다. 그래서 신축이나 리모델링을 하면 빌딩 외형이 매우 웅장해 보인다. 실제 대지 넓이에 비해 커 보이는 시각적인 효과가 있는 것이다. 또한 코너에 빌딩을 신축하면 주차장을 한 면으로 하는 설계가 가능하기에 다른 한 면은 온전히 건물로 설계할 수 있다. 이러한 이유 때문에 코너 토지와 코너가 아닌 토지의 가치는 차이가 크다. 중개인도 매수자도 코너 매물을 선호할 수밖에 없다.

특히 대로변의 코너 부지는 뛰어난 노출 효과를 가진 입지로, 지나가는 보행자나 운전자의 시선을 끌기에 매우 좋다. 이러한 입지적 강점을 활용하면 카페나 레스토랑 같은 F&B 업종의 임차 고객을 유치하기에 적합하다.

따라서 빌딩 중개인은 코너 매물이 속한 지역을 전체적으로 분석하고,

향후 빌딩 시장을 예측해서 더 많은 가치를 부여할 방안을 모색해야 한다. 코너 매물이 인기 있는 이유는 다양한데, 그중에서도 건축 부지로 활용할 때 설계의 자유도가 높다는 점이 가장 큰 장점으로 꼽힌다. 특히 주차 공간을 한쪽 도로 면에 배치하면 나머지 한 면을 길게 활용할 수 있어서 건축 공간의 효율성을 극대화할 수 있다. 이러한 설계적 유연성은 공간 활용의 범위를 넓혀서 건물의 실용성과 경제성을 동시에 높이는 데 기여한다.

또한, 코너에 위치한 건물은 뛰어난 시인성을 갖추고 있어서 브랜드 이미지를 강화하는 데 유리하다. 자연스레 주목받을 수 있는 위치는 접근성이 좋아서 고객의 발길을 끌어들이는 데도 적합하다. 여기에 테라스 좌석이나 대형 유리창 등을 더해서 외관을 돋보이게 설계하면 임차인에게 더욱 매력적인 공간으로 자리 잡을 수 있다.

코너 위치의 장점은 상업용 건물뿐만 아니라 주거용 건물에서도 매력적인 요소로 작용한다. 이 때문에 코너 매물은 부동산 시장에서 꾸준히 높은 관심을 받는다. 그러므로 편리성과 활용성뿐만 아니라 희소성까지 고려해서 밸류업을 진행하면 코너 매물의 가치는 더욱더 올라갈 것이다.

개선 가능한 맹지

맹지盲地란 지적도상에서 도로와 맞닿은 부분이 없는 토지를 말한다. 맹지에서 맹盲 자는 '눈이 멀다' '보이지 않는다'라는 뜻이다. 일반적으로 사람은 다닐 수 있지만 차량으로는 들어갈 수 없는 토지인 경우가 많다.

건축법에 의하면, 건축물의 대지가 도로에 2미터 이상 접하지 않으면 원칙적으로 건축이 불가능하다. 그래서 이용에 제한이 있는 맹지는 주변 토지보다 가격이 저렴하다. 하지만 환경을 바꿀 가능성이 있다면, 기대 수익이 증가해서 밸류업이 될 수 있다. 그렇다면 맹지를 탈출하는 방법에는 무엇이 있는지 알아보자.

첫째, 이웃의 토지를 도로 부분만큼 매입하는 방법이 있다. 건축이 가능하도록 도로로 쓸 토지를 매입하는 것이다. 이렇게 해서 건물을 지을 수 있다면 밸류업은 시간문제다.

둘째, 이웃과 토지를 교환하는 방법이 있다. 일정 부분의 토지를 이웃에게 양도하고, 건물과 인접한 도로 쪽 토지를 대신 받을 수 있다면 밸류업이 된다.

셋째, 인접한 토지가 국유지라면 맹지 탈출 가능성이 높다. 국가를 상대로 토지를 대부(임대)받아 도로를 개설할 수 있기 때문이다.

넷째, 맹지 주변의 토지 소유자를 설득해서 통행이 가능하도록 권한과 권리를 사는 방법도 있다. 이를 '주위토지통행권 매매'라고 한다. 주위토지통행권을 매입해서 건축허가가 가능하다면 밸류업이 된다.

사도私道나 자루형 토지에 위치한 건물은 다른 사람의 땅을 통과해야 접근할 수 있다. 대개 이면도로 안쪽에 위치하며, 건축 당시 해당 토지 소유자에게 토지사용승낙서를 받아서 건축하는 일이 많다. 이러한 사도 건물은 접근성과 시인성이 떨어지기에 빌딩 시장에서 인기가 낮은 편이다. 하지만 조용한 환경을 선호하는 주택이나 사옥 용도로는 적합하다는 장점이 있다.

실제로 역세권이지만 안쪽에 자리 잡고 있던 한 사옥 매물은 입지의 한계를 극복하고, 조용한 환경과 편리한 접근성을 이유로 웬만한 상권의 좋은 매물과 비슷한 가격에 매각된 사례가 있다. 이는 사도 건물도 용도와 구매자의 니즈에 따라 충분히 가치를 인정받을 수 있음을 보여 준다.

리모델링이 효과적인 건물

용적률은 대지 면적에서 건축물이 차지하는 비율을 말한다. 보통 지하층을 제외한 지상층의 총 건축면적 비율을 의미한다.

2000년 6월 30일까지 일반 주거지역의 용적률은 400퍼센트였다. 하지만 2000년 7월부터 제1종일반주거지역은 용적률 150퍼센트, 제2종일반주거지역은 용적률 200퍼센트, 제3종일반주거지역은 용적률 250퍼센트로 용도지역의 세분화가 이루어졌다. 그래서 옛날에 지어진 빌딩 중에는 현재 용적률보다 높은 용적률로 지어진 건물이 의외로 많다. 건물의 총면적이 훨씬 넓게 지어진 것이다. 이런 건물을 허물고 신축하면 용적률이 줄어들어 오히려 손해를 본다. 따라서 높은 용적률을 그대로 살려서 리모델링으로 밸류업을 해야 한다.

용적률을 다 채우지 않고 지어진 빌딩은 추가 개발의 여지가 있어서 높은 잠재 가치를 지닌다. 남은 용적률을 활용해서 리모델링을 진행하면 빌딩의 가치를 크게 상승시킬 수 있고, 건물의 가치가 극대화되면 장기적인 이익을 보장할 수 있다.

리모델링은 건물의 기본 골조는 그대로 두고, 내부와 시설을 완전히 뜯어고치는 것을 말한다. 시설이 노후화되는 것을 막고, 기능을 향상시켜서 건물의 가치를 끌어올린다. 증축, 개축, 대수선 등을 통해 이전 건물보다 효율적이고 깨끗하며 때로는 더 크고 높은 건축물로 바꿀 수 있다.

이러한 리모델링은 단순히 남은 용적률을 채우는 문제를 넘어 구조적 안정성, 경제성, 사용 목적 등을 종합적으로 고려해야 하는 작업이다. 신중하게 분석하고 계획한 다음 접근해야 비용 대비 최적의 결과를 도출할 수 있다.

특히 증축을 계획할 때는 건물의 구조적인 상태를 철저하게 검토해야 한다. 특히 주거용으로 지어진 건물은 조적벽(벽돌 구조) 및 기타 설계상의 특성 때문에 필연적으로 구조 보강 작업을 해야 하는데, 이러한 작업은 상당한 기술력과 비용이 수반된다. 또한, 주택 구조는 사무실 용도로 적합하지 않은 경우가 많아서 변경 후의 활용 가능성과 비용 대비 효율성을 면밀히 검토해야 한다.

◇ 대표적인 리모델링 방법 ◇

증축	기존 건축물을 확장해서 건축면적, 연면적, 층수, 높이 등을 증가시키는 것이다. 이를 통해 건물의 남은 용적률을 더 찾을 수 있다. 다만 지역의 건축 규정에 따라 증축이 허용되는지 확인해야 한다. 또한 증축 시에는 건물이 안전하도록 구조 보강을 해야 하는데, 비용이 많이 들 수 있기에 증축 전에 꼼꼼하게 검토해야 한다.
개축과 재축	개축은 기존 건물의 전부나 일부를 해체하고, 기존과 같은 규모 안에서 건축물을 다시 만드는 것이다. 재축은 건물을 멸실하고, 그 대지에 기존과 같은 범위 안에서 건물을 다시 짓는 것이다.

나는 빌딩 중개로 건물주가 되었다

대수선	증축, 개축, 재축에 해당하지 않는 큰 규모의 리모델링을 말한다. 기존 공간을 재배치해서 공간 활용을 최적화할 수 있다. 예를 들어, 내부 벽체를 철거하거나 새로 만드는 사례가 이에 해당한다. 그 면적이 30제곱미터 이상이면 관공서에 대수선 허가를 받아서 공사해야 한다. 이밖에 지붕틀, 주 계단 등을 철거할 때도 관공서에 신고할 사항이 있다는 점을 놓치지 말고 공사해야 한다.

신축보다 리모델링이 좋은 이유는 골조를 살릴 수 있기 때문이다. 골조에 관한 비용을 아껴서 좀 더 저렴하고 손쉽게 건물의 가치를 올릴 수 있다. 리모델링을 하면 유리한 점을 구체적으로 정리하면 다음과 같다.

① 기본 건물 골조를 살리면서 진행하기 때문에 공사비와 공사 기간을 신축보다 50퍼센트 가까이 단축할 수 있다.
② 과거 건축 당시의 건폐율과 용적률을 그대로 인정받을 수 있다. 용적률에 여유가 있으면 증축도 할 수 있다.
③ 건물 외관의 외장재 교체 및 페인트 작업 등으로 전혀 다른 이미지 연출이 가능하다. 건물의 이미지를 새롭게 교체하면 신축과 같은 효과를 누릴 수 있다.
④ 전기, 통신, 배관, 기타 설비 등 노후화된 시설을 요즘 시대에 맞게 교체해서 건물의 수명을 늘릴 수 있다.
⑤ 임대료 상승 및 매매 가격 상승 효과를 기대할 수 있다.

리모델링은 철저한 타당성을 검토한 후에 시도하는 것이 좋다. 수익을 얻기 위해서 진행했던 작업이 자칫 손해로 귀결될 수도 있기 때문이다. 입지 분석을 토대로 층별로 어떻게 임대 수요를 구성할지 계획하고, 그 상권에 맞게 공사비를 책정해야 한다. 수익성과 리스크를 철저하게 분석해야 추후 원하는 수익을 거둘 수 있다.

또한 리모델링을 계획할 때는 해당 지역의 건축 규정을 확인하고, 건축 전문가와 상담해서 가장 적합한 방법을 찾는 것이 좋다. 리모델링 비용은 다양한 요소에 의해 달라지기 때문이다. 전체 건물을 리모델링하는지, 특정 공간만 리모델링하는지에 따라 비용에 차이가 있다. 기존 건물의 상태에 따라 추가 보수 및 복구 작업이 필요할 수도 있다.

빌딩 중개인이 되면 리모델링을 비롯해 공사해야 하는 물건을 많이 접한다. 이런 문제를 적절히 해결해야 매매도 잘되고, 임차도 수월해진다. 매수자는 당연히 밸류업에 대한 기대감이 높다. 이럴 때 건축사, 건설사, 공사 업체 등을 많이 알면 중개하는 데 도움이 된다. 이러한 전문가와 함께 밸류업 매물을 몇 번 경험하다 보면 그에 대한 지식을 쌓을 수 있다. 경험이 좀 더 쌓이면 빌딩 중개뿐만 아니라 건축 및 리모델링 분야의 간접 전문가가 될 수도 있다.

◇ 구축을 리모델링한 사례 ◇

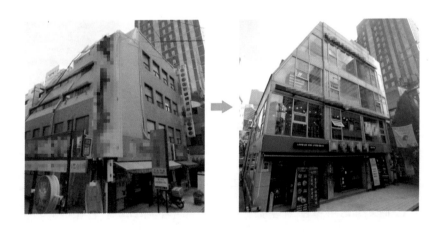

나는 빌딩 중개로 건물주가 되었다

하지만 어설픈 리모델링은 절대 추천하지 않는다. 리모델링의 목적은 건물의 가치를 높이는 일인 만큼, 제대로 된 계획과 실행이 무엇보다 중요하다. 임차인과 충분히 협의해서 명도를 완료한 후 골조만 남기고 나머지 부분을 모두 변경하고 보강하는 방식이 이상적이다. 이러한 방식은 단순히 외형을 바꾸는 데 그치지 않고, 건물의 구조적 안정성을 높이고 기능성을 개선해서 장기적으로 더 높은 가치를 만들어 낼 수 있다.

입지가 우수한 경사지 건물

일반적으로 경사지는 인기가 없다. 매수자는 매물이 있는 지역에 언덕이나 경사가 있으면 고민한다. 입지가 우수해도 경사 때문에 결정을 못 하는 매수자가 많다. 그런데 간혹 경사진 곳을 효과적으로 신축하는 매수자가 있다. 경사진 지하 면을 지상처럼 설계해서 임대료를 극대화하고, 건물도 더 웅장하게 새로 짓는 것이다.

지하층은 법적으로 지하로 간주되지만, 지형의 높이 차이를 효과적으로 활용하면 지상층처럼 사용할 수 있는 건축 설계가 가능하다. 게다가 지하층은 건폐율 산정에 포함되지 않기 때문에 토지 면적의 최대 80퍼센트까지 활용 가능한 추가 공간을 확보할 수 있다. 이는 제한된 건축 가능 면적을 최대한 활용하면서도, 법적 기준을 준수할 수 있는 매우 스마트한 설계 전략으로 평가된다.

다시 말해, 경사진 면의 뒤쪽이 땅속에 묻혀 있으면 지하층으로 인정받을 수 있다. 신축 시 지하층은 용적률과 건폐율 산정에 포함되지 않으므로 1개 층(지하층)을 추가로 지을 수 있게 되는 것이다. 이를 활용해서 사업성을 극대화할 수 있다.

이러한 접근법은 공간 활용도를 극대화할 뿐만 아니라, 상업용 및 복합 용도로 사용할 때 높은 부가가치를 창출할 가능성이 크다. 고객 접근성을 개선하고, 유용한 공간 확보로 수익성을 강화할 수 있기 때문이다. 건축의 효율성과 경제성을 동시에 충족하면서 장기적인 이점을 제공할 수 있기에, 도시 공간에서 제약을 극복하고 새로운 가치를 창출하는 성공적인 사례가 될 수 있다.

도로에서 진입하는 부분을 지하 1층으로 쓸 수 있기 때문에 주차장으로 활용이 가능하다. 주택이라면 비를 맞지 않는 실내 주차 공간과 창고를 갖는 동시에 주차장 윗부분을 마당으로 쓸 수 있고, 상가용 건물이라면 외부에 드러난 지하층을 상가로 활용해서 임대 수익을 올릴 수 있다.

또한, 경사지의 높낮이 차이를 활용해서 상층부와 하층부에 각각 독립된 주택이나 상가를 배치하는 것도 가능하다. 각 주택과 상가의 조망권을 확보하고 독립성을 높일 수 있다.

경사지는 독특한 디자인이 가능하다는 장점도 있다. 주변 상황과 교통여건 등을 고려해서 경사지만이 가진 매력을 잘 활용하면 눈에 띄는 건물이 될 수 있다. 그러면 홍보 및 마케팅 측면에서 유리해진다. 유명 카페나 레스토랑 같은 대형 프랜차이즈 관련 업종이 들어올 가능성이 높아지고, 자연스럽게 빌딩의 가치도 높아질 수 있다.

내가 중개했던 물건 중에도 경사진 부지가 있었다. 일반적으로 경사지형은 건축 및 활용에 제약이 따르지만, 당시 매수자는 부지가 코너인 점과 경사진 지형적 특성을 잘 활용해서 웅장한 빌딩을 신축하고 효율적으로 임차 구성을 완료했다. 그 결과 매수했던 가격의 두 배에 달하는 금액으로 매각되었다. 이는 단순히 부지를 개발하는 것을 넘어, 지형적 결점을 오히려 장점으로 전환해서 밸류업에 성공한 사례다.

이처럼 결점이 있는 매물도 면밀히 분석하고 창의적인 대안을 세우면 예상치 못한 큰 가치를 발굴할 수 있다. 마치 흙 속에서 진주를 발견하듯, 철저한 분석과 전략적 접근은 빌딩 중개에서 성공의 열쇠가 된다. 이러한 사례는 중개인의 통찰력과 전문성이 더해졌을 때 얼마나 큰 성과를 거둘 수 있는지를 잘 보여 준다.

장기 임차인으로 인해 저평가된 건물

'상가임대차보호법'은 임차인을 보호하기 위해 만들어진 법이다. 이 법에 의하면, 임차인은 최초 계약한 임대 기간을 포함해서 최대 10년까지 계약 갱신을 요구할 수 있다. 그래서 빌딩을 임장하다 보면, 장기 임차인으로 구성된 노후한 건물을 종종 만나게 된다.

장기 임차인들로 인해 건물 가격이 저평가되는 이유에는 여러 가지 요인이 있다.

첫째, 빌딩을 매각할 때 장기 임차인의 계약 기간이 남아 있는 경우다. 이는 임대료 수익이 일정 기간 보장되는 장점이 있지만, 임차인이 계약을 갑자기 해지할 수도 있다는 불확실성을 내포하고 있다. 이러한 상황에서는 매매를 진행하기 전에 반드시 임차인의 계약 갱신 여부를 확인해야 한다. 소유권이 변경되면 임차인이 계약 해지 권리를 행사하고 나갈 수 있기 때문이다.

이를 방지하기 위해 계약 체결 전에 매도인에게 요청해서 매수자 명의로 임대차계약서를 새로 작성하는 경우도 있다. 새로운 소유주와 임차인 간의 계약 관계를 명확히 설정해서 불필요한 분쟁을 예방하는 것이다. 이러한 조치는 매매와 임대차가 얽힌 복잡한 상황에서 매수자와 매도자의 이익을 보호할 수 있는 중요한 절차다.

둘째, 장기 임차인과의 임대 계약은 보통 일정 기간 임대료 인상을 제한하는 조항을 포함하고 있다. 상가임대차보호법에 따르면, 임대료인 월세와 보증금 인상은 연 5퍼센트 범위 내에서만 가능하다. 이는 임대료를 적정 수준 이상으로 인상하지 못하게 하는 제약 요소다. 임대 수익에 상한선이 있어서 건물 가격이 저평가되는 것이다.

셋째, 장기 임차인은 건물 관리 및 유지 보수에 소홀할 때가 많다. 이러한 경우 건물의 상태가 더욱 빨리 노후화될 수 있다. 이는 건물 가격의 저평가로 이어진다.

이처럼 저평가된 매물은 밸류업을 통해서 정상적인 가격으로 환원시켜야 한다. 장기 임차인들로 인해 건물이 저평가되었다면, 다음과 같은 방법으로 밸류업을 할 수 있다.

① 재계약 협상

장기 임차인과의 임대 계약이 끝나는 시점에 재계약 협상을 시도한다. 임대료 인상은 10년이 안 된 임차인은 연 5퍼센트 범위 내에서 협의 가능하고, 10년이 넘었으면 제한은 없다. 따라서 임차인과 협의가 되면 더 높은 임대료를 받을 수 있다. 재계약 시 계약 조건을 잘 협상해서 장기 임차인의 계약 기간을 제한하거나, 임대료 인상을 끌어낼 수 있는 것이다.

② 서비스 개선

장기 임차인의 임대료 인상을 끌어내기 위해 임차인을 위한 서비스를 개선하는 것도 좋은 방법이다. 정기적인 청소 서비스, 유지·보수 서비스, 공용 부분 인테리어 개선 등을 통해 임차인의 편의를 높인다. 이런 서비스를 제시하면서 임대료 인상을 시도해 볼 수 있다.

③ 명도 및 리모델링

장기 임차인을 모두 내보내고 건물을 리모델링해서 수익을 극대화할 수도 있다. 임차인을 내보내는 것을 '명도'라고 하는데, 명도를 하기 위해서는 임차인과 원만한 협의를 해야 한다. 임차인에게 사정을 잘 설명하고, 적절한 보상을 제시하는 것으로 명도를 시도할 수 있다. 물론 명도가 쉽지는 않다. 임차인에 따라 아주 힘들 수도 있다. 하지만 잘 협의해서 명도가 완료된다면, 건물을 완전히 새롭게 리모델링할 수 있다. 명도를 잘하는 해법은 '협상력'이다. 그리고 이러한 협상력에는 적절한 대가, 즉 돈이 필요하다.

④ 우량 임차인으로 재구성

기존 임차인을 명도하고, 우량 임차인으로 재구성할 수 있다면 금상첨화다. 우량한 임차인 구성을 잘하면 건물의 가치는 극대화된다. 우량 임차인을 유치하기 위해서는 적절한 네트워크와 마케팅이 필요하다. 능력 있는 빌딩 중개사와 자산관리 회사는 이런 작업을 탁월하게 해낸다.

매물의 장점을 강조하는 광고를 진행하고, 임차인을 위한 특별 혜택을 제공해서 더 많은 임차인의 관심을 유도해야 한다. 빌딩 중개를 하다 보면, 같은 도로에 자리 잡고 있어도 임차 구성이 잘된 건물은 옆 건물보다 훨씬 가치가 높다. 당연히 매수자들이 선호하는 매물이기에 빌딩 가격도 더 비싸다.

빌딩을 중개하려면 해당 건물에 어떤 업종을 입점하면 좋을지 기획할 줄 알아야 한다. 매수자에게 빌딩의 밸류업 요소를 잘 브리핑하고, 빌딩 가치를 최대한 끌어올릴 수 있는 방법을 제시해야 한다. 이에 대한 훈련을 거듭하다 보면 빌딩 중개인으로서의 능력이 몇 단계는 올라갈 것이다.

밸류업의 아이콘, 건물 리모델링

밸류업으로 가장 많이 시도되는 것이 바로 리모델링이다. 괜찮은 입지지만 오래되고 낡은 건물을 싸게 사서 리모델링하는 방법이다. 기존의 건폐율과 용적률을 그대로 누리면서 신축과 비슷한 임대료 및 매매가 상승효과를 노리는 것이다.

최근에는 건축비의 상승으로 신축을 포기하고 리모델링을 하는 사례도 늘고 있다. 하지만 잘못된 판단으로 리모델링에 실패하는 경우가 종종 있다. 건물에 구조적인 문제가 생기거나, 구조보강 등으로 생각보다 많은 비용이 들어가기도 하는 것이다. 이런 경우 수리 비용은 물론이고, 철거비와 신축 공사비까지 이중으로 비용을 지불할 수도 있다. 따라서 리모델링을 할 때는 세심한 계획과 주의가 필요하다. 자칫하면 엄청난 재산상의 손실을 가져올 수 있기 때문이다.

◉ 건물 리모델링 순서 ◉

계획 수립	건물 리모델링의 목적과 필요성을 정확히 파악한다. 공간 활용 개선, 건물의 이미지 향상, 건물의 노후 개선, 우량 임차인 유치 등의 계획에 따라 리모델링의 방향이 달라질 수 있다.
예산 설정	리모델링에 얼마나 많은 비용을 투자할 수 있는지 정해야 한다. 예산 규모는 리모델링의 범위와 재료 선택에 영향을 미친다.

초기 디자인과 아이디어	대략적인 아이디어와 디자인 방향을 설정한다. 이 단계에서는 건물의 스타일과 색상, 공간의 레이아웃 등을 고려한다.
전문가와의 협의	건축사, 인테리어 디자이너, 시공 전문가 등과 상담을 통해 아이디어의 실현 가능성, 최적의 공사 방법 등을 모색한다.
상세 설계	선택된 아이디어를 기반으로 구체적인 건축 도면을 설계한다. 이 단계에서는 재료, 마감재, 설비 등의 세부 사항을 결정한다.
허가 및 규정 준수	리모델링에 필요한 건축 신고 및 허가를 얻고, 지자체의 건축 규정 등을 준수하는지 확인한다.
시공사 선정	공사를 진행할 시공사를 선정한다. 견적, 공사 경험, 이전 공사의 품질 등을 고려해야 한다.
계약 및 일정 수립	시공사와 계약을 체결하고, 공사 일정을 확정한다. 공사의 규모와 난이도에 따라 일정은 조정될 수 있다.
공사 진행 상황 체크	공사 진행 상황을 지속적으로 확인하고, 주변 상권 변화도 함께 체크한다.
준공	준공이 가까워지면 본격적으로 임대 제안을 하고, 임차인을 유치한다.

| 건물 매각과 수익 | 상황에 따라 리모델링 후 건물을 매각할 수도 있다. 최적의 수익률에 맞춘 임대료로 건물 매매 가격을 설정하고, 매각을 통해 수익을 창출한다. |

리모델링 공사 시 알아 두면 좋은 점

- 건물 외관 공사비는 전체 공사비의 20~30퍼센트 정도가 좋다.
- 4층 이상의 건물에는 엘리베이터를 설치하는 게 좋다. 높은 층을 걸어 올라가야 하는 건물은 임차인을 유치하기가 어렵다.
- 건물 1층 로비와 복도, 화장실 등의 공용 공간은 최대한 깨끗하고 깔끔하게 인테리어를 한다. 공용 공간은 눈에 띄는 곳이므로 임차인을 유치하거나 건물을 매매할 때 중요하게 작용한다.
- 최근에는 공사 인허가 기간이 과거보다 길어졌다. 따라서 관련 규정을 미리 알아보고 계획을 세우는 것이 중요하다.

리모델링 공사 기술도 과거보다 많이 발전했다. 그에 따라 공사 가능한 범위가 달라졌고, 더 멋진 리모델링을 기대할 수 있게 되었다. 물론 예산과 공사 기간 등도 고려해야 한다. 이렇듯 건물 리모델링을 통해 임대 수익과 매각 수익을 같이 향상시킬 수 있다.

빌딩 중개인이라면 밸류업이 될 수 있는 건물을 늘 유심히 관찰하고 찾아야 한다. 특히 건물 리모델링에 관해 잘 알아야 한다. 공사 과정, 주의점 등을 잘 알아야 매수자에게 확실하게 브리핑할 수 있다.

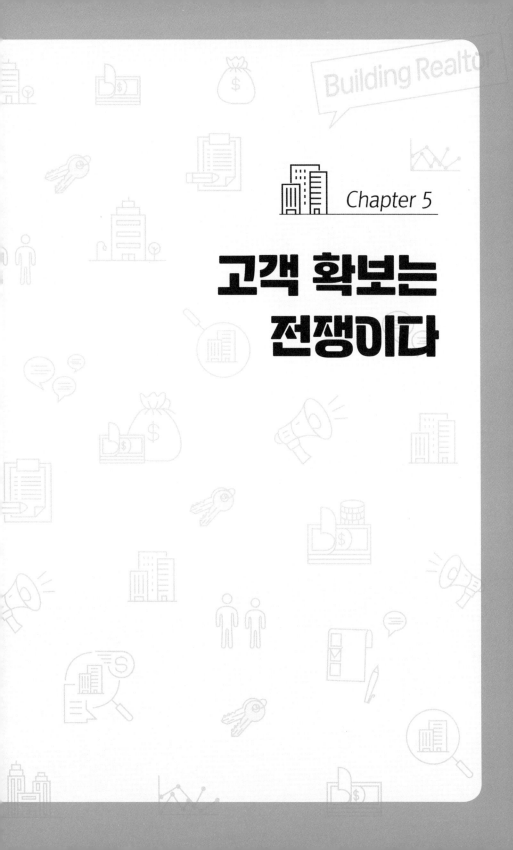

Chapter 5

고객 확보는
전쟁이다

사람 만나는 일을 즐겨야
고객을 확보한다

　빌딩을 중개해서 수수료를 받고 싶다면 고객을 확보해야 한다. 아무리 좋은 매물을 가지고 있어도 고객이 없으면 수익을 올릴 수 없다. 고객만이 나에게 돈을 주는 사람이고, 고객만이 나의 고용주다.

　이처럼 중요한 고객을 확보하기 위해서는 당연히 사람 만나는 일을 꺼리지 않아야 한다. 특히 빌딩 중개사는 사람 대하기를 부담스러워하면 안 된다. 사람과 사람 사이를 오가며 빌딩이라는 물건을 중개해야 하기 때문이다.

　내성적이거나 말을 잘하지 못하는 신입 중개인 중에는 사람 만나는 일을 겁내는 이들이 많다. 막연한 두려움 때문이다. 고객의 거절을 어떻게 이겨 내야 할지 미리 염려하는 것이다. 하지만 이러한 두려움은 실체가 없다. 감정이 만든 그림자에 불과하다. 극복해야 한다. 애초에 모든 사람이 여러분에게 호의적일 수는 없다. 세상은 그렇게 만만한 곳이 아니다.

　빌딩 중개인으로 성공하기 위해서는 이러한 두려움을 지우는 훈련이 필요하다. 두려움을 이겨 내는 일은 두렵다는 사실을 받아들이는 데서 시작된다. 그다음 계속해서 사람들을 만나고 많은 거절을 당하면서 맷집을 키우는 수밖에 없다. 그러다 보면 어느새 두려움에 내성이 생길 것이다.

나는 새로운 직원이 입사하면 데이터베이스의 자료를 활용해서 기존 매물의 건물주와 그동안 회사로 연락한 적 있는 매수자들에게 전화를 돌리게 한다. 이를 통해 중개 과정에서 필요한 실무 경험을 쌓을 수 있기 때문이다. 이때 신입 직원이 대화에 서툴거나 주어진 말을 제대로 전하지 못하면 거리 영업을 과제로 준다. 거리 영업이란 길을 오가는 사람에게 자신이 어떤 일을 하는지 설명한 다음 명함을 건네고 연락처를 받는 일이다. 특별히 영업 성과를 기대하는 것은 아니다. 그럼에도 이처럼 무모해 보이는 시도를 하는 이유는 훈련을 통해 두려움을 극복하고 다양한 사람과 소통할 수 있는 능력을 키우기 위해서다. 이러한 소통 능력 없이는 중개 업무를 수행하기가 어렵다.

이와 더불어 임장하는 건물에 들어가서 임차인을 만나고 대화를 나누는 것도 중개인의 중요한 임무 중 하나다. 이 과정에서 건물 소유주의 연락처를 물어보거나 부동산과 관련된 정보를 수집하고, 임차인의 요구 사항 등을 파악해서 영업 기회를 창출하는 것이다. 이러한 활동은 단순히 매물을 확인하는 것을 넘어, 네트워크의 확장으로 이어지며 중개 가능성을 키워 준다. 임차한 업체의 부동산 담당자와 대화하면서 이사 갈 계획이 있는지, 사옥이나 건물에 투자할 예정은 없는지 등을 알아볼 수 있다.

이렇게 한다고 해서 바로바로 고객을 확보할 수 있는 것은 아니다. 이 과정을 통해 사람 대하는 법을 익히면서 차차 빌딩 중개인으로서의 멘탈을 만들어 가는 것이다. 이것이 중개의 시작이자 기본이다.

누구를 만나도 자연스럽게 인사를 나누고 대화를 이어 갈 수 있으려면 훈련이 필요하다. 어떤 분야의 프로라고 해서 태어날 때부터 그 일을 잘했던 것은 아니다. 마찬가지로 아무리 잘나가는 빌딩 중개인이라도 처음부터 모든 사람과 대화를 술술 풀어 갔던 것은 아니다. 수많은 거절과 냉대, 무반응을 딛고 일어섰기에 지금의 그들이 있는 것이다.

고객을 확보하기 위해서는 필연적으로 사람에 대한 두려움을 극복해야 한다. 이때 건물 관리인이든 건물주든 모두가 똑같은 사람이라는 생각으로 진정성 있게 다가가는 것이 좋다.

이러한 훈련을 할 때면 빈손으로 돌아오는 직원이 있는 반면, 생각보다 많은 정보와 명함을 수집해서 돌아오는 직원이 있다. 여기서부터 차이가 시작된다.

한편, 외향적인 탓에 사람 만나는 일에 큰 부담을 느끼지 않는 신입 중개인 중에는 대책 없이 그냥 돌진하고 보는 이들이 있다. 겁내지 않는 것은 좋지만, 아무런 전략도 없이 돌진하기만 해서는 성과로 이어지기 어렵다.

사람들은 누구나 자기에게 주어진 시간을 쪼개서 살아간다. 누군가는 일하는 데 가장 많은 시간을 투자하고 누군가는 취미나 여가 시간을 아주 중요하게 여긴다. 이처럼 소중한 시간을 연고도 없는 사람에게 내주기란 쉽지 않다. 타인의 시간을 얻기 위해서는 그들이 기꺼이 시간을 내줄 만한 가치를 제시해야 한다.

하지만 신입 중개인에게는 아직 내줄 만한 가치가 별로 없다. 그렇기 때문에 진정성 있게 다가가는 것과 더불어 전문적인 지식을 쌓기 위한 노력을 게을리하지 말아야 한다.

여러 곳에서 만난 다양한 사람 중에서 잠재 고객을 확보하려면 풍부한 지식이 필요하다. 이는 단순히 빌딩 중개에 관한 지식뿐만 아니라, 다양한 분야에 걸친 폭넓은 이해를 포함한다. 지식이 많을수록 어떤 고객을 만나더라도 원활한 대화를 이어갈 수 있으며, 이는 고객과의 신뢰 형성과 유대감 구축에 큰 도움이 된다.

고객이 흥미를 느끼는 주제를 자연스럽게 끌어내서 대화를 이어 가면 금세 친밀감을 형성할 수 있다. 이를 위해 각종 신문, 잡지, 책 등을 틈날 때마다 읽는 습관을 들이는 것이 좋다.

물론 다양한 지식을 습득하기에 앞서 경제 상황, 금융 흐름, 그리고 상업용 빌딩 분야에 대한 전문 지식을 먼저 갖추어야 한다. 현재 부동산 시장의 동향을 정확히 파악하고 있어야 고객에게 신뢰를 줄 수 있고, 중개인으로서의 역량도 높일 수 있다. 고객은 잠깐의 대화만으로도 전문가인지 아닌지 금방 알아차린다. 그리고 전문가라는 확신이 들면 귀를 기울인다.

중개는 단순히 건물을 사고파는 데서 끝나는 일이 아니다. 중개 과정은 매수자와 매도자, 그리고 중개인 간의 신뢰와 소통을 바탕으로 이루어지는 복합적인 과정이다. 중개인이 양측의 입장을 이해하고 조율하는 과정이 필요하다. 매수자와 매도자의 니즈를 세심하게 알아채고 충족시키는 데 초점을 맞추는 것이 중개의 본질이다. 이 과정에서 사람과 사람 사이의 매너와 예의를 지키는 것 또한 중요하다. 이를 간과하면 단기적인 거래는 성사될 수 있을지 몰라도, 신뢰를 기반으로 한 장기적인 관계를 유지하기는 어렵다.

중개는 단순한 매매 이상의 가치를 창출하는 과정이다. 매수자와 매도자 모두 자신의 요구가 존중받았다고 느낄 때 중개인에 대한 신뢰가 쌓인다. 이러한 신뢰는 향후 추가 거래나 소개로 이어질 수 있다. 결국 고객의 삶과 비즈니스에 실질적인 가치를 더하는 태도가 성공적인 중개인의 길을 열어 준다.

사람들을 만나서 명함을 주고받고, 전화를 하고, 미팅을 잡는 것은 결과물을 만들어 내기 위한 밑바탕을 다지는 일이다. 차근차근 밑바탕을 다져 놓으면 결과물이 안 나올 수가 없다. 속담 중에 '티끌 모아 태산'이라는 말이 있지 않은가. 이러한 하루하루가 쌓이다 보면 언젠가는 빛을 발하게 된다. 가장 중요한 것은 거절을 당해도 꺾이지 않는 마음이다.

성공적인 고객 확보에는 꾸준한 노력과 자기 확신이 필요하다. 처음 명함을 손에 쥐고 거리에 나가면 두려움과 불안함으로 자신감이 떨어질 수 있다. 하지만 그것을 극복하고 조금씩 소통을 시작하다 보면 미래에 큰 가치가 되어 돌아올 것이다.

TIP

하루에 10개 이상의 명함을 건네자

*"고객에게 더 가까이 다가가라. 너무 가까워서 고객 스스로
알아채기도 전에 그들이 필요로 하는 것을 미리 말해 줄 만큼."*
_스티브 잡스Steve Jobs

빌딩 전문 중개사는 가만히 앉아서 고객을 기다리기만 해서는 안 된다. 광고만 올려 두고 고객을 기다리면서 게임을 하거나 일과 관련 없는 유튜브를 보는

중개사는 망하기를 기다리는 것과 같다. 실제로 이렇게 기다리기만 하다가 폐업한 중개사도 많다.

어디서든 필요하다면 자신을 어필하고 명함을 건네라. 절대 창피해할 필요는 없다. 어디를 가도 자신이 무슨 일을 하는지 계속 이야기해야 한다. 스스로 먼저 자신을 전문가로 인정하지 않으면, 잠재 고객들도 여러분을 전문가로 인정하지 않는다.

나이가 아주 어리거나 빌딩 중개와 관련이 없는 사람을 만난다고 해도 마찬가지다. 그 누군가가 빌딩을 가지고 있는 자산가의 자녀일 수도 있고, 수십억을 상속받은 사람일 수도 있다. 선입견을 버리고 누구나 잠재 고객이 될 수 있다는 마음가짐으로 사람을 대해야 한다.

소개의 힘도 무시할 수 없다. 명함을 건네준 사람에게는 빌딩을 매수하거나 매도할 일이 없을 수도 있지만, 그 사람이 누군가를 소개할 수는 있다. 소개는 종종 직접 명함을 건네는 것보다 더 큰 효과를 발휘하기도 한다.

그리고 명함을 건넬 때 중요한 것은 자신이 무슨 일을 하는지 분명하게 소개해야 한다는 점이다. 나를 소개할 때 "안녕하세요, 김명찬입니다"라고 하는 것과 "안녕하세요. 강남에서 건물 구입과 매각을 도와드리고 중개하는, 그리고 건물 관리까지 하는 김명찬입니다"라고 소개하는 것은 전혀 다른 말이다.

나는 매일 아침 전날 임장한 물건을 광고하고 전화를 돌린다. 20여 년간 중개 일을 하면서 모은 연락처는 무수히 많다. 이렇게 쌓아 둔 연락처로 하루에 60~70통의 전화를 돌린다. 전화해서 건물을 소유하고 있는지, 건물을 매각했는지, 앞으로 구입 예정이 있는지 등을 묻고 안부도 살피면서 주변에 건물을 살 만한 사람이 있는지도 확인한다. 그렇게 라포르 형성이 되면 역시 명함을 보낸다.

누구에게 건넨 명함이 미팅 기회로 돌아올지 알 수 없다. 그러므로 언제나 수중에 명함을 꼭 챙겨 두고 있어야 한다. 결국 고객과의 미팅을 많이 잡는 사람이 계약도 많이 만들어 낸다.

고객은
어디에나 있다

　큰 강은 하늘에서 떨어진 작은 빗방울에서부터 시작된다. 빌딩 중개 역시 사소한 과정 하나하나에 정성을 기울여야 계약 성사에 이른다. 누구를 만나든지 항상 잠재 고객이라고 생각해야 한다.

　특히 신축 중인 빌딩을 예의 주시하자. 그 건물주가 나의 고객이 될 수 있다는 가능성을 염두에 두고 접근하는 것이다. 결과적으로 그 빌딩을 중개하지 않더라도 건물주는 빌딩을 지을 정도의 자산가다. 이러한 건물주와 인연이 생기면, 건물주 주변의 또 다른 자산가를 고객으로 소개받을 수도 있다.

　신축 중인 빌딩을 보면 건물주나 관계자를 찾아서 명함을 건네고, 회사 소개서를 전달해야 한다. 혹시 건물주가 빌딩을 짓자마자 매각하고 싶어 한다면 해당 물건이 어떤 유형의 매수인에게 적합한지 파악해서 신속하게 중개를 진행할 수도 있다. 당장 거래가 이루어지지 않더라도 지속적인 관심과 주기적인 피드백으로 건물주와의 관계를 이어 가야 한다. 시간이 흘러서 빌딩을 꼭 팔아야 하는 상황이 오면 급매로 처분할 수도 있는데, 이때 건물주와 신뢰 관계를 유지하고 있다면 중개 기회가 찾아올 것이다. 신축 빌딩에는 이 모든 가능성이 열려 있다.

우선 신축 공사 현장에 표시되어 있는 건물의 준공 일자, 소유자, 건물의 용도 등을 세밀하게 파악하자. 보통 신축 건물의 등록 절차는 '건축허가 → 착공신고 → 건물 완공 → 사용승인 → 건축물대장 → 건물 등기부등본 생성' 순서를 따른다.

미등기 상태의 건물은 사용승인을 받아서 건축물대장은 생성되었지만 건물 등기부등본은 아직 생성되지 않은 상태를 의미한다. 건축물대장을 통해 건축물 준공 여부와 건물 소유주를 확인할 수 있는데, 건물이 등기되지 않으면 건축물대장에 등재되지 않는 일이 많아서 소유주를 확인하기 어렵다. 따라서 신축 중인 건물은 반드시 토지 등기부등본까지 함께 확인해야 한다.

해당 빌딩에 관해서 신속하게 파악하기 위해서는 시공사 대표나 담당자를 직접 만나 소유주를 소개받는 것이 효율적이다. 매각 의사와 소유주 관련 세부 정보는 거래 가능성을 판단하고 전략을 수립하는 데 꼭 필요하기에 발 빠르게 움직여야 한다. 또한, 소유주 정보를 확인하는 과정에서 접촉하는 회사에도 부동산 매입에 관심이 있는지 문의해 보는 것이 좋다. 새로운 고객을 발굴할 기회이기 때문이다.

소유주를 확인한 다음에는 해당 빌딩이 속한 지역을 조사하고, 신축 중인 빌딩의 장점을 파악해야 한다. 이때 가장 중요한 것은 상품성이 있는지 판별하는 일이다. 상품성은 건물의 위치, 구조, 용도, 주변 인프라, 그리고 임대 및 매매 조건 등 다양한 요소에 의해서 결정된다.

상품 가치가 충분하지 않다고 판단되면 건물주를 설득할 방안을 찾

나는 빌딩 중개로 건물주가 되었다

아야 한다. 빌딩의 상품성을 높일 수 있는 전략을 모색해 시장에서 매력 있는 물건으로 만들어 내는 것이 프로의 중개 방법이다. 예를 들어, 임대 조건을 새롭게 설정하거나 인테리어 및 시설 보강 등으로 빌딩의 활용 가능성을 높이는 개선 방향을 제안할 수 있다. 매각되지 않는 빌딩은 대부분 시장에서 매력적으로 느낄 만한 요소가 없기 때문이다.

이어서 상품성을 강화하는 전략을 추가해 볼 수도 있다. 빌딩을 좀 더 경쟁력 있는 물건으로 탈바꿈시키는 것이다. 단순히 가격을 낮추는 접근을 넘어, 건물의 가치를 재정립하고 시장에서 돋보이게 만드는 종합적인 전략이 필요하다. 상업용 건물이라면 특정 업종에 적합한 임대인을 타기팅할 수 있고, 주거용 건물이라면 잠재 세입자의 요구를 충족할 만한 부가 요소를 추가할 수 있다.

이렇게 모든 조사를 완료한 후 건물주와 소통하거나, 자신이 중개로 소화할 수 있는 물건이라고 생각하면 적극적으로 전속중개 계약을 하는 것을 추천한다. 정기적으로 보고하고 적극적으로 진행한다고 하면 매도자에게도 중개사에게도 좋은 계약이 될 수 있다.

그런데 신입 중개인 중에는 매수자를 어디에서 찾아야 할지 모르는 이들이 종종 있다. 과거에는 매수자를 찾는 방법도 한정적이었지만 온라인 시대에는 다양한 방법이 존재한다. 우선 온라인 부동산 정보 사이트(부동산114, KB부동산 등)와 주식 사이트(한국거래소, 상장법인목록 등)에서 상장회사, 규모가 있는 회사 등의 목록을 정리한다. 그리고 해당 회사에 연락해서 부동산 담당자를 찾은 다음, 건물을 구입할 계획이 있는지 문을 두드려 볼 수 있다.

온라인 매각 사이트(밸류맵, 디스코 등)를 보다가 어떤 건물이 매각된 것을 확인하면 이전 소유주를 찾아보는 방법도 있다. 건물을 매각한 자금으로 다른 건물을 찾고 있을 수도 있기 때문이다. 건물을 매입한 현재의 건물주도 여유 자금이 있다면 또 다른 건물을 구입할 수 있으므로 역시 연락해 보자.

빌딩 분야에 발을 들였다면 언제 어디서든 빌딩에 관해 생각해야 한다. 고객은 어디에나 있기 때문이다. 우리나라에서 부동산은 부의 원천이나 다름없다. 인생을 좌우하기도 하는 부동산은 많은 사람의 관심사다. 특히 나 같은 빌딩 중개인은 모든 관점을 빌딩으로 디자인하는 버릇이 있다. 그렇게 해야 부동산 분야에서 성공할 수 있다.

나는 빌딩이 사람과 참 많이 닮았다는 생각을 자주 한다. 땅의 입지부터 건물의 구조와 디자인까지 살피다 보면, 마치 새로운 사람을 만나고 알아 가는 일처럼 느껴진다. 완벽한 조화를 이루어 그 자체로 흠잡을 데 없이 아름다운 빌딩이 있는가 하면, 겉보기에는 평범해 보이지만 자세히 살펴볼수록 독특한 매력을 품고 있는 빌딩도 있다. 때로는 단점이 너무 도드라져서 관심조차 가지 않던 빌딩이었는데, 깊이 들여다보니 숨겨진 가치와 매력을 발견하게 되는 일도 있다. 이런 생각이 들 때마다 내가 하는 일이 단순한 중개가 아닌, 빌딩에 담긴 이야기를 발견하고 가치를 재해석하는 작업이라는 생각이 든다.

우리는 매일매일 부동산을 떠나서는 살 수 없다. 단순히 거주하는 집만을 말하는 것은 아니다. 집을 나와서 가는 직장이 있는 건물부터 식당이나 카페, 놀러 가는 스키장, 골프장, 관광지 등등 우리가 향하는 모든 곳에 부동산이 있다. 언제 어디서든 빌딩을 생각해야 한다는 말은 어떤 상황에서도 부동산과 연결된 기회를 찾아야 한다는 뜻이다. 예를 들어,

나는 빌딩 중개로 건물주가 되었다

작은 카페에서 커피를 마시다가 좋은 맛에 감탄했다면 사장님과 이야기를 나누어 본다. 매출이 꽤 괜찮다면 건물을 사서 사업을 확장하는 방안을 제안할 수 있다. 당장은 어렵더라도 꾸준히 연락을 유지하다 보면 사업 확장 계획을 세울 때 자연스럽게 당신을 떠올릴 것이다.

특히 오래된 맛집 사장님들에게는 현재 운영 중인 건물이나 그 주변의 건물을 구입하라고 적극 추천한다. 한때 손님이 줄을 설 만큼 인기 있던 강남의 음식점 몇 곳은 당시 자금이 충분했음에도 건물 구입을 고려하지 않았다. 결국 다른 곳으로 이전하게 되었는데, 그전만큼 매출이 발생하지 않고 고객들의 연결성도 끊기면서 브랜드의 명성마저 희미해졌다. 이처럼 새로운 장소에서 다시 문을 열고 명성을 회복하지 못하거나, 미리 준비하지 못해서 영업장이 사라지는 안타까운 경우를 무수히 보았다.

나는 장사가 잘되는 식당에 가면 사장님에게 건물이 필요하면 연락 달라고 당부한다. 실제로 어떤 카페 프랜차이즈 사장님에게 전화가 와서 수십억짜리 본사 건물을 중개해 준 적이 있다. 현재 장사를 잘하는 것에서 멈추지 말고, 장기적인 안정성과 브랜드 가치를 유지하기 위해 건물을 소유하는 방안을 반드시 고민해야 한다. 이것은 사업의 지속 가능성을 보장하는 중요한 전략 중 하나다.

방문하는 장소의 사장님과 대화하면서 임대차 정보와 임대인에 관한 정보를 얻기도 한다. 자주 가는 식당이라도 요즘 장사는 잘되는지 스스럼없이 이야기를 나눠 보자. 그러다 보면 현재 임대차 가격의 추이와 주변 가게 및 건물주들의 사정을 알 수 있게 된다. 이렇게 잠재 고객을 발굴하는 것이다.

부동산은 일상과 밀접하게 관련되어 있기 때문에 일하고, 먹고, 즐기는 곳에서 고객을 만날 수 있다. 다양한 사람과 삶의 순간순간을 나누며 살아 있는 생생한 정보를 얻는 셈이다. 그게 빌딩 중개의 매력 중 하나다.

가게 임차료를 내고 있는 사장님들과 대화를 하다 보면 실물경제에 관해서도 알 수 있다. 중소기업과 소상공인은 국가 및 지역 경제의 핵심이기 때문이다. 그분들이 직접 들려주는 이야기는 그야말로 살아 있는 정보다. 어느 회사가 이전 계획을 가지고 있고, 누가 건물 매입 계획을 가지고 있는지 알게 되기도 한다. 그런 가운데 빌딩 중개에 관한 아이디어를 얻고 통찰력을 키울 수 있다.

사람에 따라서는 놀러 간 자리에서 명함을 건네는 일을 창피하게 생각할 수도 있다. 신입 중개인에게 이것을 권하면 대부분 바로 행동하지 못한다. 쭈뼛쭈뼛하다가 그만두는 직원이 대다수다. 당당하게 명함을 건네라고 말하지만, 당당함은 갑자기 생기는 게 아니다. 거절에 충분히 익숙해져야 당당함이 생긴다.

사실 명함을 건네받는 상대방은 별 생각이 없을 확률이 높다. 스스로 창피하게 여기기 때문에 머뭇거리는 것이다. 나 역시 처음 유튜브 촬영을 하려고 할 때 누군가 나를 보고 있다는 생각에 여러 번 카메라를 접은 적이 있다. 이처럼 스스로 창피하다고 생각하는 인식을 깨지 못하면 시작 자체를 할 수 없다. 낯선 사람에게 명함을 건네는 일은 인식의 문제이지, 옳고 그름의 문제가 아니다. 오히려 상대방은 여러분의 프로다운 행동에 호감을 느낄 수도 있다.

나는 건물주가 누구인지 알기 위해 빌딩에 찾아가서 말을 걸고 명함을 전달하는 일이 전혀 부끄럽지 않다. 내 일을 열심히 하는 데 부끄러울 이유가 없기 때문이다. 내가 하는 일을 많은 사람에게 알리고, 건물 매매

나는 빌딩 중개로 건물주가 되었다

를 원하는 사람이 있다면 소개해 달라고 말하는 것은 오히려 즐겁기까지 하다. 명함을 받은 사람이 나를 기억하거나 내 연락처를 다른 사람에게 전달하는 것은 얼마나 좋은 일인가. 내가 돈을 벌 수 있도록 아무런 대가도 없이 수고해 주고 있지 않은가. 이처럼 감사한 마음을 가지고 계속 사람들을 만나서 명함을 뿌리고, 빌딩 중개에 관해 이야기해야 한다.

나는 20년 전부터 이렇게 생활했고, 지금도 그렇다. 내가 당당하고, 자신감이 있을수록 전문가로 대접받게 된다. 임차인, 임대인, 건물주는 멀리 있지 않다. 모두 나의 생활 반경 안에 있다. 다만 아직 발견하지 못했을 뿐이다. 월례회, 학연이나 지연이 만들어 준 모임, 손님으로 가게 된 장소, 임장하러 간 건물의 경제력 있는 임차인……. 익숙한 곳과 새로운 곳 어디서든 고객을 만날 수 있다. 잠재 고객은 준비된 중개인에게만 돈을 준다. 그들은 숨겨진 보화나 다름없다. 중개인으로서 준비가 되었다면 가서 캐기만 하면 되는 것이다.

월마트의 창업자 샘 월튼Sam Walton은 다음과 같이 이야기했다. "보스는 단 한 사람, 고객뿐이다. 고객은 회장부터 그 아래 구성원까지 모두 해고할 수 있다. 고객이 다른 곳에 돈을 쓰면, 우리는 결국 일자리를 잃을 수밖에 없다."

빌딩 중개업에서도 고객의 존재는 무척이나 중요하다. 하지만 그렇다고 해서 고객 확보를 위해 무작정 여러 모임에 가입하거나 단순한 술자리 같은 사교적 만남에 시간을 낭비할 필요는 없다. 무작위적인 네트워킹보다는 기존 건물주와의 관계를 유지하고 발전시키는 것이 훨씬 더 많은 기회를 가져온다. 기존 건물주와 신뢰를 쌓으면 주변에서 매각 또는 매입 의사가 있는 사람들을 소개받는 일도 종종 발생한다.

과거에 성사시킨 거래의 건물주들에게 주기적으로 연락을 취하고 안부를 묻는 방식은 간단하면서도 매우 효과적이다. 이러한 노력이 쌓이면 신뢰가 구축될 뿐만 아니라 추가 거래의 가능성도 높아진다. 이때 중요한 것은 진정성을 담아서 꾸준히 소통하는 것이다. 고객은 중개인의 태도를 직감적으로 알아차리기에 진정성 없는 접근 방식은 오히려 신뢰를 무너뜨릴 수 있다. 가끔은 다소 간절해 보일 만큼 적극적으로 요청하는 전략도 필요하다. 때로는 이런 요청이 관계에 깊이를 더하고, 나아가 장기적인 협력의 기반이 된다.

중개인에게 시간은 곧 자산이다. 연간 10억 원 이상의 수익을 실현하기 위해서는 한 달에 약 1억 원, 하루로 환산하면 300만 원 이상의 이익을 창출해야 한다. 이 계산은 주어진 시간을 어떻게 활용해야 하는지에 대한 방향성을 제시한다. 시간을 허투루 쓰지 말고 중개 물건 관리, 매수자 발굴, 고객 관리 등 가치를 창출하는 본질적인 업무에 집중해야 한다. 비즈니스 세계에서 시간을 소홀히 다루는 것은 자신의 가치를 저평가하는 일이나 다름없다.

시간이 지날수록 어디에 주목해야 하고, 누구와 대화해야 하는지 판단할 수 있는 감각이 생긴다. 점차 효율적이고 전략적인 시간 활용이 가능해지며, 생산성과 전문성을 동시에 강화할 수 있다. 무의미한 대화나 비생산적인 만남을 지양하고 전략적으로 관계를 구축하면서 자신의 가치를 지속적으로 증명해 나가는 태도는 궁극적으로 증개인의 신뢰도를 결정짓는 요인이 된다.

나는 빌딩 중개로 건물주가 되었다

고객을 체계적으로
분류하라

전문 빌딩 중개법인에 속한 직원이라면 회사가 보유한 고객 관리 시스템을 활용해서 고객을 관리할 수 있다. 중개법인의 우열은 바로 이 고객 관리 시스템을 통해 드러난다.

과거에는 사람이 모든 것을 관리했지만, 지금은 아니다. 사람과 시스템이 시너지 효과를 발휘해서 계약이 이루어진다. 따라서 빌딩 중개를 막 시작하는 신입 중개인이라면 영업 매뉴얼과 고객 관리 시스템이 잘 갖춰진 회사를 선택해야 한다. 이러한 매뉴얼과 시스템을 적절히 활용하면 자신의 고객 관리도 효과적으로 수행할 수 있기 때문이다. 이것이 성공의 발판이 될 것이다.

고객만 빌딩 중개인을 선택할 수 있는 것은 아니다. 빌딩 중개인도 고객을 선택할 수 있다. 빌딩 중개인은 잠재 고객을 선별하고 만나는 과정을 반복한다. 이 과정에서 수시로 자신이 정해 놓은 기준에 따라 고객을 분류하는 작업을 해야 한다.

고객 관리의 바탕은 고객의 요구 사항을 잘 기록하고 기억하는 것이다. 회사에 고객 관리 시스템이 없다면 개인적으로 문서 파일을 만들어서 정리해 두어야 한다. 시중에 나온 간단한 엑셀 프로그램이나 관리 프로그램 등을 활용하면 된다. 고객 상담을 할 때마다 수첩이든 태블릿 PC든 들고 다니면서 정보를 기록하는 것이 중요하다. 고객은 메모를 하는 중개인을 신뢰한다. 메모를 하면 정보를 좀 더 체계적으로 관리할 수 있다.

상담 내용을 정리할 때 매수자의 경우에는 가장 먼저 재정 상태와 자금 계획을 파악해서 보유한 현금 및 대출 가능 여부를 기록하고, 이 자금이 투자용인지 실사용 목적인지 구분한다. 이를 통해 예상 거래 규모와 지급 방식을 정리할 수 있다. 또 매수자가 선호하는 지역과 매물의 조건을 구체적으로 기록한다. 역세권, 주거지, 상권 밀집 지역 등의 구체적인 입지 조건과 건물 유형, 원하는 시설 조건 등을 세분화해서 정리한다. 이와 함께 구매 희망 시점과 거래 진행 속도에 관한 선호도를 파악하고, 특별한 요청 사항이나 우선순위가 있다면 반드시 기록해 둔다.

매도자의 경우에는 매물의 기본 정보를 가능한 한 빠짐없이 기록하는 것이 가장 중요하다. 건물의 위치, 면적, 층수, 준공 연도 등의 기본 정보뿐만 아니라 리모델링 이력과 유지·보수 상태도 함께 기록한다. 상담할 때 매각을 원하는 이유와 목표 가격, 최소 협상 가능 가격을 비롯해 매각 예상 시점이나 시간적 제약이 있는지도 확인해서 정리한다. 또 등기부등본에 등재된 사항이나 매각 시 해결해야 할 법적 문제를 사전에 확인하고, 임대 계약 상태나 공실 여부 같은 임대 현황을 상세히 기록한다. 이밖에 매각을 비공개로 진행하길 원하는지, 매수자의 자금 출처나 신용도에 관한 선호도가 있는지도 기록해 둔다.

매물을 정리할 때 어떤 부분이 중요한 실마리가 될지 알 수 없기 때문에 되도록 많은 것을 기억하는 것이 좋다. 고객 감동은 여러분이 생각하지도 않은 곳에서 찾아올 수 있다.

이 모든 정보를 효과적으로 정리하기 위해서는 체계적인 도구를 활용해야 한다. 엑셀이나 CRMCustomer Relationship Management 등의 소프트웨어를 사용해서 상담 내용을 항목별로 정리하면 필터링 기능으로 필요한 정보를 빠르게 찾을 수 있다. 매물 사진이나 도면, 위치 정보는 별도의 폴더에 저장해서 상담 자료와 연동하면 더 효율적이다. 또한, 고객 정보를 정기적으로 업데이트하며 연락을 유지하면 더욱더 밀착 관리를 할 수 있다.

고객 관리에서는 세심하고 정확한 기록이 무엇보다 중요하다. 통화 내용은 물론이고, 여러 사소한 정보까지 잘 정리해 놓으면 큰 자산이 된다. 또한 상담 내용뿐만 아니라 매물 자체의 정보와 거래 내역도 체계적으로 정리해 두어야 한다. 이를 통해 언제든지 필요한 정보를 쉽게 찾아볼 수 있도록 해야 한다. 과거의 거래 내역은 현재와 미래의 거래에 도움이 될 수 있다.

참고로 고객 상담을 할 때는 관리 파일을 만들었던 실력을 바탕으로 깔끔하게 인쇄된 자료를 가지고 가면 신뢰를 얻을 수 있다. 정리된 자료를 제시하는 것만으로도 고객은 호감을 느낀다. 특히 상담 실력이 떨어지는 신입 중개인일수록 이러한 방법을 적극적으로 활용해야 한다. 자료가 부족한 상담 실력을 보완해 주기 때문이다.

현대 경영학의 창시자로 불렸던 미국의 경영학자 피터 드러커Peter Drucker는 이렇게 말했다. "측정할 수 없다면 관리할 수 없고, 관리할 수 없으면 개선시킬 수도 없다." 고객 관리의 기본은 적어 두는 것이다. 적어 두면 관리가 편하다. 그리고 관리할 수 있으면 실적을 측정할 수 있다. 측정할 수 있으니 관리가 되고, 개선할 수도 있는 것이다.

매수인과 매도인, 그리고 임차인까지 모두 제대로 관리하기란 쉽지 않다. 이때 고객 상담 카드를 만들면 모든 고객을 효과적으로 관리할 수 있다.

고객 상담 카드를 만들 때는 고객을 등급별로 분류한다. 결국 중개의 꽃은 거래이고 계약이다. 냉정하게 말하면, 계약이 이루어지지 않으면 그 전까지의 과정이 아무리 훌륭해도 크나큰 의미를 부여할 수 없다. 고객의 등급은 다음과 같이 분류하는 것이 좋다.

첫째, 단기간(예를 들어, 3개월 이내)에 계약이 가능한 고객은 A 등급으로 분류한다. 잘나가는 빌딩 중개 회사에는 A 등급 고객이 많다. 물론 A 등급 고객이 항상 고정적이지는 않다. 지속적인 피드백을 통해서 계속 관리해야 A 등급 고객의 수를 유지할 수 있다.

둘째, 미래에 계약할 가능성이 큰 고객은 B 등급으로 분류한다. B 등급의 고객은 언제든지 A 등급의 고객이 될 수 있다. 현재는 특별한 계약 의사가 없지만 계기만 생긴다면 어느 순간 A 등급이 될 고객이다.

셋째, C 등급은 대단한 자산가는 아니지만 다양한 영향력을 발휘할 수 있는 고객이다. 주변 사람을 소개할 가능성을 염두에 두는 것이다. 현재는 직접 건물을 살 수 없지만, 자산가를 소개할 수는 있다. 따라서 종종 빌딩 중개 사정을 알려 주는 것이 좋다. 연말이나 명절에 작은 선물이라도 보내면, 여러분을 좋은 파트너로 기억할 것이다.

한번 고객의 등급을 분류했다고 해서 그대로 고정되는 것은 아니다.

계속 업데이트해야 한다. 가장 최신의 정보를 축적하면, 그게 바로 나만의 영업 비밀이 된다.

미국의 자동차 회사 포드Ford의 창업자인 헨리 포드Henry Ford는 고객에 관해서 이렇게 말했다. "임금을 지불하는 사람은 고용주가 아니다. 고용주는 돈만 관리한다. 임금을 지불하는 사람은 고객이다."

그 중요성을 아무리 강조해도 지나치지 않은 것이 고객이다. 고객이 있기에 중개인이 존재하는 것이다. 내가 큰돈을 벌 수 있었던 것도 엑셀에 기록해 둔 고객들 덕분이다.

내가 처음 빌딩 중개를 시작했을 때 몇 개월은 수입이 없었다. 하지만 빌딩 중개에 내 인생을 투자한 이후 100여 명의 직원이 있는 빌딩 전문 중개법인에서 5년 동안 매출 1등을 놓치지 않았다. 삼성역에서 신사역까지 수없이 걸어 다니며 수차례 구두 굽을 갈았다. 다른 어떤 중개인보다 많은 매물을 보고, 많은 사례를 분석하기 위해 애썼다. 임장했던 물건이 기억나지 않으면 다시 또 임장을 가기도 하면서 정말 열심히 했다. 같은 회사에서 일했던 어떤 팀장은 나에게 "같이 밥 한번 먹기 힘들다" "돈에 환장했다"는 말도 서슴없이 했다. 그만큼 빌딩 중개에 나의 모든 것을 걸었다.

당시 일하던 회사에서는 팀장이 빌딩 계약에 성공하면, 사무실 입구에 이름과 계약 축하 문구를 붙였다. 그리고 이 내용을 다른 팀장들에게 문자로 알렸다. 매달 내 이름과 '축 계약'이란 문자가 보내졌다. 어떤 때는 한 달에 3~4번씩 계약 축하 문자가 보내지곤 했다.

다른 팀장들은 나에게 부러움과 시샘이 가득한 눈길을 보냈다. 나는 강남의 빌딩 중개법인 업계에서 중개를 잘하는 팀장, 실력 있는 팀원을 거느린 팀장으로 소문이 났다. 빌딩 중개를 잘할 뿐만 아니라, 팀원들이 계약을 할 수 있도록 잘 가르친다는 소문이었다.

이것은 중개 일을 하면서 만난 수많은 고객을 잘 분류하고 관리해서 얻은 결과였다. 따라서 언제든 고객을 만날 기회가 생기면 그 자리에 나 갈지 말지 고민해서는 안 된다. 모든 계약은 고객을 만나는 과정에서부터 시작되기 때문이다.

하루 8시간만 근무하는 직장인을 꿈꾸고 워라밸을 원한다면, 월급받는 직장에 다니거나 정해진 시간만 일하는 아르바이트를 해야 한다. 하지만 100억 원 이상의 자산을 갖고 싶은 꿈이 있다면, 성실함을 바탕으로 남보다 더 공부하고 도전해야 한다. 좋은 인풋이 있어야 좋은 아웃풋이 있지 않겠는가? 세상에 공짜는 없다. 노력해야 그만큼 얻을 수 있다.

고객 관리도 노력이다. 최대한 많은 사람을 만나야 한다. 그렇다고 해서 단순하게 만나는 데서 그쳐서는 안 된다. 그 고객이 어떤 등급의 보석인지 잘 분류하고 관리해야 한다. 다이아몬드와 구리를 같은 노력으로 관리하는 사람은 없다. 다이아몬드는 다이아몬드처럼 관리하고 구리는 구리처럼 관리해야 한다. 처음에는 어렵지만 시간을 들이고 노력을 기울이는 순간 자연스럽게 안목이 생기고, 안목이 생기면 관리하는 방법을 알게 될 것이다. 그렇게 해서 고객 관리 방법을 터득하게 되면, 경제적 자유가 여러분에게 주어지는 것은 결국 시간문제다.

나는 빌딩 중개로 건물주가 되었다

고객의 **니즈**를
파악하라

고객이 빌딩을 매수하는 목적은 참으로 다양하다. 사옥으로 사용하기 위해서 매수하는 사람이 있고, 임대 수익을 위해서 매수하는 사람이 있다. 이러한 고객의 니즈를 잘 파악해야 그에 맞춰 적절한 빌딩을 중개할 수 있다.

고객의 니즈에 맞는 빌딩을 중개하면 자연스럽게 고객 만족이 높아질 수밖에 없고, 이는 또 다른 거래 및 새로운 고객 확보로 이어진다. 따라서 가장 보편적인 빌딩 매수의 목적을 알아보고, 고객의 니즈에 부합하기 위한 중개 방법을 고민해 보자.

빌딩을 매입하는 목적을 크게 분류하면 직접 사용(사옥형, 주거＋임대＋사업장형)과 수익형(임대 수익형, 양도차익 투자형)으로 나눌 수 있다. 각각 다음과 같은 특징이 있다.

① 직접 사용

첫째, '사옥형'이다. 사업가 입장에서 현재 임차한 건물의 임대료가 높다면, 그대로 임대료를 지출하면서 사업을 해야 할까? 만약 사업이 잘되거나 사업을 확장하고 싶다면 사옥으로 쓸 건물을 구입해서 시세 차익까지 노리는 게 훨씬 현명할 수 있다. 건물을 구입할 때 은행 대출을 받을 테니, 대출이자를 임대료라고 생각하면 마음 편하게 사옥을 매수할 수 있다. 대출을 잘 이용하면 현재의 임대료보다 싼 이자로 지출을 줄일 수도 있다. 이런 이유로 사옥을 매입하려는 법인이 늘고 있는 추세다.

사옥을 마련하면 건물을 회사의 가치에 걸맞게 리모델링해서 브랜드 이미지를 높일 수 있다. 고급스러운 사옥은 고객에게 신뢰감을 준다. 회사의 목표와 가치를 반영한 디자인 요소를 사옥에 적용해서 직원들의 일체감 형성에 기여할 수도 있다.

또한, 사옥을 가지고 있으면 임대료 인상과 임대 계약의 불확실성에서 자유롭다. 물가나 땅값이 오르면 건물의 시세 상승을 덤으로 얻을 수 있기에 경제적 안정성과 수익성 면에서도 이익이다.

하지만 빌딩 매수 시 초기 투자 비용이 크고 유지·관리 비용도 발생하므로, 재무적인 측면을 잘 고려해야 한다. 매입할 빌딩에 계약 기간이 남은 임차인이 있다면, 최초 계약일과 만기일도 잘 확인해야 한다. 임차인의 명도 및 인테리어 공사 기간 등도 고려해서 이전 계획을 세워야 불필요한 지출을 막을 수 있다.

그밖에 현재 사용 중인 사무실 면적과 매입할 빌딩의 면적을 비교하고, 주차 공간이나 빌딩 내 사무실 위치 등도 고려해야 한다. 교통 여건 등을 분석해서 직원들의 출퇴근에 불편함이 없는지도 확인해야 한다. 사옥형 빌딩을 중개할 때는 이러한 부분을 잘 확인하고 분석해서 고객에게 브리핑한다.

나는 빌딩 중개로 건물주가 되었다

둘째, '주거＋임대＋사업장형'이다. 한마디로 복합 목적의 빌딩이다. 직접 주거하거나 사업장으로 사용하는 동시에 임대 수익도 기대할 수 있다.

안정적인 임대 수익을 얻기 위해서는 위치가 중요하다. 빌딩이 속한 지역의 경제 상황, 인구 변동성, 교통 접근성 등을 고려해서 수요가 많고 임대 수익이 높은 빌딩을 찾아야 한다. 이때 매수자가 주거도 고려하고 있다면, 주거의 쾌적성은 어느 정도 손해를 봐야 한다. 그래야 임대가 잘되는 건물을 선택할 수 있다.

사실 나는 주거하면서 임대하는 것을 별로 추천하지 않는다. 매수 고객 중에는 직접 주거하면서 사업장으로도 사용하고 임대도 하는, 삼박자를 모두 충족하는 물건을 찾는 사람들이 있다. 하지만 이러한 조건에 딱 맞는 물건은 드물다. 그래서 나는 주거는 주거지로 괜찮은 지역에 마련하는 것이 어떤지 의견을 묻는다.

임대 수익을 기대한다면 어떤 업종, 어떤 임차인에게 임차를 주어야 하는지도 따져 봐야 한다. 임대를 조화롭게 구성해서 수익을 극대화할 수 있는 방법을 모색해 브리핑하면, 고객이 좋은 결정을 내리는 데 도움을 줄 수 있다.

② 수익형

첫째, '임대 수익형'이다. 노후에 고정적인 수익을 원하는 고객에게는 가격 대비 임대 수익이 많이 들어오는 건물이 좋다. 보통 빠르게 매각되지 않는 지역에 위치해 있거나, 시세 차익의 투자 가치가 낮은 건물일 경우가 많다.

매도자는 매각 문의가 많으면 매매 가격을 높이고, 매각이 잘 안 되면 매매 가격을 낮춘다. 건물의 매매가가 낮아지면 상대적으로 임대 수익률(임대료 대비 매매가 비율)이 올라간다. 투자 가치와 임대 수익률은 서로 상반되는 경향을 보이므로 적절한 균형을 찾는 것이 중요하다.

임대 수익률이 높은 매물을 원하는 매수자에게는 안정적인 임대사업이 가능한 빌딩을 찾아서 브리핑해야 한다. 위치적으로 공실에 대한 리스크가 별로 없거나, 물리적으로 보수를 하지 않아도 되는 신축 건물이 적절하다.

둘째, '양도 차익 투자형'이다. 빌딩의 미래 가격 상승이 목적인 경우다. 저금리로 인해 저축을 포기한 고객이 더 나은 경제적 이익을 위해 빌딩을 매입하려고 하거나, 고정적인 월수입이 있어서 임대 수익이 크게 중요하지 않은 고객 등이 이에 해당된다. 이럴 때는 토지 가치와 지가 상승으로 인한 시세 차익을 기대할 수 있는 빌딩을 찾아야 한다.

물론 투자형도 투자 가치와 임대 수익을 모두 충족하는 것이 좋다. 투자형이라도 임대 수익을 무조건 무시할 수는 없고, 투자 가치와 임대 수익은 상호 보완적일 수 있기 때문이다. 둘 다 충족될 때 투자의 안정성과 수익성을 더욱 높일 수 있다.

하지만 투자 가치가 있는 빌딩의 매도인이 높은 매매 가격을 제시하면, 건물 매매가 대비 임대 수익률이 낮아진다. 이때 매수자가 투자의 고수라면, 임대 수익이 적어도 빌딩의 가치가 높으면 과감히 투자한다. 생각해 보라. 토지와 시세 차익이 바로 부동산의 가치다. 그것을 보고 투자하는 것이 맞다. 그래서 나는 임대 수익만 바라보는 투자는 그다지 추천하지 않는다.

　　　　　　　　　　나는 빌딩 중개로 건물주가 되었다

③ 투자 고객을 위한 통임대

투자가 목적인 고객 중에는 통임대를 원하는 이들이 종종 있다. 따라서 빌딩 중개인은 통임대의 장단점도 잘 알고 있어야 고객의 니즈에 맞는 맞춤 중개를 할 수 있다.

'통임대'란 건물을 층별, 호수별로 임대하지 않고 통째로 임대하는 방식이다. 규모가 큰 회사는 통임대 형태로 건물 전체를 임대해서 사무실로 사용하기도 한다. 상가의 경우에는 대형 패션 브랜드나 화장품 브랜드가 플래그십flagship 매장으로 활용하기 위해서 건물 전체를 임대하기도 한다.

그렇다면 투자 고객의 입장에서 통임대를 하면 어떤 장점이 있을까?

첫째, 공실이 없다. 빌딩을 통째로 임대하므로 당연히 공실이 있을 수 없다. 빈 공간이 없기 때문에 매달 임대료가 보장되어 수익률이 높다는 장점도 있다.

둘째, 임차인 관리가 편하다. 건물을 층별, 호수별로 임대하면 각각 계약 기간 및 임대료가 달라서 관리가 복잡하다. 하지만 통임대를 하면 한 임차인만 관리하므로 편하다.

셋째, 장기 임대가 대다수다. 유명 브랜드 매장은 인테리어에 많은 비용을 투자한다. 따라서 그 비용을 회수하기 위해 보통 5~10년가량 장기 임대하는 사례가 많다. 장기간 임대가 보장되기 때문에 그만큼 수익이 안정적이다.

넷째, 계약에 따라 건물 관리 비용에서 자유로울 수 있다. 보통 통임대는 임차인이 건물을 청소하고 관리한다. 건물주가 건물의 유지 및 보수 비용 일부를 부담하더라도 비용 전체를 부담하는 것보다는 지출이 적다.

하지만 통임대에는 다음과 같은 단점도 있다.

첫째, 임차인이 나가면 건물 전체가 공실이 된다. 통임대의 장점이 단점으로 뒤바뀌는 것이다. 임차인이 나가면 임대 수익도 한꺼번에 전부 사라지기 때문에 그만큼 리스크가 크다.

둘째, 수요가 많지 않다. 통임대를 하려면 많은 비용이 들기 때문에, 큰 규모의 업체만 통임대를 찾는다. 따라서 임차인을 구하기가 쉽지 않다.

TIP

빌딩 투자의 핵심은 시세 차익

사업가가 기업을 운영하면서 필요한 비용 중 하나는 사무실 임대료다. 사업을 위해 공간을 빌리면서 임대료를 납부하기 때문이다. 건물을 소유하면 이러한 임대료 지출을 줄일 수 있다. 물론 사업용 빌딩을 매입하는 일은 매우 큰 자금이 필요하기에 쉽게 결정할 수 없다. 하지만 적절한 은행 대출을 이용하면 임대료보다 적은 대출이자를 내면서 사업할 수 있기도 하다.

빌딩을 소유했을 때의 가장 큰 장점은 시세 차익이다. 추후 사업 이전 등의 이유로 건물을 매각하게 되면 시세 차익을 얻는 것이다. 이러한 차익은 사업을 하면서 벌어들이는 수익보다 많을 수도 있다. 따라서 미래를 생각하면 사무실을 임대해서 사업을 운영하는 것보다 사옥을 구입하는 것이 훨씬 더 이익이다.

부동산 시장은 점차 당장의 이익보다 미래의 이익에 투자하는 시장으로 바뀌고 있다. 모든 자산이 그렇지만, 특히 부동산은 오늘이 제일 싸고 내일이 가장 비싸다. 긴 시간을 두고 보면 그렇다는 뜻이다. 하락장에 떨어지는 가격보다 상승장에 오르는 가격의 폭이 훨씬 크다. 하락장이 찾아와도 장기적으로 결국 오르게 되는 것이 부동산이다. 금리가 올라가는 속도보다 매입한 빌딩의 자산 가치가 오르는 속도가 훨씬 빠르다.

나는 빌딩 중개로 건물주가 되었다

나는 빌딩 투자의 수익은 임대료보다 시세 차익에 있다고 생각한다. 건물은 시간이 흐름에 따라 노후하면서 가치가 떨어지지만, 땅의 가치는 영원히 변하지 않는다. 우리나라 국토는 거주 지역이 자치하는 비율이 매우 적고 국민 대부분이 대도시에 거주하기 때문에 좋은 입지의 땅은 계속해서 가치가 오를 것이다. 그러므로 빌딩 투자에서도 임대료 수익보다 시세 차익을 노리는 것이 합리적이다.

임대 수익도 좋지만 시세 차익은 더욱더 높은 투자 가치를 제공한다. 물론 임대 수익과 시세 차익을 동시에 추구할 수도 있다. 하지만 결국 시세 차익을 중심으로 빌딩 투자를 고려해야 한다. 투자 목적의 빌딩 구매가 아니더라도 중개사는 고객에게 최대의 시세 차익을 안겨 줄 수 있는 서비스를 제공하기 위해 노력하다 보면 좋은 매물을 찾아서 성공적으로 중개할 수 있게 될 수밖에 없다.

신뢰로
고객의 마음을 훔쳐라

　고객과 신뢰 관계를 형성하는 일은 고객 관리의 기본 중에서도 기본
이다. 신뢰가 무너지면 다 무너진다. 이처럼 중요한 신뢰를 굳건하게 하기
위해서는 투명하고 정직한 서비스를 제공하는 것이 무엇보다 중요하다.

　세계적인 항공사인 스칸디나비아항공의 최연소 CEO였던 스웨덴 출
신의 경영자 얀 칼슨Jan Carlzon은 『MOT 진실의 순간 15초』라는 책에서
진실의 순간Moment of Truth을 15초로 잡고 있다. 고객의 마음을 사로잡
아 기업의 팬으로 만드는 시간이 15초라는 것이다. 그만큼 고객의 신뢰
는 짧은 순간에 결정된다. 이 얘기는 변심하는 데도 그만큼 짧은 시간이
걸릴 수 있다는 의미이기도 하다. 고객은 한번 마음이 떠나면 다시 돌아
오는 일이 드물기 때문에 방심해서는 안 된다.

　빌딩 중개는 고객과의 소통과 신뢰를 바탕으로 성공적인 거래를 이끌
어 내야 하는 일이다. 따라서 고객의 말을 주의 깊게 듣고, 요구 사항을
세심하게 파악해야 한다. 고객이 진정으로 원하는 것을 이해하고 공감해
야 성공적으로 중개를 할 수 있다.

　　　　　　　　　　　　　　　나는 빌딩 중개로 건물주가 되었다

앞서 이야기한 대로 고객과 만나서 이야기를 나누고 니즈를 파악한 후에는 어떤 매물이 가장 적합한지 판단한다. 이때 고객의 상황과 고민 등을 충분히 이해하고 일방적인 안내가 아닌, 고객과의 상호작용을 통한 눈높이에 맞는 프레젠테이션을 제공해야 한다.

고객의 신뢰를 얻을 수 있는 방법을 간단하게 정리하면 다음과 같다.

첫째, 중개인의 전문성을 보여 주어야 한다. 자격증이나 학위 증명서, 그리고 경제 전문 지식, 빌딩 매매 사례 연구 등을 통해서 부동산 전문가의 면모를 드러낼 수 있다. 이렇게 하면 고객은 중개인의 역량을 신뢰하게 된다.

둘째, 성실하고 정직해야 한다. 약속을 잘 지키고, 일관된 서비스를 제공해서 고객에게 믿음을 준다.

셋째, 의사소통을 할 때는 명확해야 한다. 고객의 질문에는 신속하게 정확한 답변을 제공한다.

넷째, 고객의 요구 사항을 적극적으로 해결해야 한다. 고객이 원하는 바를 미리 파악하고 기대를 초과하는 서비스를 제공한다. 이와 더불어 고객의 선호를 고려한 맞춤형 서비스를 제공해야 한다.

다섯째, 감사의 마음을 표현한다. 고객에게 감사의 마음을 전달하면서 고객을 소중하게 생각한다는 것을 느끼게 해야 한다.

빌딩 중개를 위해 시간과 노력을 기울였으니 '중개 보수만 받으면 끝'이라고 생각하는 순간, 고객과의 관계도 끝이다. 관계가 끝나면 그 고객을 통해 파생될 수 있는 다음 중개도 끝이다. 고객이 먼저 이야기하기 전에 무엇을 해 줄 수 있는지 고민해야 고객의 마음을 훔칠 수 있다. 모든 것은 고객을 중심으로 돌아가야 한다.

이제부터는 고객의 신뢰를 얻을 수 있는, 얼핏 사소해 보이지만 아주 중요한 노하우를 구체적으로 살펴보자.

① 신뢰를 얻는 고객 응대법

빌딩 중개인은 개인이 곧 하나의 기업이나 다름없다. 그중에서도 서비스 기업이다. 고객을 대하는 태도는 서비스의 수준을 만든다. 단정한 차림새, 진심 어린 말과 행동, 신뢰감을 주는 목소리, 악수할 때의 매너, 친절한 태도 등에서 느껴지는 사소하지만 특별한 차이가 고객의 신뢰를 얻는 데 긍정적인 영향을 미친다.

빌딩 중개인은 적게는 수십억 원, 많게는 수천억 원짜리 빌딩이라는 초고가 상품을 다룬다. 그리고 이러한 빌딩을 소유한 이들은 대부분 우리나라 상위 0.1~1퍼센트에 속하는 자산가다.

상황이 그렇다 보니 빌딩 중개 전문가들은 차림새에도 신경을 많이 쓴다. 나를 포함해서 실제로 옷을 대충 입고 다니는 빌딩 중개인은 거의 없다. 고객을 상대하는 업무를 하는 사람이라면 누구나 그렇겠지만, 특히 빌딩 중개인은 좋은 인상을 유지해야 한다. 물론 옷차림처럼 눈에 보이는 게 전부는 아니다. 하지만 겉모습 때문에 내면을 보여 줄 기회 자체를 놓친다면 너무나 아쉬운 일이다.

고객을 만날 때는 아무리 급해도 등산복, 골프복, 트레이닝복 등은 피해야 한다. 은행에 갔는데 직원이 등산복을 입고 있다고 상상해 보자. 직원에 대한 신뢰가 반감되는 느낌이 든다. 빌딩 중개인도 마찬가지다. 말쑥한 복장으로, 정중하고 예의 바르게 고객을 응대해야 한다. 따라서 깔끔한 정장 차림을 유지하는 것이 좋다.

신은 마음을, 사람은 겉모습을 먼저 본다고 하지 않는가. 우리는 신이 아니다. 옷차림은 중개인에 대한 평가뿐만 아니라 태도에도 영향을 미친다. 이 사실을 명심하자.

옷차림은 겉모습인 동시에 마음가짐이기도 하다. 복장이 흐트러지면 마음도 흐트러지게 마련이다. 빌딩 중개는 짧은 시간에 마무리되는 일이 아니다. 달리기에 비유하자면 단거리보다는 마라톤에 가깝다. 그 시간 동안 한결같은 마음가짐을 유지하려면, 단정하고 깔끔한 복장 역시 유지해야 한다.

초록은 동색, 가재는 게 편이다. 사람들은 자기와 비슷한 사람을 좋아하는 반면, 공통점이 없는 사람에게는 반감을 느끼는 경향이 있다. 누구나 이야기를 나누다 보면 몇 가지 공통점을 발견할 수 있다. 그러다 보면 정이 들고 좋아진다. 이렇게 호감도가 커지는 것은 보편적인 현상이다.

따라서 고객과 좋은 관계를 유지하고 싶다면 자주 만나자. 자주 만나는 일이 어렵다면 주기적으로 안부를 묻고, 책이나 신문기사 등에서 상대가 흥미를 느낄 만한 내용을 발견하면 공유하면서 소통하자.

고객과의 통화 내용을 녹음해서 들어 보는 것도 서비스 개선에 도움이 된다. 그래서 나는 일부러 통화 녹음 기능이 있는 핸드폰을 사용한다. 통화 내용을 들으면 나에게 부족한 부분을 발견할 수 있다. 얼마나 논리적으로 질문하고 답변했는지 파악할 수 있는 동시에 나의 말투를 객관적으로 확인할 수도 있다. 개선할 점이 있다면 메모해 두고, 점차 수정해 나가야 한다. 연습은 변화를 만들고, 변화는 미래를 바꾼다.

빌딩 중개인은 멘탈 관리도 잘해야 한다. 일하다 보면 스트레스를 받을 때가 많다. 이때 나도 모르게 짜증 어린 말투가 튀어나오기도 한다.

한번은 내가 온라인 사이트에 광고한 물건을 본 고객이 연락을 해 왔다. 나중에 알고 보니 강남에서 건물을 많이 구입하는 매수자로 정평이 나 있는 고객이었다. 웬만한 빌딩 중개인보다 더 많은 물건을 알고 있었다. 시장에 나온 것 중 그 고객이 확인하지 않은 물건은 거의 없을 정도였다. 많은 중개인이 시장에 괜찮은 물건이 나오면 그 고객한테 1순위로 자료를 보냈다. 그만큼 중요한 큰손이었다.

당시 내가 광고한 물건은 독점으로 관리하는 매물이었다. 당연히 나는 자신 있게 물건에 관해 설명했다. 그런데 기대와 달리 고객의 대답이 통명스러웠다. "뭐 그렇게 중요한 물건이라고. 그냥 번지수를 알려 주면 되지. 거참 이상하네." 누군지도 잘 모르는 고객이 이렇게 말하니 예민하게 대꾸할 수밖에 없었다. 나도 모르게 말투에 짜증이 어린 것이 기분 나빴는지, 고객은 알겠다고 말하고 전화를 끊었다.

결국 그 물건은 나중에 다른 중개인과 공동중개를 하게 되었다. 계약하기로 한 날 다른 중개인이 매수자를 데리고 왔는데, 매수자가 이전에 나에게 연락한 적이 있다고 했다. 알고 보니 통화했던 바로 그 고객이었다. 그는 내가 물건에 관해 알려 주지 않아서 기분이 나빴다고 했다. 그래서 예전에 거래했던 중개인을 통해 계약하는 것이라고 했다. 지난 통화로 단독 계약의 기회를 놓친 것이다. 만약 고객에게 전화가 왔을 때 끝까지 친절하게 응대했다면 단독으로 계약을 진행했을 것이다. 다시 한번 고객 응대의 중요성을 깨닫게 된 계기였다.

고객과의 친밀감을 증폭하기 위해서는 스킨십도 중요하다. 고객과의 스킨십이라고 해서 의아하게 생각할 필요는 없다. 보통 악수를 말한다.

악수는 간단한 스킨십이지만 상대방에게 결례가 되지 않게 주의해야

나는 빌딩 중개로 건물주가 되었다

한다. 윗사람에게 먼저 손을 내밀지 말아야 하며, 악수 시간은 2초를 넘지 않는 것이 좋다. 손을 너무 세게 잡거나, 반대로 너무 느슨하게 잡는 것은 좋지 않다. 서로 손을 맞잡고 상대방의 눈을 보면서 가볍게 미소를 지을 수 있는 정도가 적당하다. 또한, 남성은 여성에게 악수를 청하지 않는 것이 예의라고 한다. 하지만 여성은 남성에게 악수를 청해도 된다. 남성이 여성과 악수할 때는 가벼운 정도로 손을 잡아야 한다.

부자 중에는 악수로 상대방의 배경이나 성향을 파악하려는 이들이 있다. 악수 방식, 손의 촉감, 악력 등을 통해서 상대에 관해 추측하는 것이다. 보통 세습으로 부를 물려받은 사람은 손이 부드럽고 유연한 경우가 많다. 이들은 대개 육체노동보다는 상속받은 유산을 잘 관리해서 재산을 지키고 증식해 왔기에 손에서 고생의 흔적이 느껴지지 않는다. 반면에 스스로 부를 일궈 낸 사람은 대개 거칠고 단단한 손을 가지고 있으며, 악력이 강한 경우도 많다. 이들의 손에는 치열한 삶의 흔적이 남아있다. 흥미로운 점은 세습 부자 중 일부는 고생 없이 부를 축적했다는 사실을 은연중에 드러내고 싶어 한다는 것이다. 그들만의 정서에서 비롯된 자부심 같은 것인데, 가끔은 악수를 통해서 상대방이 이를 알아차리기를 기대한다.

이처럼 악수는 단순한 인사를 넘어 첫인상을 결정짓는 요소가 되기도 한다. 당연히 손과 손톱을 깔끔하게 관리하는 것은 상대방에게 호감을 심어 줄 수 있는 작은 디테일이다. 이러한 세심한 준비는 때로는 예상치 못한 긍정적인 결과를 가져올 수 있다.

빌딩 중개 시장에서 만나는 사람 중에는 유명인사도 많다. 그들과 악수를 나눌 때는 이렇게 미리 양해를 구해도 좋다. "사장님, 제가 평소에

존경하고 있었는데 직접 만나니 영광입니다. 악수를 청해도 되겠습니까?"라고 허락을 구한다면 충분하게 예의를 갖춘 것으로 볼 수 있다.

차를 대접할 때도 격식을 갖추면 좋다. 종이컵에 믹스커피를 타 주는 것은 추천하지 않는다. 요즘에는 믹스커피를 마시는 사람도 별로 없다. 사무실에 원두커피를 마실 수 있도록 준비해 두면 좋다. 내가 대접받고 싶은 대로 상대방을 대접한다면 크게 예의를 벗어나지 않을 것이다.

차를 대접할 때도 항상 상대방을 존중하는 태도가 기본이다. 예를 들어, 커피를 대접하면서 이렇게 말할 수 있다. "사장님, 제가 오늘 사장님을 위해서 특별한 원두를 준비했습니다. 커피가 마음에 드시면, 시간 날 때 편하게 들러서 커피 한잔 드시고 가세요."

이런 사소하지만 정중한 태도가 쌓이면 고객은 중개사를 자연스럽게 신뢰하게 된다.

② 24시간 소통이 가능해야 한다

빌딩 중개인은 월급을 받는 직장인과는 다르다. 그렇다고 해서 월급을 받는 생활을 만만하게 보는 것은 아니다. 어떤 직업이든 나름대로 고충이 있다. 여기서 말하고 싶은 것은 업무 시간에 관한 것이다. 보통 월급은 오전 9시부터 오후 6시까지 시간을 내서 일한 대가로 받는다. 하지만 빌딩 중개에는 정해진 시간이 없다. 조금 극단적으로 말해서, 빌딩 중개를 하겠다고 뛰어들었으면 일정한 궤도에 오르기까지 내 인생은 없다고 생각하는 편이 좋다. 오로지 빌딩 중개만 생각하는 것이다.

얼마 전까지만 해도 워라밸, 욜로 등이 유행이었다. 사람들은 점점 더 개인적인 시간을 중요시한다. 하지만 수천, 수억 원짜리 수수료를 받는 빌딩 중개인에게는 정해진 쉬는 시간이 없다. 주말이나 퇴근 후라고 해서 연락이 안 되는 빌딩 중개인은 흔치 않다.

　매도인과 매수인은 부동산 거래에 관심이 있거나, 이미 거래 중인 사람들이다. 빌딩 중개인과 수시로 연락이 안 되면 불편함을 느낀다. 그로 인해 거래가 지연되거나 불안정해질 수도 있다. 부동산 거래는 특히 시기가 중요할 때가 많아서 신속한 응대가 필요하다. 주말이나 퇴근 후에도 거래 관련 문의나 협의가 이루어질 수 있다. 따라서 빌딩 중개인은 언제든지 연락이 가능해야 한다.

　월급이 나오는 것도 아닌데 왜 주말이나 퇴근 후에도 신속한 소통이 가능해야 하냐고 반문할 수 있다. 하지만 빌딩 중개인은 1인 기업이나 다름없고, 1인 기업은 스스로 성과를 만들어 내야 한다는 점을 떠올리면 쉽게 답이 나온다. 빌딩 중개인은 월급 대신 성사되는 계약에 따라 수수료를 받는다. 이 수수료는 수천만 원에서 수억 원을 넘나들기도 한다. 그러므로 24시간 언제든 연결되어야 한다.

　2012년에 나는 긴급하게 시장에 나온 방배동의 한 빌딩을 중개한 적이 있다. 당시 내가 중개를 진행할 수 있었던 이유는 밤늦은 시간에 걸려 온 전화를 받았기 때문이다. 전화를 한 매수자는 일이 바빠서 온종일 정신이 없었는데, 밤늦게 일을 끝내고 퇴근하려다가 내가 신문에 광고한 물건을 보고 연락을 한 것이었다. 그때 시간이 밤 10시였다.

　이처럼 나는 아무리 늦은 시간에 걸려 오는 전화라도 거르지 않는다. 모든 전화는 다 받는 것이 내 원칙이다.

　워라밸과 욜로 생활을 원한다면 근무 시간이 정해진 곳에서 일해야 한다. 하지만 높은 수익을 올리는 일이 그보다 중요하다면, 워라밸과 욜로를 포기하는 대신 노력한 만큼 대가를 얻을 수 있는 빌딩 중개에 뛰어들어도 후회하지 않을 것이다.

빌딩 중개는 '직장'이 아니라 '직업'이다. 그것도 평생 직업이다. 마냥 앉아서 고객이 일감을 가지고 오길 바라는 1층 로컬 부동산 중개업과는 차원이 다르다. 더욱더 많이 공부해야 하고, 열정적으로 매물을 확보해야 하며, 능동적으로 고객을 찾아서 거래를 성사시켜야 한다. 그 모든 과정을 일로 생각하지 말고, 최고의 전문가가 되기 위한 준비 과정이라고 생각하자.

24시간 소통하는 일을 불편하거나 어렵다고 생각하면 안 된다. 그것이 남보다 앞서서 고객의 신뢰를 얻을 수 있는 비법의 하나이기 때문이다. 그래야 더 높은 단계로 나아갈 수 있다.

실제로 새벽에 연락하는 고객은 없다. 한밤에 느닷없이 전화해서 빌딩 거래를 하자고 하는 고객도 거의 없다. 다만 24시간 소통이 가능할 정도의 마음가짐이 중요하다는 뜻이다.

③ 피드백의 중요성

고객 관리에서 중요한 것 중 하나는 피드백이다. 매수자가 원하는 물건이 시장에 나오면 바로 알려 주어야 한다. 그리고 매수자에게 물건을 보여 줬다면, 그 사실을 매도자에게 알려야 한다. 이때 누구에게 어떤 방법으로 물건을 보여 주었는지 자세히 알려 주는 것이 좋다. 이렇게 건수가 생길 때마다 바로바로 피드백을 하면 고객은 많은 중개사 중에서도 여러분을 더 기억하게 된다. 나중에 거래를 진행할 때 원활하게 협상할 수 있다.

2009년에 논현동의 한 초등학교 앞 건물이 중개 시장에 매물로 나왔다. 여러모로 검토하고 분석해 보니 우량한 물건이라는 판단이 들었다. 바로 고객 분류 카드를 열어서 현금 15억 원을 보유한 매수자를 찾았다. 그림을 그리면서 인쇄업을 하는 부부였다. 이전에 빌딩 거래를 진행하며 나누었던 대화를 정리해서 메모해 둔 것을 보고 그들이 원하는 빌딩과 요구 사항들을 확인했다.

그다음 지체 없이 매수자에게 연락했다. 처음에는 내가 누군지 알아차리지 못했다. 하지만 메모 내용을 중심으로 이런저런 이야기를 하다 보니 곧바로 반가움을 표시했다. 나는 과거의 대화를 상기시키며 좋은 매물이 나왔다고 전했다. 매수자는 나의 제안을 거부감 없이 받아들였다. 부부는 그날 저녁에 물건을 보러 왔고, 크게 고민하지 않고 매매를 결정했다.

당시 27억 원에 빌딩을 중개했는데, 2024년에 그 건물은 130억 원 이상으로 가치가 상승했다. 고객과 나눈 이야기를 잘 기록해 두었다가 피드백한 일이 큰 성과를 가져온 것이다. 이렇게 피드백을 하면, 고객은 사소한 말도 흘려듣지 않는 중개인이라고 생각하며 신뢰를 느낀다.

반면에 제대로 피드백을 하지 않으면 큰 낭패를 보기도 한다. 나는 빌딩 중개일을 시작한 지 얼마 되지 않았을 때 큰 실수를 한 적이 있다. 당시 중개 시장에 나오지 않는 빌딩을 분석하면서 소유주가 누구인지 확인하고 건물 매각 여부를 알아보는 작업(일명 '블록 작업')을 하고 있었다. 그중 한 물건의 소유주 연락처를 찾지 못해서 해당 빌딩의 임차인을 통해 정보를 탐색했다. 그렇게 연락이 닿은 소유주에게 가족이 사망해서 빌딩을 빨리 매각해야 한다는 이야기를 들었다. 매매가를 물어보니 시장에서 매각될 수 있는 가격이었다. 나는 자신만만하게 물건을 정리해 주겠다고 큰소리를 쳤다. 그런 다음 연락처를 확보해 놓은 잠재 고객과 협력 중개인들에게 매각 정보를 보냈다. 이와 더불어 신문 및 인터넷 광고도 했지만, 매수 문의가 오지 않았다.

결과적으로 나는 이 기회를 놓치고 말았다. 이유는 단순하지만 뼈아팠다. 광고를 하고 여기저기 연락을 돌리는 동안 매도자에게 적절한 피드백을 못 한 것이 문제였다. 진행 상황을 알 수 없었던 매수자가 그사이 다른 중개사를 찾은 것이다. 어찌 보면 당연한 결과였다.

다른 중개사는 매도자가 처음에 제시했던 가격에서 20퍼센트나 낮춘 급매 가격으로 물건을 시장에 내놓았다. 나는 그 사실조차 모른 채 처음 가격으로 중개를 진행하고 있었다. 내가 손에 쥔 것은 급매물이라는 이름을 달고 있지만 상식적으로 말이 안 되는 가격의 물건이었다. 신뢰를 잃는 것은 한순간이었다. 하지만 누구를 탓할 수도 없었다.

뒤늦게 상황을 바로잡으려고 부랴부랴 매도자에게 전화를 걸었지만, 연결되지 않았다. 시간은 계속 흐르고 답답함은 커져 갔다. 과거에 물건을 소개한 적 있는 매수자가 구입하겠다고 연락해 왔을 때는 이미 매각이 완료된 후였다.

수소문 끝에 다른 연락처를 알아내서 매도자와 가까스로 통화할 수 있었지만 돌아온 답변은 차가웠다. 매도자는 날카로운 말투로 "김명찬 씨는 중개에 자신 있다고 하더니 통 연락이 없더라고요. 그러니 어떻게 김명찬 씨랑 진행하겠어요?"라고 하며 실망감을 숨기지 않았다. 이어서 이미 매매 계약을 마쳤다고 덧붙였다.

매도자의 한마디 한마디가 비수가 되어 가슴을 찔렀다. 안일한 대처가 초래한 결과는 단순히 거래 기회를 한 번 잃은 것에 그치지 않았다. 일단 깨진 신뢰는 다시 회복하기 어렵다는 사실을 통감했다. 중개에 진척이

나는 빌딩 중개로 건물주가 되었다

없어도 매도자에게 현재 상황을 주기적으로 알려 주고 적극적으로 소통했다면 이야기가 달라졌을 수도 있다. 뒤늦게 소극적인 태도와 무책임한 행동을 깨달았지만 이미 엎질러진 물이었다. 매도자에게 믿음을 주는 것이 중개사의 기본 태도라는 사실을 되새긴 사건이었다.

우량한 매물을 발견하면 신속하게 밀착 중개를 해야 한다. 이런 물건은 시장에 오래 머물지 않는다. 매수자들이 먼저 알아보기 전에 적극적으로 움직이고 계속해서 물건 상태를 관리해야 성공적인 거래로 이어진다. 괜찮은 물건이 나타나면 먼저 계약금 일부를 선입금하면서 거래를 시작하는 사례가 최근 늘어나는 것도 이를 뒷받침한다.

시간이 곧 금이라는 말처럼, 우량한 물건은 단 한 번의 기회를 놓치는 순간 돌이킬 수 없다. 기회를 놓친 뒤의 아쉬움만 남을 뿐이다. 중개인은 단순히 물건을 중개하는 것을 넘어서 거래의 타이밍을 판단하고 움직이는 데 중요한 역할을 해야 한다. 이때 고객의 믿음이 흔들리지 않도록 행동으로 증명하는 것이 진정한 중개인의 자질을 보여 준다.

나는 경험을 통해서 피드백이 정말 중요하다는 것을 깨달았다. 아무런 진척이 없어도, 지금 하고 있는 일을 알리는 작업이라도 해야 한다. 중개인이 나 혼자만 있는 것은 아니기 때문이다. 지속적으로 피드백하지 않으면, 아무리 많은 정보가 있어도 중개에 성공할 수 없다.

④ 문제 발생 시 해결 방법

빌딩이라는 상품은 매매 금액이 커서 한 건의 거래에도 막대한 자금이 소요된다. 게다가 매도자와 매수자의 조건과 생각이 다르기 때문에, 어느 한쪽이 잘못된 정보나 지식을 갖고 있으면 눈앞에서 거래가 어그러지기도 한다. 또한 건물 매매로 인한 법적 책임 등이 위험 요소로 작용하기도 한다. 한마디로 빌딩은 당사자들끼리 개인적으로 거래하기 어려운 물건이다.

그래서 빌딩을 거래할 때는 반드시 전문 중개사를 통해야 한다. 매수자는 원하는 빌딩을 찾아 달라고 의뢰하고, 매도자는 빌딩을 팔아 달라고 의뢰한다.

그런데 간혹 빌딩 중개인이 자기 이익을 위해 거짓말을 하거나 잘못된 정보를 이용해서 거래를 유도할 때가 있다. 또한 의도한 것은 아니지만 빌딩 중개인의 실수로 중개 사고가 일어나기도 한다. 빌딩 중개 사고는 생각보다 빈번한데, 이로 인해 다툼이 생기고 소송으로까지 이어지는 경우도 있다. 빌딩 중개인이 종종 잘못을 범하는 사례는 다음과 같다.

첫째, 중개 시 매매 가격에 대한 협의가 안 되는 경우다. 중개인이 매수자나 매도자에게 "가격 협의가 가능하다"고 말했지만, 실제로는 협의가 안 되어서 고객의 신뢰를 잃게 되는 상황이다. 이런 실수는 의외로 많이 일어난다. 매수자에게는 낮은 가격으로 깎아 보겠다고 하고, 매도자에게는 높은 가격으로 거래를 성사시켜 보겠다고 말하는 것이다. 이렇게 해서 협의를 이루지 못하는 계약이 정말 많다.

둘째, 임대 보증금과 임차인의 계약 기간을 잘못 확인하는 경우다. 분명 매도자의 이야기를 듣고 그렇게 전달했는데, 계약 당일 임대차계약서를 확인해 보면 보증금과 계약 관계가 다르게 적혀 있는 일이 많다. 그래서 나는 계약 전에 임대차계약서 사진을 보내 달라고 하거나 직접 받아서 확인한다. 사소한 확인 사항을 놓쳐서 계약이 무산되는 일을 막기 위해서다.

나는 빌딩 중개로 건물주가 되었다

셋째, 건물에 문제가 있는 것을 꼼꼼하게 확인하지 못한 경우다. 임차인이 부재중일 때는 건물주도 중개인도 임차인의 공간에 마음대로 들어갈 수 없다. 어떤 임차인은 건물 내부에 문제가 있어도 신경 쓰지 않거나, 작은 문제라고 생각해서 건물주에게 말하지 않는다. 하지만 건물의 문제는 매매 계약 시 난처한 상황을 야기할 수 있다. 예를 들어, 임차 공간에 누수가 있다는 사실을 뒤늦게 발견한 매수자는 당연히 해결을 요구할 것이다. 이때 매도자와 매수자 중 누가 수리해야 할지 따지면서 다툼이 발생할 수 있다. 그 과정에서 매도인에게 하자 담보책임을 묻기도 한다. 잘 확인하지 않은 책임이 있는 중개인은 법적 분쟁으로 이어지지 않게 매도자를 잘 설득해서 빠른 시일 내에 건물의 문제를 해결해야 한다.

넷째, 등기사항전부증명서에 나타난 복잡한 권리관계를 잘못 분석한 경우다. 예를 들어, 매도자가 사업을 하면서 대출을 많이 받은 사례를 들 수 있다. 부동산 공적장부를 보면, 매각 금액보다 더 많은 금액이 빚으로 설정되어 있기도 하다. 이런 일을 피하려면 어떤 채권인지, 매각 전에 해결 가능한 것인지 확실하게 분석한 다음 중개해야 한다. 또한, 소유권에 분쟁 사항이 있는 사례도 있다. 이를 확인하기 위해서는 건물 소유권에 대한 가등기 등을 잘 체크해야 한다. 권리관계를 소홀히 다루면 고객에게 신뢰를 잃을 수 있다.

그러나 중개인의 잘못으로 결국 문제가 발생하면, 어떻게 해야 할까? 이때 빌딩 중개인은 무한 책임의 자세를 취해야 한다. 상황을 회피하거나 축소하려 하지 말고, 반드시 문제를 해결하겠다는 의지를 보여야 한다.

문제가 발생했다는 것을 인지하면, 원인을 철저히 분석해서 신속하게 대응한다. 또한, 고객에게 솔직하게 알리고 조치를 취한다. 필요하다면 변호사 등에게 조언을 구하거나 문제 해결에 대한 법적인 근거를 마련한다. 중개인의 실수로 고객의 재산에 손실이 발생했다면, 적절한 손해배상도 고려해야 한다.

문제가 발생했을 때 가장 중요한 것은 고객의 피해를 최소화하기 위해 노력해야 한다는 점이다. 문제를 해결한 후에도 지속적으로 모니터링해서 재발하지 않도록 후속 조치를 해야 한다.

고객과의 갈등과 소송을 피하는 길은 거짓 없는 언행을 보여 주는 것이다. 중개사에게 정직함은 아무리 강조해도 부족하다. 거짓말은 고객의 신뢰를 파괴할 수 있는 위험 요소다. 고객이 있기에 중개가 성립될 수 있다는 사실을 항상 명심해야 한다. 고객은 우리에게 귀중한 존재이며, 정직함은 우리가 포기해서는 안 되는 윤리적 원칙이다.

단순히 문제를 덮는 것은 능사가 아니다. 빌딩은 여느 상품보다 가치가 크기 때문에 추후 문제가 다시 불거지면 아주 큰 대가를 치러야 할 수도 있다. 한 번의 거짓말이 중개인의 파멸을 넘어, 부동산 시장 전체에 대한 불신으로 이어질 수도 있는 것이다.

가장 좋은 방법은 문제 요소를 미리 제거한 다음 중개하는 것이다. 사소한 거짓말, 잘못된 브리핑, 소통 오류 등을 특히 주의해야 한다. 철저한 사전 조사 후 상황을 공유하며 정직하게 브리핑하고, 고객과 약속한 모든 것을 이행한다면 애초에 문제가 될 일은 없다.

특히 서두르는 계약에서 사고가 발생한다. 빌딩이 크고 금액이 높을수록 부가적인 문제가 숨어 있을 수 있다. 따라서 어떤 상황에서 어떤 문제가 발생하는지 미리 예상하고, 그 문제를 해결할 수 있는 시나리오를

나는 빌딩 중개로 건물주가 되었다

보유하고 있어야 한다. 하지만 이것은 경험을 통해서만 얻을 수 있는 자산이다. 그래서 신입 중개인에게는 풍부한 경험을 지닌 유능한 멘토가 필요하다.

빌딩 중개 또한 사람이 하는 일이라 아무리 철저하게 확인해도 여러 가지 크고 작은 문제가 발생하기 마련이다. 그럴 때마다 중개인이 고객을 대신해서 문제를 하나씩 주도적으로 처리하면, 고객은 여러분을 깊이 신뢰할 수밖에 없다. 이를 통해서 고객 만족도를 높이고 장기적인 관계로 발전한다면, 문제가 오히려 전화위복의 계기가 될 수도 있다. 그러므로 문제를 마주해도 두렵다고 피하지 말고, 끝까지 해결하기 위해 최선을 다해 노력하기 바란다.

TIP

100-1은 99가 아니라 0이다

설사 모든 사실과 수치, 뒷받침하는 증거,
원하는 지지를 얻더라도 신뢰를 얻지 못하면 성공할 수 없다.

_네일 피츠제럴드Naill Fitzgerald

세일즈력의 첫 번째 요소는 관계력이라고 한다. 관계력은 '효과적인 인간관계와 지속적 노력의 결과인 평판의 합'으로 정의된다. 특히 평판은 현대 사회에서 매우 중요하다. 사업을 성공적으로 일군 기업가도 평판이 좋지 않으면 개인은 물론 기업의 미래에도 치명적인 오점을 남길 수 있다. 반면에 묵묵하게 좋은 일을 해 온 기업은 전 국민의 지지를 받아 성장할 수 있다.

이처럼 평판은 검색과 공유의 시대에 핵심적인 성공 요소다. 수치상으로 평가하기 어려운 리더십, 커뮤니케이션 능력, 포용과 배려, 용기, 책임감, 신뢰 등이 이러한 평판을 이룬다. 좋은 평판을 유지하는 것은 건강하고 가치 있는 삶의 증거인 동시에 책임감의 표현이며, 성장과 성공의 기반이 된다.

관계력은 하나의 자산이자 능력이다. 인간관계를 잘 형성하려면 신뢰를 바탕으로 꾸준한 노력을 해야 하는 것만 봐도 그렇다. 일시적인 요령으로는 불가능하다. 적당히 중개해서 수수료나 챙기고 끝내자는 마음가짐은 하루이틀은 통할지 모르지만 1년, 2년은 통하지 않는다. 여러분이 고객의 편이 될 때, 고객도 여러분을 도와준다.

수학에서 100-1=99이지만, 신뢰에 관해서는 100-1=0이 될 수 있다. 아무리 잘해도 한 가지를 잘못하면 공든 탑이 무너지고, 신뢰 관계가 훼손된다는 뜻이다. 그러므로 고객과의 약속은 무조건 지켜라.

고객 **만족**을 불러오는 중개 노하우

① 물건을 보러 가는 동선을 미리 짜 놓자

빌딩 중개인은 고객에게 검증된 매물을 소개해야 한다. 그러기 위해서는 고객보다 먼저 매물을 꼼꼼하게 살펴보고, 시설물의 상태도 확인해 놓아야 한다.

만약 중개인이 먼저 매물을 살펴보지 않은 채 고객을 현장에 데려갔다고 가정해 보자. 매물을 본 고객이 "뭐야, 설명과 다르네"라고 말하는 순간 신뢰도에 치명적인 손상을 입는다. 고객은 중개인의 실수를 쉽게 용납하지 않는다.

반대로 중개인이 몇 번의 임장을 거쳐서 물건을 보러 가는 동선을 미리 짜 놓았다고 해 보자. 고객이 발품을 팔아야 하는 상황을 최소화하도록 고려하고, 매물들의 상태도 꼼꼼하게 확인해 둔 것이다. 그러면 고객은 짧은 시간 안에 여러 빌딩을 방문하면서 각각의 조건을 비교하고 차이점을 확인한 다음, 최종적으로 가장 적합한 건물을 선택할 수 있다.

빌딩 중개인은 고객이 매물을 편하게 확인할 수 있도록 도와줘야 한다. 따라서 각 매물의 면적이나 가격 등의 특징을 파악하고, 임장을 통해 이를 직접 확인한다. 만약 공동중개를 한다면 같이 중개하는 업소의 위치를 파악한 후 방문 시간을 미리 조율해 둔다. 그리고 다음과 같은 요소들을 고려해서 매물을 보러 가는 동선을 계획하는 것이다.

첫째, 출발점을 설정한다. 고객과 처음 만나는 지점을 명확하게 설정하고, 그곳에서 물건에 관해 미리 간략하게 소개하는 것이 좋다.

둘째, 하이라이트 포인트를 설정한다. 물건의 주요 특징이나 장점을 강조할 수 있는 지점들을 미리 정하고, 이를 중심으로 동선을 구성하는 것이 좋다.

셋째, 본격적으로 매물을 확인할 때는 고객이 중요하게 생각하는 공간에 따라 우선순위를 정한다. 예를 들어 사무실로 쓸 매물이라면 주차장, 회의실, 휴게실 순으로 보여 주는 것이 좋다. 이는 사무 공간 선택 시 중요하게 고려하는 요소를 반영한 순서다. 먼저 사무실 방문자 및 직원의 편의를 위해 충분한 주차 공간이 있는지 보여 준다. 그다음 회의 및 고객 접대 등에 사용되는 공간인 회의실의 크기, 설비, 접근성 등을 함께 살핀다. 이어서 직원 복지와 편의를 고려한 공간인 휴게실을 통해서 사무 환경의 질을 확인하는 것이다.

넷째, 편의성을 고려해서 고객이 건물의 구조를 파악하며 효율적으로 접근할 수 있도록 동선을 계획한다. 예를 들어, 주차장이나 엘리베이터 같은 편의 시설을 중심으로 동선을 구성하면 고객은 건물의 구조를 쉽게 이해하면서 자연스럽게 편의성을 체감할 수 있다. 이는 건물에 관한 긍정적인 이미지를 심어 준다.

다섯째, 시각적인 매력과 안전을 고려한다. 건물의 시각적인 매력을 극

나는 빌딩 중개로 건물주가 되었다

대화할 수 있는 요소를 동선에 포함한다. 예를 들어, 전망 좋은 테라스나 유명 브랜드가 입점한 상점 등을 보여 주는 것이다. 반면에 위험하거나 지저분한 곳은 피해서 동선을 짠다.

약 3개 정도의 매물을 추린 다음 위와 같은 요소를 고려해서 동선을 짜 보자. 한 번에 3개 이상의 물건을 보여 주면 이동 시간도 길어지고, 고객이 각각의 매물을 다 기억하지 못할 수도 있다.

이때 상급의 좋은 물건을 먼저 보여 주기보다는 '하급 → 중급 → 상급' 순으로 동선을 배치하는 것이 좋다. 처음 본 물건은 그냥 그랬는데, 뒤로 갈수록 괜찮은 물건이 나오면 고객도 차이를 확연히 느끼게 된다. 이처럼 좋은 물건을 마지막에 보여 주는 데는 전략적인 이유가 있다. 보통 마지막 물건이 기억에 오래 남는 경향이 있기 때문이다. 하급의 물건을 마지막에 보여 준다면 고객은 '이 중개인은 이상한 걸 보여 주네' 혹은 '이 중개인은 안 좋은 물건만 가지고 있네' 같은 생각을 할 수도 있다.

만약 고객이 이미 많은 물건을 보고 왔다면 출발점에서 고객이 알고 있는 범위를 파악한 다음, 상황에 따라 동선을 유연하게 수정하는 것도 좋다.

② 고객의 눈높이에 맞게 상담하라

자본주의의 삶은 선택의 연속이다. 그런데 선택을 해야 할 때 그 폭이 너무 넓으면 선택 자체가 어렵다. 의사 결정에 마비가 오고, 불만족으로 이어지기도 한다. 선택의 폭이 넓으면 좋을 것 같지만, 오히려 그 반대일 수도 있는 것이다. 현대 심리학에 큰 영향을 준 미국의 사회심리학자 배리 슈워츠Barry Schwartz는 『선택의 심리학』이라는 책에서 이러한 현상을 가리켜 '선택의 역설'이라고 말한다.

빌딩 중개인은 고객이 선택 과정에서 불필요한 스트레스를 받지 않도록 도와야 한다. 전문 지식을 바탕으로 고객의 필요와 상황에 적합한 매물을 선별하고, 명확하고 간결한 정보를 제공해야 한다는 뜻이다. 고객이 물건을 충분히 이해한 다음 합리적인 선택을 할 수 있도록 돕는 것이 중개인의 역할이다.

일부 고객은 전문가 못지않은 부동산 지식을 지니고 있지만, 대부분의 고객은 중개인처럼 시장 상황이나 매물에 관해 깊은 이해를 하고 있지 않다. 종종 선입견이나 제한된 정보에 의존해서 보고 싶은 대로 보고, 생각하고 싶은 대로 판단하는 경향이 있다.

또한, 고객은 때때로 욕심과 불안 사이에서 흔들린다. 이러한 심리적 갈등은 극단적인 판단으로 이어질 수 있으며, 결과적으로 선택을 망설이거나 잘못된 결정을 내리는 원인이 될 수 있다. 예를 들어 자신이 감당할 수 있는 범위를 과대평가하거나, 반대로 기회비용을 두려워해서 지나치게 보수적인 선택을 하기도 한다.

중개인은 이러한 고객의 심리를 이해하고, 고객이 흔들리지 않도록 적절한 조언과 객관적인 정보를 제공해야 한다. 특히 현실적으로 고객이 만족할 수 있는 선택을 하도록 돕는 과정이 중요하다. 이는 단순히 매물 추천에 그치지 않고, 고객의 고민과 욕구를 정확히 파악해서 신뢰를 쌓는 데까지 이어져야 한다.

이러한 고객의 특징을 항상 염두에 두고 다음과 같은 방법으로 상담을 진행해 보자.

첫째, 고객의 투자 목표를 파악한다. 고객이 빌딩 투자를 통해서 얻고

자 하는 목표가 무엇인지 이해해야 한다. 장기적인 수익 창출을 원하는지, 자산 가치 상승을 통한 자본 이득을 추구하는지 등을 파악해서 상담한다.

둘째, 시장 동향과 정보를 제공한다. 최신 부동산 시장 동향, 빌딩 가격의 변동, 지역 개발 및 국토 개발 계획 등의 정보를 제공해서 고객이 정보에 기반한 결정을 내릴 수 있도록 돕는다.

셋째, 재무 분석과 투자 계획 등을 설명한다. 고객의 자산과 재무 상황 등을 면밀하게 검토한 다음, 이를 바탕으로 고객의 투자 가능성을 평가해야 한다. 이때 고객의 자산을 여러분의 자산처럼 여기고, 고객 입장에서 구입 가능한 최상의 물건을 연결해 준다.

넷째, 리스크 관리 전략을 제시한다. 모든 투자에는 반드시 리스크가 따른다. 고객에게 발생할 수 있는 리스크를 언급하고, 이를 관리할 수 있는 방법이나 전략을 제시해야 한다. 공실 리스크 해결 방안, 법률적인 문제, 세제 혜택 등을 종합적으로 설명하면 고객은 상담에 만족할 것이다.

빌딩 시장에 대한 이해도는 고객에 따라 다르다. 그러므로 고객 각각의 눈높이에 맞는 용어를 선택해서 상담해야 한다. 고객이 부동산 전문가가 아니라면 알아듣기 힘든 전문 용어보다는 이해하기 쉬운 언어를 사용한다. 또한, 고객의 투자금으로 매매하기 어려운 가격의 물건이나 애초의 목적과 부합하지 않는 물건을 억지로 권유해서는 안 된다.

항상 고객의 눈높이를 고려해서 상담할 수 있어야 고객 만족을 불러오는 중개인이 될 수 있다. 그러기 위해서는 공부를 게을리하지 말아야 하며, 부족한 부분은 전문가의 도움을 받아서 보완하려는 노력을 해야 한다.

③ 차별화된 서비스가 있어야 한다

고객 만족을 위해서는 나만의 차별화된 서비스, 즉 필살기가 있어야 한다. 빌딩 거래는 큰 금액을 다루는 일이기 때문에 결심이 서기까지 불안 반, 기대 반으로 잠도 못 자고 고민하는 고객이 많다. 빌딩에 얽힌 여러 가지 세무 문제, 관리 문제, 양도 문제, 임차 문제 등도 불안을 가중시키는 요소다. 빌딩 거래가 처음인 고객은 이러한 문제 앞에서 머릿속이 복잡해지기 마련이다.

대부분의 불안은 무지에서 비롯된다. 잘 모르는 미지의 세계이기 때문에 어떤 일이 생길지 예측조차 할 수 없는 불안에 시달리는 것이다. 이때 중개인이 먼저 도움의 손길을 내밀 수 있다.

매매 과정을 잘 알고 있는 빌딩 중개인이 미리 복잡한 부분을 짚어 주고 가이드하면, 고객은 여러분을 베테랑 중개인이라고 생각하며 믿음을 줄 것이다. 이처럼 여러분을 베테랑 중개인으로 만들어 줄 수 있는 차별화된 서비스 몇 가지를 제시하면 다음과 같다.

첫째, 리모델링이나 신축을 통해 빌딩 가치를 상승시키는 컨설팅을 제공한다. 빌딩 중개 시 매물에 따라 고객이 리모델링이나 신축을 원할 때가 있다. 이때 노후화된 빌딩을 현대적으로 개조하거나 증축해서 더 많은 수익을 창출할 수 있도록 도울 수 있고, 신축 빌딩 부지에 맞춤형 컨설팅을 제공해서 고객이 원하는 조건에 맞는 빌딩을 건설할 수 있도록 도울 수도 있다.

빌딩 중개 과정에서 개발이 포함된다면 매수자와 건축사, 시공사를 연결해 줄 수도 있다. 하지만 건축사를 연결해 줄 때는 신중해야 한다. 불

　　　　　　　　　나는 빌딩 중개로 건물주가 되었다

필요한 오해를 살 수도 있고, 건축사의 실수로 빌딩 중개가 무산될 수도 있기 때문이다. 반면에 경험 많은 건축사를 소개하면 성공적인 중개와 더불어 고객의 니즈까지 한 번에 해결할 수 있다. 이를 위해 평소 건축사들의 포트폴리오를 검토하고 이전 작업물도 살펴보는 것이 좋다. 건축사별 작업 스타일과 디자인 취향 등을 파악해 두면 매수자의 비즈니스 목표와 취향에 부합하는지 빠르게 판단할 수 있다.

차별화된 서비스를 제공할 수준까지는 아니더라도, 빌딩 중개사라면 개발 절차에 관해 어느 정도 지식을 갖춰 둘 필요가 있다. 일반적으로 개발은 토지 매입(건물 철거), 건축 설계, 인허가(개발행위허가), 건축 시공, 사용승인 순서로 진행된다. 여기서 더 나아가 건축이나 토목과 관련한 법적 규제 사항, 절차, 설계, 건축 사항에 대한 지식을 알고 있으면 매수자와 건축사, 시공사를 잘 연결할 수 있다.

또한 중개인은 매수자와 건축사, 시공사 간의 원활한 소통을 위한 조정자 역할을 할 수도 있다. 건축 프로젝트의 진행 상황을 모니터링하고, 필요할 때는 조정을 통해 프로젝트가 예산과 일정에 맞게 완료될 수 있도록 한다. 건축이 완료된 후에도 매수자와 건축사, 시공사 간의 연결고리 역할을 지속해서 필요한 유지·보수 및 개선 작업을 지원하는 것이다.

둘째, 세무 및 법률과 금융 자문 등의 서비스를 제공한다. 대부분의 고객은 은행 대출을 받아서 건물을 매입한다. 이때 금융 기관과의 연계를 통해 고객이 자금을 효율적으로 운용할 수 있도록 돕는다. 또한, 빌딩 거래 과정에서 마주하는 법적인 문제나 세금 문제를 안전하게 해결할 수 있도록 한다. 이를 위해 은행 지점장, 세무사, 변호사, 법무사 등과 인연을 맺어 두면 큰 도움이 된다. 빌딩 중개인이 고객이 원하는 전문가를 연결해 주면, 고객은 감동할 수밖에 없다.

셋째, 빌딩 관리·임대차 관리·자산 관리 등의 서비스를 제공한다. 이러한 서비스를 통해 고객이 투자한 건물의 가치를 최대한 증대시킬 수 있다. 고객이 원하는 목적에 맞게 건물을 활용할 수 있도록 적극적으로 돕는 것이다. 건물의 위치와 용도에 맞는 임차인을 구하는 것은 중개인의 중요한 업무에 속하기도 한다. 여기에서 그치지 않고 빌딩의 유지 및 보수와 같은 관리 업무까지 도맡아 해 준다면 고객은 크게 안심한다.

이렇게 빌딩 중개인의 업무는 일반적인 중개 계약을 뛰어넘어 다양하게 확장된다. 따라서 차별화된 서비스 능력을 갖춘 빌딩 중개인이 되기 위해서는 건물을 중심으로 다방면의 종합적인 지식과 기술이 필요하다. 그래서 빌딩 중개를 '부동산 중개의 종합예술'이라고 불러도 부족함이 없는 것이다. 사람, 법률, 돈이 모두 빌딩에 얽혀 있기 때문이다.

나를 통해서 두 번째 빌딩을 매수한 고객이 있었다. 첫 번째 빌딩은 다른 중개법인을 통해 구입했다. 당시 내가 소개한 빌딩은 상권이 우수한 강남구 논현동에 위치해 있었고, 매매 가격은 110억 원이었다. 도로 폭이 8미터 정도 되는 코너에 자리 잡고 있어서 현재 건축법보다 더 많은 용적률이 적용된 건물이었다. 고객은 그 빌딩을 아주 마음에 들어 했다.

계약을 하고 잔금을 치르기 전까지 고객과 나는 수차례 전화를 주고받았다. 그러면서 더욱 친밀해진 고객은 경제적인 상황, 집안 사정 등 정말 많은 고민을 내게 털어놓았다. 오랫동안 대화를 나누고 상담도 해 주다 보니 어느덧 가족만큼 가까운 사이가 되었다. 중개로 인연을 맺은 고객과 이런 관계를 형성했다는 사실에 뿌듯함을 느끼기도 했다.

그런데 고객이 첫 번째로 구입한 건물이 골치를 썩였다. 구체적인 상황을 전해 들은 나는 결론적으로 건물을 잘못 구입했다고 직설적으로 이야기했다. 그 건물은 일조권 때문에 용적률을 제대로 활용할 수 없는 건물이었다. 대지가 70평이 넘고 3종일반주거지역이어서 200평 넘게 신축할 수 있어야 하지만, 일조권 때문에 130평 정도만 신축이 가능했다. 현재 건축되어 있는 건물의 연면적도 130평이었다. 고객은 낡은 건물을 허물고 크게 신축하려고 했는데, 새롭게 신축할 필요가 없는 건물을 잘못 구입한 것이다. 당시 물건을 소개했던 빌딩 중개인의 미흡한 지식 때문에 생각지 못한 피해를 입었다.

이러한 실수를 방지하고, 차별화된 서비스를 제공하기 위해서는 꼭 필요한 전문 지식을 갖춘 빌딩 중개인이 되어야 한다는 점을 다시 한번 상기할 수 있는 사건이었다.

TIP

가족 법인을 통한 빌딩 구입의 장점

법인으로 상가 빌딩을 취득할 때의 장점은 여러 가지가 있다. 먼저, 빌딩 유지 관리 비용과 법인이 사업 목적으로 소요하는 모든 비용을 필요경비로 처리할 수 있다. 이는 상당한 경제적 이점을 가져다준다. 또 빌딩을 매도할 때 개인이 납부하는 양도세율보다 낮은 법인세율(24% 이내)을 적용받을 수 있다. 이는 세금 부담을 경감해 준다. 법인으로 대출을 신청하면 개인으로 신청할 때보다 더 많이 나오는 경우가 많다. 이러한 이유로 가족 법인을 통해 빌딩을 매입하는 사례가 늘고 있다.

가족 법인은 가족이 법인의 지분을 가진 구성원이 되는 것이다. 가족 중 아내와 자녀들에게 사전에 증여해서 증여세를 절감할 수 있는 효과도 있다. 이는 세금 부담을 더욱 경감해 준다. 즉, 자녀가 법인의 지분을 살 만큼의 돈을 사전에 증여한 다음 가족 법인이 빌딩을 매입하는 것이다. 법인이 매입한 빌딩의 자산 가치가 상승할 경우에는 가격 상승분에 대한 증여세를 절감할 수 있어 더 큰 이익을 얻을 수 있다. 이러한 이점으로 인해 현재는 가족 법인을 통한 빌딩 구매가 더욱 빈번하게 이루어지고 있는 추세다.

중개인의 빌딩 셀링 포인트

부동산, 그중에서도 특히 빌딩은 개별성이 강하다. 우리가 일상에서 사용하고 소비하는 물건처럼 다른 것으로 대체할 수 없다. 또한, 각 빌딩마다 특징도 천차 만별이다. 비슷한 입지에 있어도 장단점이 확연히 다르다. 그래서 구매자에게 만 족을 줄 수 있는 특징, 즉 셀링 포인트를 다양하게 제시할 수 있다는 장점이 있다.

능력 있는 빌딩 중개인이라면 이러한 특성을 이해하고 셀링 포인트를 잡아야 한다. 고객의 유형과 요구 사항을 파악해서 적절한 중개 활동을 전개할 수 있도 록 노력해야 하는 것이다. 고객 만족의 첫걸음은 고객의 니즈를 파악하는 일이기 때문이다.

그런데 최근 영업의 가치를 조롱하는 경우를 종종 목격한다. 폰팔이(핸드폰 판매), 차팔이(중고차 판매)등 특정 영업군을 비하하는 단어의 잦은 사용이 특히 그 렇다. 물론 업무의 특성상 낮은 진입 장벽과 일부 사람들의 부적절한 영업 방식 이 대중에게 조롱의 대상이 되는 것은 어쩔 수 없다.

빌딩 중개업에서도 이와 유사한 상황을 가끔 목격한다. 큰돈을 쉽게 벌 수 있 다는 오해와 착각에 빠져서 고객을 오로지 돈벌이 수단으로 바라보고 온갖 적절 하지 못한 행동을 하는 중개인이 있는 것이다. 같은 빌딩 중개으로서 매우 유감 스러운 일이 아닐 수 없다.

하지만 몇 사람의 일탈 때문에 빌딩 중개업 전체가 매도되어서는 안 된다. 빌 딩 중개에는 그 어떤 영업보다 큰 자산이 오간다. 어쩌면 고객의 전 재산을 다룰 때도 있다. 따라서 남다른 전문성과 책임감으로 신뢰를 전하는 빌딩 중개 전문가의 가치가 어느 때보다 중요해졌다.

이런 생각을 바탕으로 빌딩 중개 시 만나게 되는 고객의 유형을 아래와 같이 분류해 보았다.

투자자	수익률을 중시한다. 빌딩을 통해서 안정적인 수익을 얻고자 하는 것이다. 투자 목적과 기대 수익률에 따라서 다양한 빌딩을 고려한다.
사업자	사업을 운영하기 위한 업무 공간 등을 찾는 고객이다. 빌딩의 위치나 공간의 크기 및 구조, 빌딩 주변의 환경을 중요하게 생각한다.
건물주	자신이 가진 빌딩의 가치를 높이거나 새로운 빌딩을 매입해서 재정적인 수익을 얻는 고객이다. 기존에 보유한 빌딩과 새로 구입하는 빌딩을 종합적으로 고려하는 포트폴리오를 중요하게 생각한다.
개발자	빌딩을 매입해서 개발하는 것이 목적이다. 신축 가능성, 리모델링 가능성, 법적인 규제, 교통이나 개발 여건 등을 고려해서 빌딩을 선택한다.
첫 구매자	빌딩 시장에 처음 발을 들인 고객이다. 중개인의 조언과 지원에 많이 기대는 경향이 있다. 고객 만족에 정성을 기울이면 평생 고객이 될 수 있는 가능성이 있다.

나는 빌딩 중개로 건물주가 되었다

해외 투자자	국내 빌딩 시장에 투자하기를 원하는 해외 고객이다. 부동산 시장 동향, 빌딩 시장 동향, 경제지표 등의 분석 자료와 빌딩 구매 절차에 대한 상세한 법적·세무적 자료 등의 상세한 정보가 필요한 고객이다.

　빌딩을 거래하고 싶은 고객은 대부분 자산가다. 자산가들은 보통 의심이 많다. 큰돈을 거래하기 때문이다. 빌딩을 거래하고 싶은 고객의 종류는 다양하지만, 이들의 공통점은 의심이 많다는 점이다. 작은 틈 하나에도 이들의 의심은 파고들어 온다. 중개인의 옷차림, 말투, 행동 하나하나를 매의 눈으로 지켜본다. 따라서 경험상 여러 스킬보다 고객의 신뢰를 확보하는 것만큼 중요한 셀링 포인트는 없다고 생각한다.

Chapter 6

남다른 빌딩 중개인이
되기 위한 레벨업

수익은
전속중개에 달려 있다

　부동산 중개 시장에서 전속중개의 중요성은 앞으로 더욱 커질 것으로 예측된다. 「공인중개사법」에서 규정하고 있는 전속중개 계약은 의뢰인이 특정한 공인중개사를 지정해서 단독으로 중개하도록 하는 계약을 말한다. 다시 말해, 건물 소유자가 특정한 중개사나 중개법인에 건물의 판매나 임대를 '전속'으로 의뢰하는 것이다. 빌딩 중개인의 수익은 바로 이 전속중개에 달려 있다고 해도 과언이 아니다.

　전속계약은 빌딩 중개인에게 더 높은 책임과 의무를 요구한다. 중개사는 빌딩을 홍보하고 잠재적인 구매자와 임차인을 찾아내는 활동을 더욱더 적극적으로 수행해야 한다. 그다음 거래가 무사히 완료되면 단독으로 중개 수수료를 받는다.

　보통 건물주들은 최대한 여러 부동산에 빌딩을 내놓아야 빨리 팔릴 수 있다고 생각한다. 하지만 실제로는 여러 곳에서 소개한다고 해서 빌딩 거래에 성공하는 것은 아니다. 오히려 하나의 부동산에서 전략적으로 중개하는 것이 훨씬 더 빠르고 효율적일 수 있다.

전속중개 계약을 하면 의뢰인에게는 다음과 같은 장점이 있다.

첫째, 매물이 철저하게 관리된다. 여러 부동산에 중개를 의뢰하면 어떻게 진행되고 있는지 피드백을 받기 어렵다. 때로는 공중에 붕 뜬 빌딩처럼 방치되는 일도 생긴다. 게다가 매각 물건에 관한 동일한 질문을 중개사마다 반복해서 받게 되어 피로감을 느낄 수 있다. 반면에 전속중개 계약을 체결하면 정기적으로 건물 중개 현황을 보고받으며 효율적으로 진행 상황을 관리할 수 있다.

둘째, 빠르게 매도할 수 있다. 전속중개 계약은 원칙적으로 3개월 동안 유지된다. 즉, 3개월 안에 거래가 이루어지지 않으면 계약이 해지된다. 따라서 중개인은 빠르게 거래를 성사시키기 위해서 최선을 다한다. 중개인이 더욱 적극적으로 매물을 브리핑하기 때문에 거래될 확률이 높아지는 것이다.

셋째, 가격방어가 가능하다. 여러 부동산에 건물을 내놓으면 광고도 여러 군데 올라간다. 언뜻 광고가 여러 곳에 올라가면 더 좋을 것 같기도 하지만, 의뢰인이 원하는 금액으로 방어가 되지 않을 가능성도 있다. 광고를 올린 모든 공인중개사와 직접 소통하는 것이 아니기 때문에 매물 금액을 일관성 있게 관리하기가 어렵다. 그러나 전속계약으로 매도를 진행하면 중개인과 협의해서 가격방어를 할 수 있다.

넷째, 적극적인 매물 홍보가 된다. 전속중개 계약을 하면 7일 이내에 여러 정보망 및 신문 등에 해당 매물에 관한 광고를 해야 한다. 따라서 중개인은 빨리 다양한 수요자에게 매물을 소개하기 위해 노력할 수밖에 없다. 회사 내부 데이터베이스에 저장된 매수 희망 고객들에게 브리핑할 뿐만 아니라 인터넷, 유튜브, SNS 등에도 적극적으로 홍보한다. 그래야

나는 빌딩 중개로 건물주가 되었다

전국에 퍼져 있는 매수자들과 만날 가능성이 커지기 때문이다. 물론 의뢰인이 비공개를 요청하면 중개사는 매물을 외부에 공개하지 않는다. 중개사는 비공개 매물 목록을 별도로 관리하는데, 이 목록은 신뢰할 수 있는 매수자와만 공유된다. 이를 통해 정보 노출을 최소화하면서 효율적으로 매수자를 찾을 수 있다.

다섯째, 중개의 책임 소재가 명확하다. 한 회사를 통해서만 중개하기 때문에 빌딩이 얼마의 가격으로 브리핑되고 있는지, 얼마나 적극적으로 광고를 진행하고 있는지(광고를 하지 말라고 요청했을 때는 그것이 지켜지고 있는지) 등을 쉽게 판별할 수 있다. 중개의 책임 소재가 명확하기 때문에 문제가 생겨도 책임 회피가 일어나지 않는다.

이처럼 효율적인 매도 서비스를 받을 수 있다는 점을 의뢰인에게 잘 설명해서 전속계약을 맺는 것이 좋다.

나는 신입 직원들을 교육할 때 되도록 전속중개 계약을 하라고 강조한다. 전속중개 계약을 하면 중개사는 3개월 동안 해당 매물을 단독으로 관리할 수 있다. 이것은 매우 큰 이점이다. 중개를 맡아서 열심히 노력했는데 다른 중개사가 먼저 매매 계약을 체결하는 바람에 그동안 애쓴 것이 물거품으로 돌아가는 사례도 흔하기 때문이다. 또한, 중개사가 책임감을 갖고 적극적으로 나서면 의뢰인에게도 좋은 일이기에 전속계약을 적극적으로 권하고 있다.

물론 전속계약을 체결하는 것만으로 안심해서는 안 된다. 중개 경력이 풍부한 빌딩 중개사는 자신이 구축한 네트워크를 최대한 활용한다. 빌딩 시장에서 활동하는 여러 중개 업체와 협력해서 공동중개를 진행하는 것이다. 사전에 폭넓은 네트워크를 형성해 두면 매각이 지연될 때 신뢰할 수 있는 중개 업체와 협업해서 새로운 매수자를 발굴할 수 있다. 결국 성공적인 빌딩 매각을 위해서는 전속계약과 더불어 시장 내 다양한 중개사와 협력망을 구축해 폭넓은 가능성을 열어 두는 것이 필수적이다.

그렇다면 어떻게 해야 전속계약을 체결할 수 있을까?

빌딩 중개인이라면 당연히 자기가 담당하는 지역에서 여러 빌딩을 살펴보면서 건물주를 만나기 마련이다. 건물주와 미팅할 때 보통은 사회 분위기 등에 관한 가벼운 주제로 시작해서 점차 개인적인 고민, 보유한 빌딩의 공실 문제 같은 골치 아픈 부분으로 대화가 심화된다. 이때 중개사는 빌딩 시장에서 축적한 정보, 부동산 관련 지식, 세법 적용에 대한 이해, 수익 구조 분석 등 다양한 전문 지식으로 자문을 제공할 수 있다.

공실 문제는 해당 빌딩의 임대 조건과 현재 시장 상황을 모니터링한 내용을 바탕으로 적절한 임대 전략을 제시하면 된다. 만약 건물주가 매각을 염두에 두고 있거나 고민 중이라면 매매와 임대 수익의 비교 분석, 빌딩 리뉴얼의 필요성, 수익률 개선 방안 등을 자세히 설명할 수도 있다.

건물주가 빌딩을 보유하는 것이 유리한지, 아니면 매각하는 것이 적절한지 조언하는 일도 가능하다. 이를 위해 시장 상황, 가격 변동 가능성, 매매 시기 등을 종합적으로 고려할 수 있어야 한다. 이때 뛰어난 중개사는 단순히 매매 여부를 논의하는 것에서 그치지 않고 매각 시 기대 수익, 매각 후 자산 활용 방안, 보유 시 장기적 수익 전망 등을 종합적으로 분석해서 건물주의 의사 결정을 돕기도 한다. 건물주의 재무 상황과 목표에 맞는 최적의 전략을 함께 고민하며 신뢰를 쌓고, 필요한 경우 장기적인 계획까지 제안한다.

이처럼 지속적으로 건물주와 신뢰 관계를 유지하면서 유익한 정보를

나는 빌딩 중개로 건물주가 되었다

제공하면 장기적인 협력 관계로 발전하며 자연스럽게 전속계약을 체결할 수 있다. 그러기 위해서 중개인은 해당 빌딩에 관해 누구보다도 전문적인 판단을 내릴 수 있어야 한다. 건물주는 이미 주변의 다양한 의견을 들어봤을 것이다. 따라서 빌딩 중개사는 단순히 정보를 제공하는 것을 넘어, 건물주의 상황과 요구를 정확히 이해하고 가장 적절한 해결책을 제시해야 한다.

이어서 전속중개를 제안하는 시점도 중요하다. 전속중개를 제안할 때는 단순히 계약을 맺자는 요청만 할 것이 아니라, 건물주가 만족할 만한 구체적인 해결책과 실행할 수 있는 전략을 이미 준비하고 있어야 한다. 건물주는 중개사의 전문성을 확인했을 때 비로소 신뢰를 느끼고 전속계약을 체결한다. 따라서 중개사는 건물주의 고민과 목표를 명확히 이해하고, 이를 해결할 수 있는 현실적인 비전을 제시할 수 있어야 한다.

어떤 의미에서는 전속중개라는 말보다 전속 '책임' 중개라는 말이 더 적절하다. '전속'이라는 단어에는 '책임'의 의미가 수반되기 때문이다. 전속중개는 때때로 의뢰인의 전 재산을 단 한 명의 중개인에게 일정 기간 맡긴다는 뜻이기도 하므로, 책임감이 매우 중요하다.

단순히 말로만 "전속을 달라"고 요청하거나, 빈 건물에 회사의 현수막을 거는 것만으로 전속중개라고 할 수 없다. 진정한 전속중개는 서면 계약을 통해 중개사와 건물주 간의 책임과 권한을 체계적으로 규정해야 한다. 계약서 없이 진행되는 전속중개는 중개사의 역할과 의무를 불분명하게 만들며, 건물주와의 신뢰 관계를 저해할 가능성이 높다. 따라서 전속중개 계약을 할 때는 반드시 서면 계약을 체결해야 한다. 구두 약속이나 현수막 설치 같은 상징적 홍보 행위로 대체해서는 안 된다. 이는 오히려 중개사의 전문성과 진정성을 의심하게 만들 수 있다. 현수막은 단순히 지역 내 고객의 관심을 끌기 위한 매물 홍보의 도구일 뿐이다. 전속중개 계약은 단순히 홍보를 의미하는 것이 아니라, 중개사가 매물을 책임지고 관리하며 체계적으로 매각 활동을 이끌어 가는 과정이라는 사실을 명심해야 한다.

전속중개 계약을 따내고 싶은 중개인이라면 의뢰인의 빌딩을 자신의 빌딩처럼 여겨야 한다. 자기 건물이라면 어떻게 하는 것이 가장 좋을지 최선을 다해서 분석하게 된다. 여기에 더해 부동산 시장 전반을 파악할 수 있는 지식과 통계를 가지고 있어야 한다. 중개가 맡겨지면 반드시 성공시킬 준비가 되어 있어야 한다는 뜻이다. 의뢰인이라면 당연히 자기 건물을 가장 잘 이해하고 있으며, 전문적인 지식을 바탕으로 최선의 제안을 하는 중개인에게 일을 맡기기 마련이다.

TIP

개업 공인중개사의 전속중개 계약 의무 사항

전속중개 계약을 체결하는 개업 공인중개사는 반드시 국토교통부령으로 정한 전속중개 계약서를 작성해야 하며, 이를 3년간 보존해야 하는 의무가 있다. 위반할 경우 업무 정지 처분 등을 받을 수 있기 때문에 반드시 유의해서 준수해야 한다.

또한 전속중개 계약을 체결한 중개사는 정보를 공개해야 하고, 업무 처리 상황을 의뢰인에게 통지해야 하며, 3개월 안에 중개를 완성해야 한다. 이 내용을 구체적으로 살펴보면 다음과 같다.

나는 빌딩 중개로 건물주가 되었다

① 전속중개 계약 체결 후 7일 이내에 부동산거래정보망 또는 일간신문에 중개 대상물에 관한 정보를 공개해야 한다. 그리고 공개한 내용을 지체 없이 의뢰인에게 문서로 통지해야 한다(다만 중개 의뢰인이 비공개를 요청할 때는 공개하지 않는다).

② 2주에 1회 이상 중개 의뢰인에게 업무 처리 상황을 문서로 통보해야 한다. 만약 거래가 완성되면 그 사실도 바로 통보해야 한다.

③ 전속중개 계약의 유효 기간은 3개월로 한다(다만 당사자 사이에 다른 약정이 있다면 그 약정에 따른다).

계약을 성사시키는
협상 전략

가격 협상을 할 때 빌딩 중개인이 알아 두면 좋은 기술에는 여러 가지가 있다.

예를 들어, 세련된 매너로 좋은 인상을 주는 것도 협상 시 고객의 경계심을 풀 수 있는 방법이다. 또한 애초에 매도인과 협의한 후 높은 매매가를 설정해서 협상의 시작점을 높인 다음 가격을 점차 내리거나, 반대로 아예 낮은 가격을 제시해서 협상을 빠르게 진행할 수도 있다. 때로는 다양한 소재로 대화를 이끌어 가며 고객의 방어기제를 무너뜨릴 수도 있고, 어떨 때는 침묵으로 대응하면서 고객이 먼저 마음을 드러내게 유도할 수도 있다.

하지만 이런 기술을 적용하기에 앞서 고객의 심리를 파악하는 것이 먼저다. 고객의 심리를 잘 알아야 그에 맞는 최적의 중개 전략을 세울 수 있기 때문이다.

나는 빌딩 중개로 건물주가 되었다

부동산 상승기와 하락기에 따른 고객의 심리

빌딩 계약을 성사시키는 가격 협상을 잘 해내기 위해서는 우선 부동산 가격의 변동 요인을 알아야 한다.

부동산 가격이 움직이는 요인에는 여러 가지가 있다. 우선 장기적으로는 인구, 구매력, 통화량, 금리, 공급 등의 변수에 따라 부동산 가격이 달라진다. 그런데 단기적으로는 심리적인 영향이 부동산 가격을 움직이는 절대적인 요인이다.

부동산 시장의 상승기가 시작되면 건물 가격이 서서히 오르고, 부동산에 무관심하던 사람들까지 시세를 주목하며 매수에 관심을 보인다. 매도자들은 이에 반응해서 호가를 올리고, 마음이 급해진 매수자들은 서둘러 건물을 보러 다니며 계약을 맺으려고 한다. 이때 일부 매도자들은 계속해서 가격을 올리다가 급기야는 팔지 않겠다면서 잠수를 타기도 한다. 애가 탄 매수자는 결국 매도자가 제시한 가격을 받아들여서 건물을 매매한다. 그 결과 부동산 신고가가 오르게 된다. 매수세는 더욱 강화되고, 거래량도 증가하면서 시장은 상승세로 전환된다.

부동산 상승기에 매수자들은 '지금 사지 않으면 기회를 놓칠 것'이라는 불안에 빠지기도 한다. 이처럼 세상의 흐름에서 자신만 뒤처지거나 소외된 것 같은 두려움을 느끼는 현상을 '포모FOMO, Fear Of Missing Out 증후군'이라고 한다. 우리말로는 '소외불안증후군' '고립공포증'이라고도 하는데, 재테크 흐름을 제대로 파악하지 못해서 불안을 느끼는 심리 상태를 이야기할 때 많이 사용된다. 이럴 때 '지금이 빌딩 매입의 적기'라는 신호를 보내면 매수자의 불안 심리가 자극되면서 중개사에게 의지하게 된다. 이어서 적절한 정보를 제공하면 심리적 장벽이 낮아지면서 중개사에 대한 신뢰가 두터워진다.

상승기에는 매물의 희소성을 강조하는 전략이 효과적이다. 비슷한 조건의 매물이 거의 없다는 점을 부각하면, 기회를 놓칠 수 있다는 긴박감을 느낀 매수자는 결정을 서두르기도 한다. 매수자가 망설일 때는 구체적인 데이터를 제시하면서 판단을 도울 수 있다. 예를 들어, 매물의 예상 수익률이나 전망을 제시하는 것이다. 필요하다면 세법에 관한 자문이나 대출 조건 등에 대한 정보를 제공해서 매수자의 불안을 해소할 수도 있다. 이러한 접근은 매수자에게 실질적인 도움을 주는 동시에 계약 체결의 가능성을 높인다.

매도자의 심리를 적절히 활용하는 것도 괜찮은 전략이다. 매도자가 호가를 계속 올리거나 매도 의사를 번복하며 망설이는 상황에서 중개인은 매수자에게 "이 매물을 놓치면 더 높은 가격에 거래될 가능성이 크다"고 조언할 수 있다. 이 이야기를 통해 시장의 흐름을 의식한 매수자는 결정을 앞당기기도 한다.

자산가들은 부동산을 장기적인 자산 증식의 수단이자 현금 가치를 보존하는 수단으로 보기 때문에 가격이 계속 상승하리라는 기대로 투자한다. 그로 인해 부동산 시장의 열기는 더욱 과열되고, 더욱더 경쟁적인 매수 분위기가 형성된다. 경쟁이 치열한 만큼 매물은 점점 부족해지고, 매도자 우위 시장이 되면서 가격 조정은 어려워진다. 나는 실제로 건물이 꼭 필요한데도 불구하고 부동산 상승기를 맞아 가격이 너무 오르는 바람에 구매할 타이밍을 놓치는 매수자를 많이 보았다. 이때는 발 빠르게 정보를 확보한 중개사가 가장 많은 계약을 만들어 간다.

나는 빌딩 중개로 건물주가 되었다

반대로 부동산 시장이 하락기에 돌입하면 분위기는 급변한다. 매물은 조금씩 늘어나지만 매수자는 점점 줄어들고, 위기를 감지한 매도인 간의 가격 경쟁이 시작된다. 그럼에도 매수를 문의하는 연락은 없다. 태도가 급변한 매도인들은 중개사에게 먼저 연락해서 "요즘 상황이 어떤가요?" 하고 묻거나, 직접 상담을 하러 찾아오기도 한다.

중개인은 그동안 매수를 문의했던 고객에게 전화를 걸어 보지만 "관심 없어요"라는 답변이 대부분이다. 그래도 좋은 조건의 매물이 나오면 관심을 보이는 고객이 있다. 하지만 "건물 잘 봤습니다. 그런데 더 싼 물건은 없나요?"라고 묻는다. 손해 보기 싫은 매수자는 '내가 건물을 산 다음에 가격이 또 내려가면 어떡하지?' 하고 고민하면서 가격이 좀 더 떨어지기를 기다린다. 결국 거래는 성사되지 않고, 매물은 더 쌓인다.

이처럼 부동산 상승기에 거래될 만한 매매 가격은 이전보다 한 단계 높은 수준이고, 하락기에는 이전보다 낮은 수준이 된다. 이것이 일반적인 대중의 심리다.

부동산 상승기에는 빌딩 중개 시장도 대개는 호황이다. 시장에 나온 괜찮은 매물은 거의 다 매매될 정도로 계약 건수가 많다. 어떻게 보면 이럴 때가 빌딩 중개에 입문하기 좋은 시기이기도 하다. 다양한 사례를 접할 수 있고, 중개 활동을 통해 경험을 쌓으면서 계약을 성사시킬 기회가 올 수도 있으니 말이다.

하지만 부동산 하락기에는 빌딩 중개 시장도 대체로 좋지 않다. 물론 거래 건수가 줄어드는 것이지 아예 거래가 안 되는 것은 아니다. 이럴 때는 준비하는 자세로 다양한 지식을 익히고, 여러 가지 사례를 분석하면서 다음에 올 상승장을 기다려야 한다.

부동산 시장이 다시 상승장으로 돌아서는 신호는 매수자의 심리 변화를 통해 감지할 수 있다. 그리고 이러한 매수자의 심리를 알아볼 수 있는 가장 정확한 자료는 거래량이다.

특히 부동산 시장이 하락기일 때 거래량은 매우 의미 있는 지표가 된다. 바닥권에서 거래가 늘면 부동산을 매수하려는 사람이 증가하고 있다는 뜻이다. 이는 매수자의 구매 심리가 살아나고 있다는 신호이기도 하다. 따라서 바닥권에서 부동산 거래량이 증가하면 바닥 탈출이 시작되었다는 의미로 받아들여도 무방하다.

부동산 시장이 상승장에서 약세장으로 돌아설 때도 가장 먼저 신호를 보이는 것이 바로 거래량이다. 앞서 이야기했듯이 수요가 위축되고 거래가 뜸해지면 위기감을 느낀 건물주들이 경쟁하듯 싼 가격으로 매물을 내놓는다. 이렇게 저렴한 매물이 쌓이면 가격은 본격적으로 하락한다. 따라서 거래량의 감소를 가격 하락이 신호로 봐도 무방한 것이다.

빌딩 중개인은 늘 부동산 거래량에 주의를 기울여야 한다. 가격은 속여도 거래량은 속일 수 없다. "거래량이 실체이고, 가격은 그림자"라는 말이 나오는 것도 이 때문이다.

빌딩 중개에서 정말 중요한 것은 기회를 알아보는 일이다. 사실 부동산 경기가 안 좋고 금리가 높을 때 좋은 위치의 건물을 저렴하게 구입하는 게 최고다. 하지만 이것은 고객의 심리를 역행하는 일이다. 현명한 중개인은 이럴 때 오히려 매수자를 잘 설득해서 계약을 만들어 내기도 한다. 협상을 통해 아무리 생각해 보고 분석해 봐도 '손해 볼 정도는 아니다'라는 수준의 금액을 제시하면 계약하는 매수자가 생긴다.

부동산 시장은 상승과 하락을 반복하기 때문에 가격만으로 매물을 중개하는 데는 한계가 있다. 매물을 평가할 때는 국토교통부의 실거래가 신고 자료를 비롯해 디스코, 밸류맵 등의 데이터를 참고해서 주변 매매 사례와 비교하는 것이 기본이다. 이를 바탕으로 시장가보다 현저히 저렴한 매물은 급매로 분류되는데, 급매는 많은 매수자가 관심을 보이기에 경쟁이 심하다. 하지만 진정한 중개 전략은 급매물을 다루는 데서 그치지 않고, 매물이 가진 본질적 가치를 발견하고 부각하는 데 있다.

　매물의 가치를 분석할 때는 먼저 위치적 이점과 환경적 강점을 고려해야 한다. 입지가 좋고 주변 인프라까지 잘 갖춰진 매물은 경쟁력이 크다. 또한, 임차인 구성이 안정적이고 공실 위험이 낮은 매물은 지속적인 수익 창출을 기대할 수 있어 매력적이다. 건축물의 상태 역시 중요한 요소다. 보수할 필요가 없는 건물이나 신축 후에도 시장에서 경쟁력이 유지될 것으로 보이는 매물은 가치가 높다.

　빌딩 중개사는 이러한 분석을 바탕으로 현재 시장에서의 가치를 뛰어넘는, 매물이 창출할 수 있는 미래 가치를 제시할 수 있어야 한다. 현재 시장에서의 경제적 이익뿐만 아니라 투자 수익률과 장기적인 자산 가치까지 구체적으로 설명하는 것이 좋다. '이 매물을 지금 구입하지 않으면 놓치게 될 가치'를 중점으로 매수자가 확신을 얻을 수 있도록 설득하는 것이 중개사의 역할이다. 결국 성공적인 중개는 가격 경쟁에 얽매이기보다 매물의 내재한 가치를 발굴해서 매수자와 매도자 모두가 만족할 수 있는 거래를 만들어 내는 것이다.

매도자의 심리를 파악하라

빌딩 중개를 할 때는 특히 매도자의 심리를 파악하는 일이 매우 중요하다. 중개인은 대개 다음과 같은 방법으로 매도자의 매도 이유와 의지 등을 파악한다.

첫째, 매도자와의 대화를 통해 매도 이유를 알아본다. 빌딩 가격을 협상할 때 가장 중요한 것은 매도인의 매도 이유다. 매도 이유가 빌딩의 가격을 결정한다고 해도 과언이 아니다. 경험이 많은 중개인은 매물을 접수할 때 자연스럽게 왜 빌딩을 팔려고 하는지 묻는다. 핑계 없는 무덤이 없듯이 빌딩을 매도할 때도 반드시 그 이유가 있다. 노련한 매수인도 매물을 소개받을 때 항상 "이 빌딩을 왜 팔려고 하시나요?"라고 반사적인 질문을 던진다.

하지만 중개 일을 하다 보면 매도 이유를 밝히지 않으려고 하는 매도인을 종종 만난다. 이들 중에는 매도 이유를 사실대로 말하면 가격 협상에서 불리해질 것으로 생각하는 경우가 많다. 나는 중개사로서 이러한 심리를 감지할 수 있지만 경제적 상황을 집요하게 파고들거나 이용하고 싶지 않기에 이렇게 말한다. "편하게 말씀해 주셔도 괜찮습니다. 개인적인 사정은 충분히 이해하니, 깊이 생각하시고 천천히 알려 주셔도 됩니다."매도인이 원할 때 자신의 상황을 털어놓을 수 있도록 배려하면서, 성급한 결정이 실수로 이어지지 않도록 신중히 고민할 시간을 주는 것이다. 긴박한 상황에 몰려 있을수록 판단력이 흐려질 수 있기 때문이다.

한편, 나이 많은 매도인 중에는 "팔아서 자식들에게 나눠 주려고 한다"라고 빌딩 매각의 이유를 말하는 이들이 있다. 하지만 이유를 밝힌다

나는 빌딩 중개로 건물주가 되었다

고 해서 무조건 원활하게 매매가 이루어지는 것은 아니다. 이러한 상황에서 중개사가 매물 가격이 시세보다 높다는 점을 지적하면 대개 "급하지 않으니 천천히 팔아 주세요"라는 반응을 보인다. 문제는 시장가보다 현저히 높은 가격으로 매물을 내놓으면 거래가 이루어지지 않을 가능성이 높다는 것이다. 이 때문에 매도 기간이 불필요하게 길어지면 매도인의 계획에도 차질이 생길 수 있다. 이럴 때 중개사는 매도인의 의견을 존중하는 동시에 시장 상황과 수요를 고려한 현실적인 가격 설정의 필요성을 이야기하며 합리적인 결정을 내릴 수 있도록 도와야 한다.

일반적으로 급한 사정이 있는 매도인의 빌딩은 가격 협상이 용이하다. 매도인이 직접 급한 사정을 토로하는 일은 드물지만, 협상의 여지를 남겨 둘 때가 있다. 이런 경우에 매도인은 시간이 지남에 따라 점점 약한 모습을 보인다.

사정이 급한 매도인은 부동산 시장의 부정적인 측면을 더 민감하게 인식한다. 하락기에 빌딩을 반드시 매각해야 하는 상황에 놓였다면 시장이 더욱 악화될 것이라는 전망에 집중하며 불안과 초조함에 휩싸인다. 이러한 심리는 빠른 거래를 원하게 만들기 때문에 적절히 활용하면 계약을 성사하는 데 유리하게 작용할 수 있다.

급한 매도인의 물건을 중개할 때는 확실한 시장 분석을 바탕으로 매각의 필요성을 강조하는 것이 좋다. 예를 들어, 현재 시장 상황과 앞으로의 전망을 객관적으로 분석해서 지금이 매각의 적기라는 점을 설득력 있게 전달하는 것이다. 데이터를 활용해서 시장 악화 가능성을 설명하고 거래를 더 미룰 때 발생하는 리스크를 언급하면, 매도인의 불안을 해소하면서 매각 결정을 확고히 할 수 있다.

반면에 급한 사정이 없는 매도인은 부동산 시장을 긍정적으로 바라보며, 시장 상승 가능성에 기대를 거는 경향이 있다. 여유로운 태도로 가격 협상에 임하며, 지금 매각하지 않아도 더 좋은 기회가 올 것이라고 믿는다. 이러한 심리는 거래 결정을 보류하게 만들기 때문에 논리적인 근거를 들어서 계약을 유도해야 한다.

급하지 않은 매도인의 물건을 중개할 때는 데이터를 기반으로 매각의 장점을 강조하는 것이 좋다. 예를 들어, 시장이 상승세에 있어도 금리 인상이나 경제 불확실성 및 보유 비용 증가 가능성 같은 요인이 있다면 지금 매각하는 것이 안정적일 수 있다. 매각을 미룰 때 발생하는 기회비용과 시장 경쟁력의 잠재적 손실을 언급하면, 매도인의 결정을 앞당길 수 있다.

둘째, 매도자의 매도 의지를 알아보기 위해 관련 정보를 수집한다. 먼저 중개를 진행하기 전에 매도인의 의사를 철저하게 확인해야 한다. 나는 이를 확인하기 위해서 매도인에게 정말로 매각할 의사가 있는지, 임대차를 고려하고 있는 것은 아닌지, 매각 시점이 확정되었는지 등을 반복해서 물어본다. 이렇게 매도인의 진짜 의도를 미리 파악해야 거래 과정에서 발생하는 돌발 상황을 줄일 수 있다.

만약 매도인이 '팔아도 그만, 안 팔아도 그만'이라는 태도를 보인다면, 해당 빌딩은 중개하기가 쉽지 않다. 반드시 지금 팔아야 할 이유가 없는 빌딩이기 때문이다. 이런 상황에서는 가격 협상이 어려워질 뿐만 아니라, 시간이 지날수록 매도인이 기대하는 매매가가 상승할 가능성도 높아진다. 이처럼 의지가 확고하지 않은 매도인은 계약 날짜를 정해 놓고도 나타나지 않거나, 심지어 계약 당일에 매각을 철회하겠다는 문자를 보내는 일도 있다.

매물이 얼마 동안 시장에 머물렀는지, 매물 가격에 변동이 있었는지, 시장에 유사한 매물이 있는지 등을 확인하는 것도 중요하다. 매도자의 빌딩이 시장에 오래 머물러 있었고 유사한 매물도 많다면, 중개인은 이를 잘 설명한 다음 가격 협상을 유도한다. 이 과정에서 매도자의 매도 의지를 확인할 수 있다. 적극적으로 매도를 원하는지, 매도 시 어떤 점을 중요하게 생각하는지 간접적으로 파악할 수 있는 것이다.

확고한 매도 의지를 살피는 것은 성공적인 계약을 위한 필수 과정이다. 매도자의 의지를 확인했다면 네트워크를 적극적으로 활용해서 신속하게 매수자를 찾아야 한다. 이때부터는 매도인의 긴박한 심리 상태를 고려하면서 현실적으로 거래 가능한 조건에서 계약이 이루어지도록 중재하는 것이 핵심이다. 이와 더불어 안전하고 체계적으로 거래가 진행될 것이라는 심리적 안도감을 제공해야 한다. 구체적인 일정과 진행 단계를 설명하고, 매각 후 예상되는 긍정적인 결과를 제시하는 것도 효과적이다.

중개인은 매도인의 심리 상태를 파악한 다음, 상황에 맞는 전략으로 접근해야 한다. 급한 매도인에게는 불안을 해소하며 신속한 거래를 지원하는 방식이 필요하고, 여유 있는 매도인에게는 데이터와 기회비용을 바탕으로 설득하는 접근이 효과적이다. 이러한 맞춤형 전략은 매도인과의 신뢰를 구축하고, 성공적인 거래를 이끌어 내는 중요한 열쇠가 된다.

이처럼 빌딩 중개를 할 때는 매도자의 심리를 가장 먼저 파악해야 한다. 그래야 중개 전략의 개요를 짤 수 있다.

매수자의 심리도 중요하다

매수자의 심리를 파악하는 일도 매도자의 심리를 파악하는 것 못지않게 중요하다. 매수자가 원하는 바를 잘 알아야 그에 적합한 매물을 제안하고 상담할 수 있기 때문이다. 중개인은 다음과 같은 사항을 중점으로 매수자의 요구 사항을 유추한다.

첫째, 매수자가 빌딩을 구입하는 목적을 파악한다. 우선 투자 목적으로 빌딩을 구매하려는 매수자는 주로 장기적인 수익성에 관심을 둔다. 이들은 임대 수익률, 자산 가치 상승 가능성, 유지 비용, 주변 시장의 성장 잠재력 같은 경제적 요소를 중점적으로 고려한다. 따라서 수익 모델과 미래 가치에 관한 구체적 데이터를 제시하며 장기적인 관점에서 매물의 매력을 부각하는 것이 효과적이다.

반면에 실사용 목적으로 빌딩을 찾는 매수자는 외관, 위치, 공용 부분의 상태, 전유 면적, 주변 환경, 생활 편의성 등에 더 큰 관심을 기울인다. 예를 들어, 사업 확장이나 새로운 사무실 공간을 마련하기 위해 빌딩을 구입하려고 할 때는 입지 조건과 접근성이 중요한 판단 기준이 된다. 하지만 직접 거주가 목적이라면 건물의 외관, 내부 시설, 주차 공간, 주변 교통망 등이 결정에 큰 영향을 미친다. 이처럼 매수자의 목적을 알아야 그에 맞는 적절한 정보를 제공할 수 있다.

둘째, 매수자의 우선순위를 파악한다. 당연하게도 매수자마다 요구하는 사항은 제각각이다. 예산 규모에 맞는 빌딩, 위치가 좋은 빌딩, 크기가 적당한 빌딩, 빌딩의 시설 편의성 등등 다양하다. 이럴 때는 매수자에게 직접 가장 중요한 요건이 무엇인지 물어봐야 한다. 이 우선순위를 바탕으로 매물을 추천하는 것이 중요하다.

셋째, 매수자의 감정을 이해한다. 빌딩을 거래할 때는 결정해야 할 것이 많다. 이 과정에 피로감을 호소하는 매수자도 있다. 또한, 큰돈이 오가기 때문에 불안감을 느끼는 매수자도 있다. 중개인은 이러한 감정을 이해하고, 매수자의 우려를 불식할 수 있는 정보를 제공하면서 안정감을 되찾게 해야 한다. 쉽게 말해, 매수자의 걱정을 덜어 주어야 한다.

매수자는 자신이 원하는 바를 충족해 주는 중개인에게 신뢰를 느낀다. 그러므로 전문적인 태도로 성실하게 소통하면서 매수자의 요구 사항을 해결하기 위해 최선을 다해야 한다. 그렇게 해서 신뢰 관계를 구축해야 성공적인 중개에 다다를 수 있다. 단순히 매물의 정보를 전하는 것을 넘어서 매수자의 심정을 이해하고 헤아리며, 중개사 스스로 매수자의 입장이 되어서 계약할 만한 물건인지 깊게 고민한 다음 중개를 진행하면 성과를 만들어 낼 수밖에 없다.

중개사는 매수자가 직면한 상황과 매수자의 기대에 부응하면서 빌딩의 장단점을 객관적으로 살펴보아야 한다. 매수자의 목적에 부합하는 빌딩인지, 매매 후에 매수자가 선택을 후회하지 않을지 진심으로 고민해야 한다. 투자 목적이라면 장기적인 수익성과 시장 가치 상승 가능성을 확신할 수 있는지, 실사용 목적이라면 위치와 환경을 비롯해 건물 상태 등이 사용 계획에 적합한지 꼼꼼히 평가해야 하는 것이다.

중개사가 이런 마음가짐으로 매물을 대하면, 매수자가 원하는 것을 미리미리 준비해서 제공할 수 있다. 눈앞의 이익을 쫓기보다 신뢰를 쌓는 데 집중하다 보면 성공적인 계약으로 이어질 가능성이 높아질 수밖에 없다.

빌딩 중개 협상 시 성공 보장 꿀팁

빌딩 중개에서 협상은 중요하고도 복잡한 과정이다. 거래 금액도 크고 많은 사람의 이해관계가 얽혀 있기 때문이다. 그런 이유로 빌딩 중개 과정은 '고도의 협상 과정'이라고도 말할 수 있다. 계약 성립이라는 목표를 달성하기 위해서 매도자와 매수자의 심리를 분석하고, 효과적으로 접근하기 위해 여러 각도에서 다양한 시도를 해야 하기 때문이다.

그래서 이번에는 협상 컨설턴트로 미국 법무부, CIA, FBI 등의 정부 기관에서 협상 프로그램을 개발하기도 했던 '협상의 귀재' 허브 코헨 Herb Cohen의 견해를 참고로 빌딩 중개를 성공으로 이끌 수 있는 협상 꿀팁 몇 가지를 정리해 보려고 한다. 『허브 코헨의 협상의 기술』에 따르면, 협상에 필요한 것은 세 가지다. 정보, 시간, 힘이 그것이다. 이 세 가지를 가진 사람은 그렇지 않은 사람보다 협상에 유리하다. 이를 적용해서 빌딩 중개 시 어떻게 협상해야 하는지 알아보자.

우선 정보를 확보해야 한다. 비슷한 매물들의 가격이 얼마 정도로 형성되어 있는지, 매도인과 매수인에게 각각 어떤 사정이 있는지, 매도인 혹은 매수인에게 얻어 낼 이익이 있는지 등의 정보를 많이 알면 알수록 협상에 유리하다.

그리고 계약을 완료해야 하는 날짜가 정해진 사람은 그렇지 않은 사람보다 조급해진다. 상대적으로 시간이 부족하기 때문이다. 반대로 시간 여유가 있는 쪽은 협상을 오래 끄는 경향이 있다. 상대방을 더욱더 조급하게 만들기 위한 전략이다. 조급함은 결국 패배로 이어진다. 따라서 중개인은 매도인과 매수인 중 누가 더 조급한지 파악해서 원활한 협상이 이루어질 수 있도록 활용해야 한다.

마지막으로 중개인은 매도인과 매수인 중 어느 쪽에 더 힘이 실려 있는지 알아야 한다. 예를 들어, 매도인이 '가격 할인 불가'라는 입장을 내세웠는데 그 빌딩을 꼭 사고 싶어 하는 매수인이 있다고 해 보자. 이때 힘의 무게 추는 매도인 쪽에 있다. 힘의 원리에 따라 매수인은 매도인의 조건에 따르려는 경향이 강해진다. 중개인은 이런 심리를 잘 이용해야 한다.

부동산 거래에서 힘의 원리는 종종 매수인에게 불리하게 작용한다. 힘의 우위가 매도인에게 있다고 느낀 매수인 중에는 협상을 시도조차 하지 않고 소극적으로 대응하는 이들도 많다. 매도인이 제시한 조건을 받아들이지 않으면 거래 자체가 성사되지 않을 것이라는 불안감 때문이다. 이럴수록 중개인의 역할이 매우 중요하다. 중개인은 매수인과 매도인의 심리를 적절히 활용해서 거래를 원활하게 이끌어야 한다. 여기서 심리를 활용하는 방식은 크게 두 가지로 나뉜다.

첫째, 매수인의 심리를 활용해서 매도인의 요구를 관철시키는 것이다. 중개사는 협상에 소극적인 매수인에게 매도인의 요구 조건을 설득력 있게 전달할 수 있다. 예를 들어, 매수인에게 현재 시장 상황과 매물의 희소성을 강조하며 매도인의 조건이 합리적이라는 점을 부각하는 것이다. 그러면 매수인은 매물을 확보할 수 있는 좋은 기회를 놓치지 않기 위해 매도인의 조건을 수용할 가능성이 크다.

둘째, 힘의 논리에 휘둘리는 매수인을 대신해서 매도인과 협상하는 것이다. 매도인이 제시한 조건이 시장 가치보다 과도하거나 매수인에게 지나치게 부담될 때, 중개인은 매도인을 설득해서 조건을 조정하도록 중재해야 한다. 거래가 취소될 때 직면하게 될 기회 손실과 시장 리스크 등을 언급하면서 매도인이 현실적인 조건을 받아들이도록 유도할 수 있다.

중개인은 힘의 불균형 속에서 균형을 맞추는 중재자 역할을 수행하면서 양측 모두 만족할 수 있는 결과를 만들어 내야 한다. 중요한 것은 한쪽에 치우치지 않고, 양측의 신뢰를 얻으며 거래를 성공적으로 마무리할 수 있는 최적의 전략을 수립하는 것이다.

이처럼 정보, 시간, 힘을 잘 이용하면 협상에 큰 도움이 된다. 또한, 인간은 본능적으로 손실을 피하려고 한다. 당연히 내 것인 줄 알았던 것이 그렇지 않았을 때, 실제로 갖고 있던 것을 잃었을 때보다 더 큰 상실감을 느끼면서 이를 회피하려고 하는 것도 같은 이치다. 그래서 상대방의 시간을 최대한 투자하게 한 뒤 최후통첩으로 원하는 조건을 제시하면 협상에 성공할 가능성이 높아진다고 한다. 빌딩 중개에서도 이를 활용할 수 있다. 예를 들어, 질문도 거의 없고 임장할 때도 대충 살펴보는 매수자는 계약할 가능성이 낮다. 시간을 많이 투자하지 않았기 때문이다. 반대로 질문도 많고 매물도 공들여서 꼼꼼하게 살펴보는 매수자라면 계약할 확률이 높기에 더욱더 적극적으로 중개에 나설 필요가 있다.

한편, 협상의 태도도 중요하다. 빌딩 중개 과정에서 매수자의 태도는 매도인의 판단에 큰 영향을 미친다. 그러므로 매수자의 태도에 따라서 중개인의 협상 전략도 달라져야 한다. 빌딩 중개에서 매수 고객을 극단적으로, 크게 두 부류로 나누면 다음과 같다.

먼저 빌딩을 소개하자마자 불만을 털어놓기 시작하는 매수자가 있다. 가격이 너무 비싸다거나 전철역에서 너무 떨어져 있다는 등의 이유를 대면서 빌딩의 단점을 최대한 끌어내려고 한다. 이렇게 해서 빌딩의 매매가를 낮추려는 의도다. 매도인 입장에서는 매물을 자세히 보여 주고 싶

나는 빌딩 중개로 건물주가 되었다

지 않은 사람이다. 빌딩에 관해 단점만 늘어놓는 사람이 매수할 가능성은 별로 없다고 생각하기 때문이다.

이때 중개인은 매수자의 불만을 지나치게 부각하지 않는 동시에, 매수자가 언급한 사항 중 타당한 부분을 활용해서 협상을 진행할 수 있다. 예를 들어 "매수인이 빌딩 일부의 개선 필요성을 주장하는데, 이걸 감안해서 약간 가격 조정을 하면 거래가 원활하게 진행될 것 같습니다"라고 설득하는 것이다. 이러한 접근은 매물의 가치를 깎아내리지 않으면서 매도인에게 매수자의 입장을 이해시킬 수 있는 방법이다.

반대로 빌딩에 관해 칭찬을 아끼지 않는 매수자가 있다. 이처럼 매물에 긍정적인 매수자는 매도인에게 좋은 인상을 남길 가능성이 크다. 매도인은 이러한 태도에 호감을 느끼고, 심지어 약간의 손해를 감수하더라도 거래를 진행하고 싶어 하기도 한다.

이런 상황에서 중개인은 매수자의 긍정적인 반응을 더욱 부각하면서 거래를 촉진할 수 있다. 예를 들어 "매수인이 빌딩을 매우 마음에 들어해서, 조건만 유지된다면 바로 계약할 의향이 있다고 합니다"라고 말하며 매도인의 결정을 유도하는 것이다. 매수자가 매물의 가치를 충분히 인정하고 있다는 점을 강조하면 추가적인 가격 조정 없이 거래가 성사될 가능성을 높일 수 있다.

중개인은 빌딩에 관한 매수자의 태도와 심리를 자세히 분석하고, 이를 바탕으로 협상 전략을 세워야 한다. 매수자의 반응에 따라 유연하게 대처하며, 양측 모두 만족할 수 있는 거래를 만들어 내는 것이 중개인의 역할이다. 중개인의 세심한 접근은 성공적인 계약으로 이어지고, 성공적인 계약은 중개인의 전문성과 신뢰도를 높인다.

부동산도 심리지만, 중개도 심리다

◉ 지난 10년간의 부동산 심리 차트 ◉

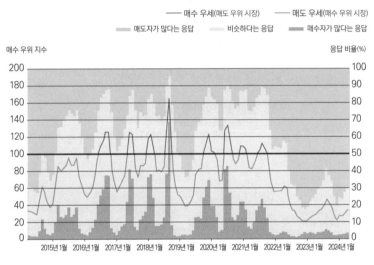

—— 매수 우세(매도 우위 시장)　　—— 매도 우세(매수 우위 시장)
▓ 매도자가 많다는 응답　　▓ 비슷하다는 응답　　▓ 매수자가 많다는 응답

자료: KB부동산

　부동산 시장은 매우 민감하게, 단기적으로 변동한다. 인간은 심리적인 측면에서 큰 영향을 받는데, 이러한 경향이 부동산 시장에도 고스란히 반영된다. 매수자와 매도자의 심리적 요인으로 인해서 가격이 한 방향으로 움직이기도 한다. 이는 가격이 내재 가치를 초과해서 폭락하거나 폭등할 때도 나타나는 현상이다.

　따라서 부동산 시장을 제대로 이해하려면 심리적인 측면을 고려해야 한다. 그러나 너무 단기적인 정보에만 의존해서 시장을 판단하는 것은 위험하다. 정부 정책이나 통계는 추세를 파악하는 데 중요하지만, 일정 기간의 통계를 종합적으로 고려해야 한다. 대출 규제 같은 정부 정책은 투자 수요 심리를 위축시켜서 향후 시장 동향에 영향을 줄 수 있다. 하지만 미분양 통계의 변화는 최소 6개월 이상의 추세를 파악해야 정확하게 판단할 수 있다. 이처럼 장기적인 시장의 흐름을 판단하고 투자 방향을 결정해야 실수를 줄일 수 있다.

건물을 팔고 싶은 쪽은 더 많이 받기를 원하고, 건물을 사고 싶은 쪽은 되도록 싸게 사기를 원한다. 한쪽은 깎고 싶고, 한쪽은 올리고 싶다. 파는 쪽, 사는 쪽 모두 계약 전날까지 잠을 못 이룬다. 빌딩 중개는 큰 자산을 다루는 일인 만큼 예민해질 대로 예민해지는 것이다. 이 사이에서 균형을 잡고, 대화를 통해서 타협하고 조율하는 것이 바로 빌딩 중개사의 일이다.

다 비슷한 것 같은 와인도 자주 마시다 보면 미세한 차이가 느껴진다. 전문적인 와이너리는 아무런 정보 없이 향과 맛만 보고도 어떤 와인인지 척척 맞출 수 있다. 이게 바로 일반인과 전문가의 차이다. 빌딩 중개인의 전문성 역시 미세한 차이에서 나온다.

빌딩도 물건마다 차이가 있다. 모양, 위치, 형태가 거의 비슷해 보이는 빌딩도 매일 자세히 관찰하다 보면 미세하게 차이가 있다는 사실을 알게 된다. 고객도 마찬가지다. 비슷한 성향의 고객들도 각각 미세하게 원하는 것이 다르기 때문에 고객별로 적합한 정보를 제공해야 한다.

이 미세한 차이들을 얼마나 빨리 알아채고 조율할 수 있는지가 빌딩 중개사의 전문성을 판가름한다. 매수자의 상황을 잘 파악하지 못하면 수요가 있어도 거래를 성사시키지 못할 수 있다. 빠르게 움직이는 매수자, 시간 여유가 있는 매수자, 조건을 지금 당장 맞추기 힘든 매수자 등 상황은 사람에 따라 다르다. 이런 매수자의 상황을 잘 파악해서 중개하는 것이 많은 계약을 할 수 있는 비결이다.

계약을 만들기 위해서는 고객의 심리와 상황을 잘 파악하고 있어야 한다. 그래야 좋은 매물을 얻을 수 있고, 바로 계약으로 연결할 수 있다. 따라서 더욱 민감하게 고객에게 다가가며 미세한 부분도 감응할 수 있는 레이더를 작동해야 한다.

빌딩 매매 계약 시
중요 **확인** 사항

빌딩은 자산 중에서도 규모가 매우 큰 편에 속한다. 그만큼 오가는 거래 금액도 크기 때문에 빌딩 중개를 할 때는 훨씬 더 신중해야 한다. 꼼꼼한 빌딩 중개인이라면 매매 계약을 체결하기 전에 다음 사항들을 반드시 확인한다. 앞서 언급한 적 있지만, 중요한 부분인 만큼 좀 더 구체적으로 짚어 보겠다.

등기부등본(등기사항전부증명서)을 확인한다

먼저 건축물대장과 등기부등본에 기재된 내용이 동일한지 확인한다. 소유권에 관한 사항은 등기부등본이 우선이다. 등기된 소유자가 진정한 매도인이어야 한다. 따라서 매도인이 소유자가 분명한지 확인한 후 매매 계약서를 작성한다. 매도인의 신분증을 등기부등본과 대조해서 확인한 다음, 신분증을 복사해서 사본과 함께 보관하는 것이 좋다.

만약 대리인과 거래한다면 '위임용 인감증명서'와 '인감도장이 날인된 위임장'을 확인한다. 그다음 중개인이 직접 매도인과 통화해서 대리권을 준 것이 사실인지, 대리권을 준 사람이 누구인지 등을 최종적으로 알아본다.

건물의 상태와 상황을 확인한다

임대차 계약자, 임대 기간, 월 임대료, 보증금, 임대료 연체 상태, 관리비, 부가가치세 포함 여부, 특약 사항 등을 자세히 살펴본다. 혹시 임대료가 밀렸다면, 우선적으로 협의해야 한다. 이때 보증금에서 감액하는 방법 등 명확한 협의 방법까지 자세하게 기록해야 나중에 분쟁이 생기지 않는다. 건물에 수리가 필요한 부분도 미리 파악해서 특약 사항에 자세하게 기입하는 것이 좋다.

상가 건물은 부가가치세를 확인해야 한다

주택과 토지는 면세지만, 상가 건물일 때는 부가가치세가 포함된 가격인지 아니면 별도인지 반드시 확인한다. 요즘 부동산 거래는 대부분 '포괄양도양수' 계약 형태로 진행되지만, 예외적으로 그렇지 않을 때도 있다. 포괄양도양수 계약이 아닐 때는 매매 대금을 '토지 가격'과 '건물 가격'으로 구분해서 기재해야 한다.

특히 건물 가격에 관해 주의해야 하는데, 건축물 가액의 10퍼센트에 해당하는 부가가치세를 별도로 매매계약서에 명시해야 한다. 이는 부가가치세가 토지에는 부과되지 않고 건물에만 적용되기 때문이다. 따라서 매매계약서를 작성할 때 건물과 토지의 가격을 확실히 구분하고, 건물 부분에 관한 부가세를 정확히 기재해야 거래 이후 발생하는 세무적인 문제를 예방할 수 있다.

매매계약서에 기재하면 좋은 특약 사항

① 매매 계약 시 빌딩의 권리적·물리적 하자 또는 결함 여부를 명시한다. 특히 하자가 있을 때 매도자가 어떤 책임을 질 것인지 계약서에 구체적으로 작성해야 한다. 이때 중개사의 역할이 중요하다. 중개사가 중개대상물확인서(중개 대상물이 계약과 일치한다는 사실을 확인하는 내용을 담은 문서)를 작성하고 하자 보수를 어떻게 처리할지 정리해서 계약서에 명시해야 분쟁의 소지가 줄어들기 때문이다. 일을 잘하는 중개사는 중개 대상물인 빌딩에 방문할 때마다 문제가 있는 곳은 없는지, 혹은 향후 문제가 될 만한 부분은 없는지 살펴보고 꼼꼼하게 중개대상물확인서를 작성한다. 책임 소재를 분명히 해 두지 않으면 매도인은 빌딩을 매각하고도 두 발을 뻗고 자지 못하기에 고객이 불안을 느끼지 않도록 중개사가 잘 정리해야 한다.

매도인의 하자 담보 책임은 법률로 규정되어 있어서 별도로 명시하지 않아도 효력이 있지만, 계약서에 확실히 기재하고 매수인과 매도인 모두에게 충분히 설명하는 것이 실무적으로 더 안전하다. 이러한 사전 조치는 양측의 신뢰를 강화하는 데 중요한 역할을 하며, 거래 후 문제가 발생했을 때 신속한 해결을 가능하게 한다.

따라서 계약서에 하자 보수 조건, 책임 범위, 보수 기간 등의 세부 사항을 명시하고 매도인이 동의한 이후 매수자가 잔금을 입금하도록 하는 것이 바람직하다.

② 매도자 혹은 매수자가 충족해야 하는 일정 조건을 전제로 거래가 진행되는 경우, 해당 조건을 상세하게 기록한다.

③ 잔금 처리 전에 수리해야 할 사항이나, 매도자와 매수자가 협의한 물리적인 부분 등에 관한 사항도 빠짐없이 기록한다.

④ 매매 대금(계약금, 중도금, 잔금)의 액수, 지급 일자, 지급 방식을 정확히 기재한다. 예를 들어, 계약금은 계약 체결일에 현금으로 지급하고 중도금은 특정 날짜에 계좌 이체로 지급한다는 식으로 세부 내용을 명시한다. 이를 통해 매도인과 매수인 사이의 책임과 의무를 구체화하고, 거래의 투명성을 확보하는 동시에 불필요한 갈등을 예방할 수 있다.

또한, 상황에 따라 유연하게 매도인과 매수인이 협의해서 지급 일자나 금액을 조정할 수 있다는 조건을 추가하는 것도 유용하다. 예를 들어 "잔금 지급일은 양측이 합의한 일정에 따라 조정할 수 있다"라고 명시하면, 예상치 못한 사정으로 일정에 변동이 생겼을 때도 계약의 안정성을 유지할 수 있다.

⑤ 매매 계약 해제 시 배상 요건을 기재한다. 계약금이 지급된 이후 거래가 취소되면 위약금 문제가 대두된다. 이때 계약금에 관한 위약금 규정을 따르는 것이 일반적이다. 매도인의 잘못으로 계약이 해제되면 매수인은 계약금을 돌려받을 수 있도록 하고, 매수인의 잘못으로 계약이 해제되면 매도인은 계약금을 몰수할 수 있도록 하는 것이 기본 원칙이다.

하지만 이 내용을 특약 사항에 명시하지 않으면 계약금을 돌려받거나 몰수하지 못하고 실제 피해를 본 금액만큼만 손해배상을 받는 일이 생기기도 한다. 이와 더불어 배액배상 등의 추가 조건을 명시하는 것도 고려해 볼 수 있다.

⑥ 매매 계약 해제 조건을 상세하게 기록한다. 거래 도중에 빌딩 가격이 급격히 상승하면 계약을 해제하고 싶어 하는 매도자가 간혹 있다. 이

를 방지하기 위해 계약서에 해제 조건을 구체적으로 규정해 두는 것이다.

예를 들어, 계약금 및 중도금이 지급된 이후에는 계약을 해제할 수 없다고 명시한다. 특히 빌딩 가격이 상승해도 해제가 불가능하다는 조항을 추가하면 매도자의 일방적인 계약 철회를 방지할 수 있다. 또한, 위약금 규정을 강화해서 계약 해제 시 매수자가 입을 수 있는 손해를 보상받도록 한다.

사실 주택 거래에서는 이런 일이 종종 발생하지만, 빌딩 거래에서는 그 빈도가 매우 희박하다. "너무 저렴하게 팔았다"고 아쉬움을 토로하는 사례가 가끔 있지만 계약 자체를 해제하려는 사람은 거의 없다. 빌딩은 단순히 가격 변동만으로 평가하기는 어려운 자산이기 때문이다. 위치, 도로 접근성, 건축물 상태, 임대 현황 등 빌딩의 가치를 결정하는 요소는 복합적이기에 하나의 기준으로 가격이 결정되지는 않는다. 하지만 혹시 모를 분쟁을 예방하기 위해서 가격 상승이나 하락과 관계없이 계약의 효력을 유지할 수 있는 규정을 마련해 두는 것은 바람직하다.

빌딩의 가격 변동 가능성과 계약 체결 이후 발생할 수 있는 시장 상황에 관해서는 사전에 충분한 논의를 거치는 것이 좋다. 중개인은 매도자와 매수자가 계약 조건을 명확히 이해할 수 있게 돕고, 가격 상승에 관한 불안을 덜어 주며 거래 과정의 신뢰를 구축하는 데 주력해야 한다.

포괄양도양수 계약에
관해 알아 두자

포괄양도양수 계약의 의미

'포괄양도양수' 계약은 건물 매매 시 양도인이 양수인에게 모든 사업 시설과 그 사업에 관한 인적·물적 권리와 의무를 양도해서, 양수인이 그 대로 승계하는 계약을 말한다. 쉽게 말해, 양도인이 사업의 모든 권리와 의무를 양수인에게 승계하는 것을 의미한다.

부동산을 하나의 개별 물건이 아닌, 사업에 딸린 자산으로 취급해서 통째로 매매할 때는 포괄양도양수 형태로 거래가 이루어진다. 이는 사업 의 동질성을 유지하면서 명의만 바뀌는 방식으로, 사업장의 실체는 그대 로 두고 소유권만 이전되는 것이다. 매수자는 사업을 통째로 이어받으므 로 안정적인 운영이 가능하다.

포괄양도양수는 건물을 포함한 사업장의 모든 자산과 부채, 계약 관 계를 일괄적으로 승계하기에 빌딩 매매 시 특히 유리하게 작용할 수 있 다. 매매 과정에서 발생할 수 있는 번거로운 절차를 간소화해서 거래의 효율성을 높이고, 세무적인 이점까지 제공하기 때문이다.

그중에서도 가장 큰 장점은 부가가치세를 생략할 수 있다는 점이다. 일반 매매에서는 건축물 가액의 10퍼센트에 해당하는 부가가치세를 납부한 다음 환급 절차를 거쳐야 하지만, 포괄양도양수 거래에서는 불필요한 절차를 생략해서 부가가치세를 납부하거나 환급하지 않아도 된다.

보통 상가를 매매할 때 거쳐야 하는 부가가치세 납부와 환급 절차는 이렇다. ① 매매 대금에서 토지와 건물의 기준시가를 구하고, 건물분에 대한 부가세를 산정한다. ② 매도자는 세금계산서(건물)를 발행해서 매수자에게 주고, 매수자는 건물분 부가세를 매도자에게 건네서 매도자가 세무서에 납부한다. ③ 매수자는 건물분 부가세를 주면서 받은 세금계산서로 세무서에 부가세 환급신청을 해서 환급받는다.

이러한 절차를 간소화한 제도가 포괄양도양수 계약이다. 포괄양도양수 계약은 별도로 포괄양도양수 계약서를 작성하는 것이 원칙이지만, 매매계약서의 특약 사항에 "포괄양도양수 계약임"을 기재해도 된다. 이를 통해 양도인과 양수인은 불필요한 세무 절차와 비용 부담을 줄일 수 있다.

다만 포괄양도양수 성립 조건이 안 될 때도 많으니, 중개인은 항상 양도인과 양수인의 조건을 모두 확인해야 한다. 특정 조건을 충족하지 못하면 부가가치세 면제* 혜택을 받을 수 없으므로, 사전에 전문가의 자문을 바탕으로 한 정확한 계약 체결이 필요하다.

---

* 사실 이는 '면제'가 아니다. 그럼에도 면제라고 표현하는 이유는 오해에서 비롯된 것으로 볼 수 있다. 예를 들어, 소유 형태가 양도양수 방식이 아니거나 임대사업이 아닌 사옥 용도로 직접 사용하고 있다면 포괄양도양수로 간주할 수 없다. 특히 기존 건물을 그대로 양수받지 않고 철거 후 신축을 계획하고 있다면 더더욱 포괄양도양수 요건에서 벗어난다. 전 소유주가 건물을 전부 또는 일부라도 자가 사용한 이력이 있을 때도 마찬가지다. 즉 건물에 대한 부가가치세는 「부가가치세법」에 따라 과세되어야 하며, 이를 '면제'로 표현하는 것은 적절치 않다.
실무상 복잡하고 번거로운 과세 절차를 간소화하고자 포괄양도양수 형식을 활용하려는 시도가 종종 있는데, '번거로움을 줄이기 위한 형식적 선택'이 본질적인 세법 요건을 충족하지 않는다면 부당한 면세 주장으로 간주될 수 있다.

포괄양도양수 계약의 성립 조건

포괄양도양수 계약이 성립하려면 다음과 같은 필수 조건이 있다.

첫째, 양도자와 양수자의 업종이 동일해야 한다. 매도인이 '부동산 임대업'을 하고 있었다면, 매수인의 업종도 '부동산 임대업'이어야 한다. 포괄승계 이후에 양수인이 업종을 추가하거나 변경하는 일은 가능하다.

둘째, 양수인이 사업자등록을 10년 이내에 폐업하거나 면세 사업자로 변경하면 부가가치세를 추징당할 수도 있다.

셋째, 양도양수의 범위는 사업 전체여야 한다. 즉 사업에 관련된 토지 및 건물 등의 부동산, 관련 설비, 종업원 등 사업 일체를 모두 승계해야 한다.

넷째, 포괄승계가 가능하려면 양수자의 과세 유형이 양도자의 과세 유형과 같거나 커야 한다. 매도인과 매수인의 사업 유형에 따라서 포괄양도양수 계약이 가능한 경우가 있고, 가능하지 못한 경우가 있으므로 꼼꼼하게 확인해야 한다. 이를 정리하면 다음과 같다.

양도자	양수자	포괄양도양수 해당 여부
일반과세	일반과세	○
일반과세	간이과세	○ (양수자 간이과세 → 일반과세로 전환)
일반과세	면세, 면세 겸용 사업	X
간이과세	간이과세	○
간이과세	일반과세	○

거래 시 계약서에 본 계약이 단순한 개별 부동산 매매가 아니라, 사업의 동질성을 유지한 상태에서 명의변경을 포함하는 포괄양도양수 계약이라는 사실을 분명하게 기재해야 한다. 이를 통해 계약의 성격을 명확히 하고, 거래 과정에서 발생하는 오해를 방지할 수 있다.

또한, 포괄양도양수 계약이 성립되지 않을 경우를 대비한 조항도 반드시 포함해야 한다. 만약 포괄양도양수 계약이 불가하다면, 건물 가액에 해당하는 부가가치세는 매수인이 전적으로 부담한다는 내용을 명시한다. 이와 더불어 매도인은 부가가치세 납부와 관련된 모든 증빙 자료를 매수인에게 제공할 의무가 있음을 규정해서 거래의 투명성을 확보한다.

부가가치세 관련 분쟁을 사전에 방지할 수 있는 예방 조항을 포함하는 것도 좋다. 매수인은 계약 체결 시 해당 조항에 동의하며, 이후 부가가치세 납부 책임에 어떤 이의도 제기하지 않을 것을 명시하는 것이다. 이것으로 부가가치세와 관련된 분쟁의 가능성을 최소화할 수 있다.

계약서에 이러한 조항들을 포함하면, 포괄양도양수 계약이 성립할 때와 그렇지 않을 때 모두 명확한 지침을 제공한다. 이는 계약 체결 이후 발생할 수 있는 세무적·법적 문제를 사전에 방지하는 효과가 있다.

포괄양도양수 계약 신고 방법

양도자는 잔금일에 속하는 달의 말일부터 25일 이내에 부가가치세 확정신고와 납부, 폐업신고를 해야 한다. 폐업신고를 할 때는 사업자등록증 원본과 포괄양도양수가 명시되어 있는 매매계약서를 첨부해서 신고한다. 양수자는 잔금일로부터 20일 이내에 매도인과 동일 과세 유형, 같은 업종으로 사업자등록증을 신청해야 한다.

빌딩 중개 과정에서
발생할 수 있는 **문제점**

　부동산 자산은 우리나라 가계 재산 전체의 70퍼센트가 넘을 정도로 높은 비중을 차지하고 있다. 당연히 부동산 시장이 경제에 미치는 영향 또한 상당하다. 이처럼 중요한 영역이지만 매도자나 매수자가 직접 시장에 나온 물건을 파악하고 알아볼 수 있는 정보는 한정적이다. 사정이 이렇다 보니 공인중개사에게 매물을 문의하고, 거래에 도움을 받을 수밖에 없다.

　하지만 현재의 공인중개사 선발 시스템은 완전하다고 할 수 없고, 재교육 부족으로 전문성 또한 천차만별이다. 이에 더해서 종종 발생하는 중개 사고는 공인중개사의 전문성에 관한 사회적 신뢰를 더욱 떨어뜨리고, 부동산 유통 질서의 불신을 조장하기도 한다.

　특히 빌딩은 거래 규모가 큰 만큼 빌딩 중개 사고는 일반적인 중개 사고보다 훨씬 더 큰 충격이 발생할 수 있다. 따라서 모든 중개인이 그렇겠지만 빌딩 중개인은 더욱더 신중하게 중개에 접근해야 한다. 빌딩 중개 과정에서 발생할 수 있는 문제를 미리 알아 두고, 이를 예방하기 위해 노력해야 한다.

그렇다면 빌딩 중개 과정에서 발생할 수 있는 문제에는 무엇이 있을까? 빌딩 중개 과정에서 발생할 수 있는 문제에는 여러 가지가 있지만, 그중 크고 중요한 문제만 추려 보면 다음과 같다.

첫째, 매매 후 빌딩의 결함이 발견될 수 있다. 이를 방지하기 위해서는 중개 시작부터 빌딩의 상태를 꼼꼼히 살펴야 한다. 수리나 유지·보수 비용이 별도로 필요하다면 매도자와 매수자의 책임 및 의무 관계를 명확히 정리해 두어야 추후 분쟁이 발생하지 않는다.

만약 계약서에 하자 처리에 관한 특약 사항이 명시되어 있지 않은 상태에서 매수자가 빌딩을 인수하고 결함을 발견한다면, 중개인에게 책임이 전가되는 상황이 발생할 수도 있다. 이는 중개인의 신뢰성을 크게 떨어뜨릴 뿐만 아니라, 심지어 법적 분쟁으로 이어질 가능성도 있다.

「민법」 제580조(매도인의 하자 담보 책임)에 따르면, 매매 목적물에 숨겨진 하자가 있어 계약의 목적을 달성하지 못한 경우 매수인은 손해 배상을 청구하거나 계약을 해제할 수 있다. 이를 방지하기 위해서는 계약서에 다음과 같은 내용이 포함되어야 한다.

> • 매도인이 계약 체결 당시 알지 못했던 건물의 구조적 또는 물리적 하자에 대해 일정 기간(일반적으로 6개월) 보수 책임을 진다는 조항을 명시한다.
> • 하자가 발견되었을 경우 매수인은 이를 매도인에게 즉시 통보하고, 매도인은 이를 수리하거나 보수 비용을 부담해야 한다는 구체적 절차를 기재한다.

이러한 내용을 계약서에 포함하면 매수인의 불만을 미리 해소할 수 있

나는 빌딩 중개로 건물주가 되었다

고, 중개사가 불필요한 책임을 지는 상황도 예방할 수 있다. 하지만 빠뜨리면 매수인은 추가 수리 비용을 부담해야 할 수 있고, 중개사는 중개 수수료 반환을 요구받는 곤란한 상황이 생길 수 있다.

둘째, 다양한 임대차 계약 문제를 검토해야 한다. 빌딩의 층별·공간별로 임대료가 다르거나, 일부 임대차 계약이 부재하거나, 임대차가 묵시적으로 갱신된 상태일 수 있다. 특히 묵시적으로 갱신된 계약은 기존 조건이 유지되는 것으로 간주하지만, 임차인은 언제든지 계약을 해지할 권리가 있기에 매수인에게 불확실성을 제공할 수 있다.

이를 해결하기 위해서는 다음과 같은 사항을 철저하게 점검해야 한다.

- 빌딩 전체의 임대차계약서를 확보하고, 각 층의 임대 조건과 기간을 파악한다.
- 매수인이 임대 조건을 승계하려고 할 때, 기존 계약 내용이 매수인에게 확실히 전달되었는지 확인한다.
- 필요하다면 임차인과 매수인이 새로운 임대차 계약을 작성해서 법적 안정성을 확보한다.

이러한 점검을 소홀히 하면 매도인과 매수인 사이에서 중개사가 문제를 떠안는 상황이 발생할 수 있다. 따라서 임대 조건과 관련된 모든 사항을 철저히 확인해서 거래 이후 발생할 수 있는 임대차 문제를 최소화해야 한다. 특히 매도인의 하자 담보 책임과 임대차 계약 문제는 빌딩 거래에서 매우 중요한 사안이므로, 계약 과정에서 문제를 철저하게 검토하고 적절한 조치를 취해야 갈등을 예방하고 성공적인 거래를 만들 수 있다.

임대차계약서에서 확인해야 할 사항

① 임대물의 주소, 크기, 구조
② 임대 기간과 조기 종료 조건
③ 임대료 금액, 납부 일자, 선불 혹은 후불 여부, 납부 방법
④ 보증금 금액과 반환 조건
⑤ 임대물의 현재 상태와 그에 대한 책임 소재
⑥ 임대물을 특정 용도로 사용하는 데 제한 사항이 있는지 여부
⑦ 관리비와 유지·보수에 대한 책임
⑧ 임차인이 계약을 조기 종료할 때 환불 규정
⑨ 임대료 인상 조건
⑩ 계약 갱신 조건

셋째, 위반건축물도 자주 발생하는 문제점 중 하나다. 특히 '일조권 사선제한' 등을 잘 살펴보아야 한다. 일조권 사선제한은 건축물을 건축할 때 정북 방향으로 인접 대지 경계선으로부터 일정 거리 이상을 띄우도록 한 규제를 말한다. 쉽게 말해, 주변 건물들에 남쪽으로부터 햇빛을 받을 권리를 보장해 주는 것이다.

건물주는 이러한 규정이 못마땅할 수도 있다. 건물 윗부분이 사선으로 깎이지 않으면 더 넓은 공간을 이용할 수 있기 때문이다. 그래서 어떤 건물주는 준공 후에 불법으로 베란다를 확장하기도 한다. 하지만 이러한 베란다 확장 공사는 불법이다. 나중에 이행강제금 및 강제 철거와 같은 원상 복구 명령을 받게 된다. 용도변경과 원상 복구 문제는 사전에 확실히 정리하지 않으면 추후 분쟁으로 이어질 수도 있다. 따라서 매매를 진행할 때 현재 상태로 거래를 마무리할지, 아니면 매수자의 용도변경 계획을 반영할 것인지 결정한 다음 이를 계약서에 구체적으로 작성해야

한다.

용도변경을 계획하고 빌딩을 매수했는데, 용도변경이 허가되지 않는 등의 예상치 못한 문제가 발생해서 원상 복구를 해야 하는 상황이 생길 수도 있다. 이때 매수자가 매도인에게 원상 복구를 요구하거나 비용을 청구하는 등의 갈등이 발생할 가능성이 있다. 이를 방지하기 위해 거래 초기 단계에서 다음과 같은 사항을 명확히 규정해야 한다.

- 매매계약서에 현재 상태로 매매를 진행하는지 여부를 명시한다. 계약서에 "본 매물은 현재 상태로 매매하며, 계약 체결 이후 발생하는 용도변경 또는 원상 복구와 관련된 모든 책임은 매수인에게 있다"는 조항을 포함해서 매매 이후 매수인의 변경 계획으로 비롯되는 문제를 매도인과 분리할 수 있다.
- 용도변경과 관련된 책임의 범위를 계약서에 구체적으로 기재한다. 만약 매도인이 해당 매물의 용도변경 관련 문제를 사전에 인지했다면, 이를 계약서에 기록하고 매도인이 처리해야 할 사항과 매수인이 부담해야 할 사항을 명확히 구분해야 한다. 예를 들어 "용도변경에 따른 비용 및 원상 복구 책임은 매수인의 계획에 따라 매수인이 전적으로 부담한다"는 내용을 포함하면 책임 소재가 분명해진다.
- 매매 이후 원상 복구 요구와 관련한 분쟁을 방지하기 위한 조항도 반드시 포함한다. 계약서에 "매매 후 발생하는 용도변경과 관련된 모든 법적 문제 및 원상 복구 요구는 매수인의 책임으로 하며, 매도인은 이에 대한 추가적인 책임을 지지 않는다"는 내용을 명시하면, 거래 이후 갈등 가능성을 최소화할 수 있다.

매매 대상 물건의 상태와 법적 상황에 관해 매도인과 매수인 모두 분명하게 이해하고 있다는 점을 계약서에 기록하는 것이 중요하다. 용도변경 및 원상 복구와 관련된 문제는 매매 계약 단계에서 책임과 의무를 명확히 정리해야 한다. 매수인이 매물의 상태를 충분히 확인했으며 용도변경 계획에 따른 책임을 인정한다는 합의 내용을 포함하면, 나중에 발생할 수 있는 분쟁을 예방할 수 있다.

근린생활시설로 허가받은 부분을 준공 후 주택으로 개조해서 사용하는 경우도 있다. 또한 고시원이나 다중 주택은 각 호실별 취사 시설 설치가 불가능한데, 이를 위반하고 개별 호실에 불법으로 취사 시설을 설치한 것도 위반건축물이다. 그리고 건축법상의 건폐율이나 용적률을 초과해서 건축해도 위반건축물이다.

이러한 위반건축물은 건축물대장을 열람하면 확인할 수 있다. 처음 계약할 당시에는 건축물대장에 위반건축물이 아니었는데, 계약 후에 위반건축물이 될 수도 있다. 그러므로 무단 증축된 부분이 없는지 현장에서 꼼꼼히 확인해야 한다.

한편, 토지거래허가구역으로 지정된 지역에서 빌딩을 매입하려면 매수 목적이 명확해야 한다. 토지거래허가구역은 부동산 투기 방지와 시장 안정화를 목적으로 지정되는데, 해당 구역에서 부동산 매매 시 매수 목적을 세부적으로 검토해서 허가 여부가 결정되기 때문이다. 특히 임대수익 목적은 허가받기 어렵다. 사무실, 사업장, 개인적인 용도 등의 직접 사용을 목적으로 해야만 거래 허가를 받을 수 있다.

따라서 이러한 규제가 있는 지역에서 빌딩을 매수할 때는 매입 목적에 대한 허가 요건을 꼼꼼하게 확인한 다음 관련 서류를 준비해야 한다. 이를 소홀히 하면 매매 계약이 무효가 되거나 거래가 지연되는 상황이 발생할 수 있으므로, 중개인은 이러한 규정을 매수인에게 상세히 안내해야 한다. 이를 모르거나 무시하고 빌딩을 거래할 경우 여러 가지 법적 분쟁이 발생할 수 있다.

　　　　　　　나는 빌딩 중개로 건물주가 되었다

넷째, 매물의 권리관계와 고객의 요구 조건을 검토해야 한다. 매물이 아무리 우량해 보여도 채권 및 권리관계가 복잡하면 자금의 안전성을 보장할 수 없다. 이런 상황에서는 매도자에게 계약금 등을 성급하게 지급해서는 안 된다. 등기부등본과 권리관계를 철저히 분석해서 문제가 없다는 사실을 확인한 다음 거래를 진행하지 않으면 계약금을 회수하지 못하는 일이 발생할 수도 있다.

최근 일부 거래에서 가계약금 명목의 돈을 먼저 입금하는 사례가 있는데, 이는 매우 위험하다. 가계약금을 따로 설정하지 말고, '일부 계약금'이라는 명목으로 진행하며, 계약 체결에 관한 협의가 이루어진 상태에서 거래해야 한다. 구두 계약이 이루어졌어도 서면으로 작성해 두지 않으면 추후 분쟁으로 이어질 가능성이 높다. 모든 거래는 충분한 검토와 서면 계약을 통해서 진행해야 한다.

또한, 건축된 물건을 중개할 때는 더욱 신중한 접근이 필요하다. 예를 들어, 경계선 문제나 과거 건축 과정에서 발생한 하자 등을 두고 매수자가 특정한 요구를 할 수 있다. 이때 중개인은 매수자의 요구를 검토해서 다음과 같이 분류해야 한다.

무리한 조건	경계선 조정처럼 현실적으로 이행이 어려운 요구는 매수인과 논의해서 조정하거나 계약서에서 삭제한다.
해결 가능한 조건	간단한 보수 작업이나 서류 보완처럼 현실적으로 이행 가능한 요구는 계약서에 명확히 기재하고, 이를 충족할 수 있는 계획을 수립한다.

이 과정에서 중개인은 계약서에 조건을 명확히 기재하고, 각각의 요구 사항의 이행 가능성을 매도인과 매수인이 충분히 이해할 수 있도록 설명해야 한다. 조건이 지나치게 복잡하거나 명확하지 않으면 추후 불필요한 갈등이나 분쟁이 발생할 수 있다.

부동산 거래는 철저한 권리관계 검토와 명확한 계약서 작성이 기본이다. 특히, 조건이 복잡하거나 권리관계가 불명확한 물건은 사전에 문제를 검토하고 조율해서 거래의 안전성을 확보해야 한다. 이를 소홀히 하면 매수자뿐만 아니라 중개인 스스로 어려움을 겪을 수도 있다.

이처럼 빌딩 중개에서는 다양한 문제가 발생할 수 있기 때문에 사소한 것 하나하나 모두 신경 써야 한다. 확인 절차 없이 매도자의 말을 그대로 믿어서는 안 된다. 중개인 스스로 확인한 것만 진실이라고 생각해야 한다. 스스로 전문성이 부족하다고 판단되면 변호사, 건축사, 세무사, 은행 관계자에게 묻고 또 물어서 불확실한 요소를 완전히 제거하고 빌딩 중개에 임해야 한다.

TIP

미리미리 준비해야 하는 계약서 특약 사항

빌딩의 계약 조건은 매우 다양하다. 따라서 빌딩을 중개하고 계약서를 작성할 때는 정신을 바짝 차려야 한다. 각 사례에 따라 계약서에 알맞은 특약 사항을 넣어야 나중에 문제가 생기지 않는다. 대표적인 사례를 정리해 보면 다음과 같다.

나는 빌딩 중개로 건물주가 되었다

① 건물 내부 답사를 해야 하는 경우

간혹 건물을 자세히 살펴보지 못하고 계약할 때가 있다. 이를 방지하기 위해 "매도자는 매수자의 건물 내부 답사에 적극 협조하고, 답사할 때 위법 사항이 발견될 경우에는 매도자가 책임지고 정상화한다"는 특약 사항을 넣어야 한다.

② 매도자 명도 조건으로 매수하는 경우

최근 매수자 우위 시장이 되면서 매도자 책임의 명도가 많아졌다. 그래서 "매도인은 ○월 ○일까지 본건 건물 전체의 임차인을 책임지고 명도하고, 임차인들에게 보증금을 모두 반환하며, 잔금일에 전층 공실 상태로 매수인에게 인도한다"는 내용의 특약 사항을 넣어야 한다. ○월 ○일까지 명도되지 않을 때는 계약이 파기되고, 매도인은 매수인에게 계약금을 배액배상해야 한다.

③ 신축할 조건으로 건물을 매수하는 경우

소유권 이전 후 건물 철거 및 신축을 할 예정인 상황이다. 따라서 "건물 가격은 0원으로 부가세는 없는 것으로 하며, 추후 부가세가 발생할 경우에는 매수인이 부담하기로 한다"는 내용의 특약 사항을 넣어야 한다. 이렇게 하지 않으면 건물분의 부가세를 내야 하는 일이 발생하기 때문이다.

④ 잔금 전에 용도변경과 건축인허가가 필요한 경우

이런 경우에는 "매도인은 매수인이 잔금 지급 전에 근린생활시설 변경 및 건축인허가를 받기 위해 필요한 서류를 적극 협조한다"는 내용의 특약 사항을 넣어야 한다. 매도자의 토지사용승낙서가 있어야 잔금 전에 매수자 명의로 건축인허가가 가능하다.

⑤ 건물을 신축 상태로 매수하는 경우

이런 경우에는 "매도자는 잔금일에 매수자에게 시공사와의 하자 보증보험에 관한 일체의 사항을 인계한다"는 내용의 특약 사항을 넣어야 한다.

매매할 때
기존 임차인 **명도**시키기

토지나 건물을 저렴하게 매입한 다음 신축 또는 리모델링으로 가치를 극대화하는 투자는 적극적으로 추천되는 전략이다. 깨끗하게 단장된 건물로 높은 임대 수익을 올릴 수 있고, 저렴하게 구입했기에 시세 차익 또한 얻을 수 있기 때문이다. 이에 따라 건물을 매매하면서 기존 임차인들을 명도시켜야 할 때가 있다. 여기서 명도란 부동산을 점유하고 있는 자가 그 점유를 타인의 지배하에 옮기는 것을 의미한다. 쉽게 말해, 임차인들을 빌딩에서 내보내야 한다는 뜻이다.

신축 예정 물건이나 리모델링이 필요한 물건을 매매할 때 매도인과 매수인이 가장 민감하게 신경 쓰는 부분이 바로 임차인 명도다. 상가 임차인의 계약갱신요구권은 2014년 1월 1일 이후 계약한 경우, 10년간 보장된다. 이 기간에 임차인을 내보낼 방법은 제한된다. 이처럼 임차인 명도 문제는 절대 쉽지 않다. 시간과 비용이 많이 소요되는 사례가 다반사이기 때문에 가능하다면 임차인을 잘 설득해서 해결하는 것이 좋다.

임차인 명도 문제는 매수인과 매도인 모두에게 중요한 사안이므로 명

나는 빌딩 중개로 건물주가 되었다

도 비용에 해당하는 금액을 별도로 책정해서 책임 분담에 따라 빌딩 매매 가격에 반영할 수 있다. 예를 들어, 매도인이 명도를 완료한 후 매매 계약을 체결할 때와 매수인이 명도를 직접 진행할 때의 매매 가격을 다르게 설정하는 것이다.

빌딩 매매 과정에서 임차인을 명도해야 할 때, 보통은 그동안 임차인들과 관계를 이어 온 매도인이 명도하는 것이 더 효과적이다. 매도인과 임차인의 관계가 우호적이었다면 불필요한 갈등 없이 원활하게 명도 협상을 진행할 가능성이 크기 때문이다.

신축 예정 물건에서는 매도인이 미리 임차인과 협의해서 임대차 계약 종료 시 또는 매매 시 명도를 정리하는 조건으로 매매하는 사례가 있다. 이때 매도인은 임차인과 '제소전 화해조서'를 작성해서 명도를 합의했다는 사실을 공식적으로 문서화한다. 이는 매수인이 명도 문제로 어려움을 겪지 않도록 하기 위한 예방 조치다.

제소전 화해조서는 법적 분쟁을 예방하기 위해 법원에서 작성되는 공식적인 합의 문서다. 소송이 제기되기 전 당사자 사이의 협의를 통해 분쟁 해결 방안을 정리하고, 법원의 확인을 받아서 법적 효력을 부여하는 방식으로 만들어진다. 임대차 계약 종료 후 명도, 금전 문제, 손해배상 등과 관련된 분쟁을 미리 해결하기 위해 작성된다. 부동산 거래에서는 주로 매도인이 임차인과의 갈등을 앞서 처리한 다음 매수인에게 양도하기 위해 사용된다.

제소전 화해조서의 효력은 매우 강력하다. 법원의 판결과 동일한 효력을 가지고 있어서 소송 절차 없이도 강제집행이 가능하다. 예를 들어, 임차인이 명도 시점에 건물을 비우지 않으면 제소전 화해조서를 근거로 강제집행을 시행할 수 있다. 시간과 비용이 많이 드는 소송 절차를 생략할 수 있고, 법적 강제력으로 분쟁 발생 시 신속하게 대처할 수 있다는 점에서 아주 효율적인 문서인 셈이다.

빌딩 거래 시 매수인에게 큰 부담으로 작용할 수 있는 임차인 명도 문제는 이처럼 매도인 주도의 제소전 화해조서 작성을 통해 해결하는 것이 가장 효과적이다. 하지만 어떤 경우에는 임차인들이 명도 자체를 거부할 수도 있다. 주로 재정적인 문제가 원인이다. 계약 만료 후에도 건물을 비우지 않으면, 건물 소유주는 임차인에게 명도 소송을 제기해야 한다.

명도 소송은 소유권에 관한 다툼이 아니라, 점유자에게 점유할 권리가 있는지에 대한 다툼이다. 따라서 건물 소유자라고 해서 당연히 소송에서 이길 수 있는 것은 아니다. 이러한 명도 소송은 생각보다 자주 발생하는데, 소송이 길어지면 매수인에게 큰 부담이 된다.

명도 소송을 하려면 먼저 임차인의 점유가 불법인지 알아야 한다. 임대료를 3개월 이상 연체해서 계약 해지 사유를 충족했는데도 계속 점유하고 있거나, 임차 중 귀책사유(예를 들어 불법 도박장, 성매매 업소처럼 임차 목적물을 계약과 다르게 사용한 사례)가 발생했거나, 빌딩을 훼손했거나, 소유주의 허락을 받지 않고 부정한 방식으로 타인과 임대차 계약을 체결한 경우 등에 해당하면 계약 만기가 되었을 때 갱신 요구를 할 수 없다. 임차인이 버텨도 소송으로 내보낼 수 있다.

그러나 임차인 명도 문제는 가급적 소송이나 강제집행에 의존하기보다는 서로의 입장을 고려해서 타협점을 찾아가는 것이 더 바람직하다. 무작정 명도 소송을 제기해서 문제를 해결하려는 접근은 시간과 비용 면에서 효율적이지 않고 불필요한 갈등을 키울 수 있다.

먼저 대화를 통해 임차인의 요구 사항을 파악한 다음, 가능한 한 빠르게 합의점을 찾는 것이 경제적 손실을 최소화하는 방법이다. 하지만 일부 임차인은 협의를 가장한 시간 끌기를 하며 자신에게 유리한 조건을 갖추려고 한다. 이럴 때는 명도 소송을 제기하는 동시에 임차인과 협의를 계속하며 해결책을 찾는 이중적인 접근법이 필요하다.

명도 문제 해결의 핵심은 '합의점을 빠르게 찾는 것'이다. 법적 절차는 필요할 경우 협상을 뒷받침하는 수단으로 활용하되, 우선적으로는 임차인과 대화를 통해 가장 효율적인 해결 방안을 모색해야 한다. 이때 금전적인 합의로 문제를 해결하는 것이 가장 현실적이며 빠른 방법이다. 명도 비용을 조금 아끼려다가 시간과 에너지만 소모되고, 결국 추가 비용이 들어갈 가능성이 크다.

빌딩 중개사는 매도인과 매수인 사이에서 협상 능력을 발휘해 명도 문제를 조율하고 효율적으로 해결하는 중재자의 역할을 해야 한다. 신속하게 합의점을 찾아내는 능력이야말로 성공적인 명도와 거래를 이끄는 열쇠다. 중개인의 도움으로 명도가 잘 마무리되면 계약은 일사천리로 진행된다.

> **TIP**
>
> ## 명도 소송 절차
>
> 명도 소송은 '소장 작성 → 법원 접수 → 상대방 답변서 → 준비서면 → 수차례 변론 기일(조정 기일 포함) → 판결문 → 강제집행' 순서로 진행된다. 명도 소

송은 대부분 변호사에게 의뢰해서 진행하는데, 작성된 소장은 의뢰인에게 검토 받은 후 법원에 접수한다.

명도 소송에는 보통 6개월에서 1년 정도의 기간이 소요되는데, 때에 따라서 그 이상이 걸리기도 한다. 이 기간은 대부분 상대방의 법률적 태도에 의해 변동된다. 보통 대립이 강할수록 소송 기간이 늘어나는데, 법적 근거가 명확하거나 조기 합의에 이르거나 임차인이 소극적으로 대응하는 등의 이유로 기간이 단축되기도 한다.

임차인이 3개월 이상 임대료를 연체했거나 불법 점유한 사항이 있다면, 그 사실과 함께 임대차 계약 해지를 먼저 통보한다. 임차인에게 문자로 알려도 되지만, 일반적으로 내용증명서를 발송한다. 그다음 법원에 '점유이전금지 가처분 신청'을 한다. 점유이전금지 가처분은 명도 소송과 동시에 또는 명도 소송 이전에 진행하는 것으로, 임차인이 제삼자에게 점유를 이전하지 못하도록 법원에 보전처분을 신청하는 것이다. 임차인이 제삼자에게 점유를 이전해 버리면 나중에 강제집행하기가 상당히 어렵기 때문이다.

점유이전금지 가처분 절차는 '신청서 작성 및 제출 → 담보 제공 명령 → 인도명령결정문 → 강제집행'의 단계를 거친다. 이때 강제집행은 명도 소송 판결문이 아닌, 점유이전금지 가처분을 대상으로 한다. 과거에는 전자소송이 없어서 더 오랜 시간이 걸렸지만, 요즘은 전자소송으로 시간이 단축되었다. 신청 후 강제집행까지는 대개 3주 정도가 걸린다. 집행관이 점유하고 있는 부동산의 벽에 점유이전금지 고시를 붙이는 것으로 강제집행이 마무리된다.

그리고 몇 개월 뒤 명도 소송 판결문이 나오면, 집행을 위해 관할 법원 집행관실에 집행 신청서를 제출해야 한다. 집행관은 먼저 임차인에게 경고하고, 일정 기간 내에 임차인이 건물을 비우지 않으면 강제집행 신청을 받아들인다. 강제집행 시기는 집행 일정에 따라 다르며, 때로는 1개월 이상 소요될 수도 있다.

나는 빌딩 중개로 건물주가 되었다

중개 보수를 잘 받는 노하우

중개 보수의 성격과 의미

중개 보수는 중개사가 빌딩 중개에 관한 거래를 알선한 대가로 받는 돈이다. 보통 '중개 수수료'라고 부르는데, 공식적으로는 '중개 보수'라고 한다. 중개 보수는 거래 금액과 거래 유형에 따라 비율이 다르다. 「공인중개사법」 시행규칙에 따라 중개 보수 요율이 정해져 있다. 매매, 전세, 월세에 따라 부동산 중개 보수 요율과 계산 방법이 다르고, 부가세도 다르다.

「공인중개사법」 시행규칙에 따르면, 부동산 중개 보수 요율은 거래 유형과 금액에 따라 다음과 같이 정해져 있다.

◇ 주택(부속 토지 포함) 중개 보수 요율 ◇

매매·교환	5,000만 원 미만	거래 금액의 0.6% (한도액: 25만 원)
	5,000만 원 이상 ~ 2억 원 미만	거래 금액의 0.5% (한도액: 80만 원)
	2억 원 이상 ~ 9억 원 미만	거래 금액의 0.4%
	9억 원 이상 ~ 12억 원 미만	거래 금액의 0.5%
	12억 원 이상 ~ 15억 원 미만	거래 금액의 0.6%
	15억 원 이상	거래 금액의 0.7%
임대차 등 (매매·교환 외)	5,000만 원 미만	거래 금액의 0.5% (한도액: 20만 원)
	5,000만 원 이상 ~ 1억 원 미만	거래 금액의 0.4% (한도액: 30만 원)
	1억 원 이상 ~ 6억 원 미만	거래 금액의 0.3%
	6억 원 이상 ~ 12억 원 미만	거래 금액의 0.4%
	12억 원 이상 ~ 15억 원 미만	거래 금액의 0.5%
	15억 원 이상	거래 금액의 0.6%

이러한 요율은 「공인중개사법」 시행규칙 별표 1에 명시되어 있으며, 각 지방자치단체의 조례에 따라 일부 변동될 수 있다.

나는 빌딩 중개로 건물주가 되었다

◇ 오피스텔 중개 보수 요율 ◇

전용면적 85m² 이하, 전용 입식 부엌, 전용 수세식 화장실 및 목욕 시설을 갖춘 경우	매매·교환	거래 금액의 0.5%
	임대차 등	거래 금액의 0.4%
	매매·교환·임대차 등	거래 금액의 0.9%

이러한 요율은 「공인중개사법」 시행규칙 별표 2에 따라 정해져 있다.

◇ 그 외 부동산(토지, 상가 등) 중개 보수 요율 ◇

매매·교환·임대차 등	거래 금액의 0.9% 이내에서 중개 의뢰인과 개업 공인중개사가 협의해서 결정

이러한 요율은 「공인중개사법」 시행규칙 제20조 제4항에 명시되어 있다.

※ 참고 사항

• 중개 보수의 지급 시기: 개업 공인중개사와 중개 의뢰인 간의 약정에 따르되, 약정이 없을 경우 중개 대상물의 거래 대금 지급이 완료된 날로 한다.

• 거래 금액의 계산: 임대차의 경우 보증금 외에 차임이 있으면, 월 차임액에 100을 곱한 금액을 보증금에 합산해서 거래 금액으로 산정한다. 단, 합산한 금액이 5,000만 원 미만인 경우 월 차임액에 70을 곱한 금액을 보증금에 합산한다.

• 부가가치세: 중개 보수에는 부가가치세가 별도로 부과될 수 있으며, 일부 지역에서는 조례 등을 통해 중개 보수 요율을 별도로 정할 수 있다. 따라서 지역별로 중개 보수 요율에 차이가 발생할 수 있다.

중개 보수는 중개 의뢰인 양쪽에서 각각 받을 수 있는데 중개 보수 요율에 따라 매매는 9억 원 이상일 때 0.9퍼센트 이내에서, 임대차는 6억 원 이상일 때 0.8퍼센트 이내에서 "중개 의뢰인과 개업 중개사가 서로 협의하여 결정"하라고 기재되어 있다.

간혹 물건도 몇 개 보여 주지 않았는데 비싼 중개 보수를 받는다고 투덜거리는 고객이 있기도 하다. 빌딩 자체가 고가이다 보니 중개 수수료가 크게 느껴질 수밖에 없다. 중개인은 이러한 매수인과 매도인의 심리를 이해하면서 부담을 최소화할 수 있는 조율 방안을 제시하며 거래를 이끌어 가야 한다. 빌딩 중개인이 매수자에게 물건을 몇 번 보여 줬는지, 그 횟수는 중요하지 않다. 중요한 것은 중개사의 노력으로 적소의 물건을 보여 주고, 알맞은 매수인에게 발 빠르게 중개해서 매매 계약이 성사될 기회를 제공했다는 점이다. 빌딩 중개인을 통해서 매수자는 매물을 살 수 있고, 매도자는 매물을 팔 수 있게 되는 것이다. 중개 보수는 그 대가로 받는 정당한 수익이다.

빌딩 매매 계약이 성사되기까지의 과정은 절대 단순하지 않다. 빌딩 중개인은 어떤 매물을 중개할지 결정하기 위해 많은 노력과 고민을 한다. 매수인에게 브리핑하기까지 수많은 매물을 검토하고 정보를 수집하며, 매수인의 요구에 맞는 매물을 선택하기 위한 준비 과정에 긴 시간을 투자한다. 또한, 적합한 매수인과 임차인을 찾기 위해 매도인과 수많은 상담을 하고 손품과 발품을 팔아서 매물을 살펴본다.

매수인이 매물을 쉽게 선택했다고 느꼈다면, 이는 중개인이 매수인을 대신해서 복잡한 과정들을 철저히 수행했기 때문이다. 매수인의 투자 목적, 예산, 선호 지역, 기대 수익률 등을 분석한 뒤 조건에 부합하는 매물을 선별하고 각각의 장단점을 비교해서 최적의 선택지를 제안했을 것이다. 그다음 매수인이 확신을 가질 수 있도록 매물에 관한 정보를 상세히 전하고 설득하는 과정을 거쳤을 것이다. 즉, 매수인이 빠르고 쉽게 결정을 내렸다는 것은 중개인이 그만큼 많은 노력을 기울였다는 뜻이다.

중개인은 단순히 부동산 계약을 성사시키는 사람이 아니라, 매도인과 매수인이 최선의 결정을 내릴 수 있도록 안내하는 가이드이자 파트너다. 계약의 성사는 중개인의 보이지 않는 노력의 결과물이자, 전문성과 헌신을 보여 주는 예시라 할 수 있다.

빌딩 중개는 여러 가지 과정을 거치기 때문에 계약이 성사되기 전까지는 어디서든 문제가 발생할 수 있다. 때로는 마무리 단계에서 계약이 파기되기도 한다. 외부적인 요인 외에 중개사의 태도와 인품, 정보력, 상식과 지식, 고객 서비스 능력 등 복합적인 요소에 의해 계약 성사 여부가 결정되기도 한다. 이처럼 여러 요인에 의해 계약이 이루어지기도 하고 파기되기도 하므로 모든 과정을 신중히 처리해야 한다.

중개사의 귀책사유로 계약이 해제되는 것이 아니면 계약이 취소되어도 수수료 청구권은 없어지지 않는다. 하지만 계약이 성사되지 않으면 결국 보수를 받지 못하는 일이 생긴다. 이 점을 염두에 두고 고객이 만족할 수 있는 최선의 서비스를 제공하기 위해 노력해야 한다.

중개 보수를 잘 받기 위한 차별화된 서비스

아이폰을 만든 애플은 제품 디자인, 운영 체제, 고객 서비스 등에서 차별화된 고유 가치를 제공한다. 뛰어난 품질과 고객 만족을 통해 높은 가격을 유지하는 것이다. 이처럼 빌딩 중개인도 차별화 전략으로 중개 보수를 잘 받기 위해 노력해야 한다.

중개사는 모두 동일한 공인중개사 자격증을 가지고 있지만, 각각의 중개인과 중개 회사의 브랜드 파워 및 브랜드 이미지는 천차만별이다. 따라서 같은 자격증을 가진 중개사들 사이에서 앞서 나가기 위해서는 지속적인 노력으로 프리미엄의 이미지를 구축해야 한다.

고객은 신뢰할 수 있는 빌딩 중개인을 선호한다. 전문적인 지식을 갖추는 것뿐만 아니라 숙련도까지 더해지면 더할 나위 없다. 부동산 시장의 최신 동향, 지역별 가격 변동 현황, 법적 규정 등에 관해서도 정확한 정보를 알고 계속해서 업데이트해야 한다.

중개 시장 확장을 위해 빌딩 투자에 관심 있는 고객을 지속적으로 발굴하는 일도 중요하다. 투자 가능성이 높은 지역과 잠재적인 수익률, 단기적인 가치와 장기적인 가치 등을 비교해서 새로운 고객에게 꼭 필요한 정보를 적절하게 제공할 수 있어야 한다.

사소하게는 고객의 스케줄과 선호 시간에 맞춰서 미팅을 진행하는 것도 차별화된 서비스에 해당한다. 고객에게 맞춘 유연한 일정 조율은 긍정적인 인상을 남길 수 있기 때문이다. 또한, 매물을 홍보할 때 고품질의 사진과 동영상을 활용하는 것도 좋다. 생생하고 선명한 빌딩 이미지는 고객의 관심을 끌 수 있다.

다양한 인맥을 구축하고 유지하는 것도 중요하다. 협력 중개사, 부동산 개발자, 금융 기관과의 협업 및 네트워크 구축을 통해서 다양한 고객을 만날 수 있는 기회를 만들어야 한다.

부드럽지만 자신감 넘치는 말투, 깔끔한 외형, 정중한 태도 등 모든 측면에서 프로다운 이미지를 갖추는 것도 고객 확보에 중요한 요소 중 하나다. 고객은 중개사의 외적인 모습에서 지레 전문성을 판단하고 신뢰를 형성하기 때문이다.

이 모든 것이 중개 보수를 잘 받기 위한 차별화 요소가 된다. 명품과 짝퉁은 1퍼센트 차이에서 온다. 작은 디테일이 명품을 만드는 것이다. 잘 관리된 손으로 청하는 악수, 좋은 취향이 느껴지는 커피 한잔, 그리고 언제든지 자산가들과 미팅이 가능할 수 있도록 갖춰진 복장 등이 여러분을 차별화된 중개인으로 만들 것이다.

하지만 이 모든 것보다 더 중요한 한 가지는 고객에게 어떤 가치를 제공할지 고민하는 일이다. 진정한 프로 중개인은 고객의 요구를 충족시키고, 중개 보수를 받을 만큼의 가치를 제공한다. 고객의 세무 문제를 파악해서 증여세나 양도소득세 등에 관한 정보를 제공하거나, 합법적인 범위 내에서 절세 컨설팅을 제공할 수도 있다. 고객을 신경 쓰이게 하는 가려운 부분을 시원하게 긁어 주는 서비스를 제공하는 것이다.

결국 고객 입장에서 생각해야 차별화된 서비스를 할 수 있다. 중개인이 고객을 위해 일한다고 느끼게 하면 신뢰는 시작된다. 이러한 신뢰 형성은 중개인의 매출 상승으로 이어진다.

고객은 지금 무엇을 원하는가?

세상이 온통 디지털화되어 가고 있다. 하지만 한편으로는 아날로그가 다시 성장하고 있기도 하다. 이어령 교수는 디지털과 아날로그의 조화를 강조한 '디지로그Digilog'라는 신조어를 만들기도 했다.

캐나다의 저널리스트인 데이비드 색스David Sax의 책 『아날로그의 반격』에는 이런 내용이 실려 있다. 실리콘밸리에서는 '마음 챙김'이라는 프로그램이 인기라고 한다. 일종의 명상 프로그램이다. 구글의 '내면 탐구' 프로그램에는 정기적인 명상 수업이 있고, 페이스북 본사에도 명상 공간이 있다. 디지털 업계에서 아날로그를 소중히 여긴다는 증거는 이 밖에도 많다.

많은 스타트업 창업자, 투자가, 프로그래머가 수첩에 메모를 한다고 한다. 스마트폰을 사용할 듯하지만 사실은 그렇지 않다. 구글의 사용자 인터페이스 디자이너는 종이와 펜으로 스케치를 한다. 아무리 기술이 발달해도 종이만큼 직관적인 것은 만들어지지 않았기 때문이다.

테크놀로지를 제한하는 회사도 있다. 퍼컬레이트에서는 회의할 때 디지털 기기를 금한다. 아마존의 의장 제프 베이조스Jeff Bezos가 임원들에게 6쪽의 보고서를 손으로 써 오게 한다는 사실은 잘 알려져 있다.

무엇보다 디지털 경제는 낭만적이지 않다. 부자라고 해서 감정이 없는 것은 아니다. 따뜻하고 인간적인 감정을 기대하지 않는다는 것은 편견이다. 세계적인 부호들이 종이와 펜을 선호하는 이유는 스스로 인간이라고 선언하는 것이나 다름

없다.

미국의 인공지능 과학자인 마빈 민스키|Marvin Minsky는 이렇게 말했다. "문제는 지적인 기계가 어떤 감정을 가질 수 있느냐가 아니라, 기계가 아무런 감정 없이 지능을 가질 수 있느냐 하는 것이다." 기술은 단지 중개인이라는 '사람' 옆에서 부차적인 역할을 할 것이다. AI 기술이 아무리 좋아져도 수백~수천억 원짜리 매물을 인공지능이나 가상현실만 믿고 거래할 수는 없다. 매물의 가치가 높을수록 직접 보고 결정할 것이다. 기술이 좋아져서 인공지능 로봇이 나와도 사람들은 중개인을 만나 직접 거래할 것이다.

고객은 인간이다. 부를 추구하기 위해 냉철하게 계산할 때도 있지만 그 이전에 따뜻한 심장을 가진 인간이다. 빌딩 중개의 기본 중 기본인 정확한 정보와 전문적인 지식을 갖추었다면, 거기에 인간적인 품격을 더해야 한다. 부자들은 여러분의 정보보다 여러분의 인격과 따스한 마음에 더 큰 신뢰를 느낄 수도 있다. 디지털이 모든 것을 지배하는 시대라고 해서 모든 일을 디지털처럼 처리해서는 안 된다.

고객은 우리에게 디지털화된 정보도 원하지만, 친절한 미소와 가끔씩 전해 주는 안부 인사를 반가워할지도 모른다.

Chapter 7

매출 상승을 위한
온라인 마케팅

왜 **온라인** 마케팅을 해야 할까?

　현대 사회에는 거의 모든 분야에 인터넷이 끼어들어 있다. 부동산 업계도 예외는 아니다. 많은 사람이 부동산 거래 및 임대 정보를 찾을 때 인터넷을 참고한다. 온라인 마케팅은 이러한 수요를 충족하는 가장 효과적인 방법의 하나다. 온라인에서는 다양한 채널을 통해서 다양한 형태의 콘텐츠를 제공할 수 있다. 블로그, 유튜브, SNS 등을 활용해서 정보를 널리 알릴 수 있는 것이다. 이는 고객에게 더 많은 선택권을 제공하고, 고객의 관심을 끌어들이는 데 큰 도움이 된다.

　온라인 마케팅은 특히 지리적 제약을 극복할 수 있는 강력한 도구다. 전통적인 부동산 마케팅은 대부분 해당 지역 거주자나 주변 인구에게만 영향을 미쳤다. 하지만 인터넷을 통한 마케팅은 지역을 뛰어넘어 광범위한 대상에게 도달할 수 있기에 새로운 고객을 찾는 네 매우 유용하다.

　인터넷 광고는 신문이나 TV 같은 전통적인 광고 매체보다 상대적으로 비용이 저렴하고, 효과를 측정하기도 쉽다. 광고 성과를 실시간으로 모니터링하고 분석해서 전략을 조정할 수도 있어서 매우 유리하다.

또한 온라인 마케팅은 중개 업체의 브랜드 인지도를 높일 수 있는 강력한 수단이기도 하다. 인터넷을 통해서 지속적으로 콘텐츠를 제공하고, 고객과 소통함으로써 브랜드의 신뢰성을 높이는 동시에 전문성을 강조할 수 있다. 이는 고객과의 장기적인 관계 구축에 도움이 되고, 더불어 고객의 충성심을 끌어올릴 수 있다.

빌딩 중개를 한다면 전략적으로 온라인 마케팅에 접근해야 한다. 고객 대부분이 유튜브, 블로그, SNS 등에서 부동산 정보를 얻고 있기 때문이다. 여러 업종에서 유튜브 진출이 이미 보편화되어 있지만, 부동산 중개업은 아직 초기 단계에 있다. 부동산을 다루는 콘텐츠는 지금껏 매물 소개 위주에 머물러 있다. 따라서 빠르게 채널을 개설해서 양질의 콘텐츠를 제공하면 유튜브 마케팅 시장을 선점할 기회가 있다. 예를 들어 최신 부동산 시장 동향, 지역별 부동산 가격 변동, 매매 및 임대 수요 변화와 투자 초보자를 위한 부동산 기초 지식, 고수익 부동산 투자 전략, 지역 분석과 특정 지역의 주거 환경·상권·교육·교통 정보, 부동산 매매 및 투자 성공 사례와 실패 사례 등등 양질의 콘텐츠를 만들 수 있는 소재는 아주 다양하다.

빌딩 중개인에게 온라인 마케팅은 선택이 아닌 필수 사항이다. 그렇다면 성공적으로 온라인 마케팅을 하기 위해서 주의해야 할 점은 무엇인지 알아보자.

첫째, 광고 내용이 타깃 고객층에 도달할 수 있게 적절한 키워드를 사용해야 한다. 블로그나 유튜브 콘텐츠에는 반드시 키워드를 포함해야 하는데, 이를 통해서 검색 엔진 최적화를 강화할 수 있다. 검색 엔진 최적화란 광고 내용이 검색 결과 페이지에 노출이 잘되게 하는 작업으로, 마

나는 빌딩 중개로 건물주가 되었다

케팅에서 매우 중요한 부분이다.

둘째, 온라인 콘텐츠의 품질을 유지해야 한다. 질 낮은 콘텐츠는 고객의 신뢰를 떨어뜨릴 뿐만 아니라 검색 엔진 순위에서도 하락할 수 있다. 따라서 유튜브 영상이나 블로그 글 같은 콘텐츠를 만들어 올릴 때는 전문성을 갖추는 것이 중요하다.

셋째, 소셜 미디어를 적극 활용해야 한다. SNS 플랫폼을 이용하면 많은 고객과 소통할 수 있다. 소셜 미디어를 활용한 마케팅은 빌딩 중개업에 커다란 잠재력을 제공한다.

넷째, 온라인 마케팅의 성과를 계속 모니터링하고 분석해야 한다. 지속적으로 광고 효과를 분석하고 고객의 피드백을 수집하면서 마케팅 전략을 개선하는 게 중요하다. 이를 통해 더욱 효과적인 온라인 마케팅 전략을 구축할 수 있다.

나 역시 적극적으로 온라인 마케팅을 하고 있다. 오랫동안 빌딩 중개를 해 왔고 적은 나이도 아니지만, 열심히 유튜브를 하고 있다. 처음에는 촬영부터 편집까지 혼자 했다. 내가 촬영과 편집에 관해 알지 못하면 나중에 촬영자와 편집자를 구해도 소통하지 못할 것이라고 생각했기 때문이다. 책으로 편집 기술을 배우고, 직접 촬영하고, 밤늦게까지 편집했다. 초기에는 빌딩 중개를 하는 시간보다 영상 편집에 쓰는 시간이 더 걸리는 것 같아서 힘들었다. 그래도 계속했다. 그러는 사이에 조금씩 적응하고 능숙해졌다.

한번은 이런 적도 있다. 혼자 유튜브 촬영을 하면서 전철역에서 바깥으로 나왔는데, 사람들이 쳐다보더니 심지어는 다가와서 뭐 하냐고 묻기까지 했다. 순간적으로 엄청 창피했다. 그날 마침 비도 많이 오고 바람까지 불어서 촬영하는 것 자체가 너무 힘들었다. 그래서 촬영을 접고 다시 전철역으로 들어가려는데, 불쑥 화가 나는 게 아닌가. 이것도 못할 거면 왜 시작했냐고 자문했다. 핑계를 대고 부끄러워하는 나 자신에게 화가 났다. 해병대 시절부터 '안 되는 건 없다'는 마음으로 살았던 나였다. 나는 다시 카메라를 들고 밖으로 나와서 촬영을 했다. 그 뒤로는 주변에서 누가 쳐다보거나 말을 걸어도 웬만해서는 흔들리지 않는다.

유튜브 채널 운영이 부담스럽다면 먼저 블로그로 온라인 마케팅을 시작해 보는 것이 좋다. 블로그를 하는 데는 비용이 거의 들지 않고, 콘텐츠 제작 및 운영에 유연성이 크다는 장점이 있다. 블로그에서 다룰 만한 주제로는 빌딩 매매 사례, 상권 분석, 부동산 관련 지식 등이 적당하다. 특히 잘 알고 있는 영역이나 전문성을 발휘할 수 있는 주제를 중심으로 칼럼 등을 작성하면 신뢰를 쌓으면서 관심 있는 독자들을 확보할 수 있다.

초기에는 특정 지역의 매물을 분석하거나 상권과 관련된 데이터를 제공하는 글을 써서 방문자에게 실질적인 도움을 주는 콘텐츠를 제공하는 데 집중하는 것이 효과적이다. 블로그에 꾸준히 글을 작성하면서 노출을 늘려 가면, 추후 유튜브 채널로 확장할 때도 이미 구축한 독자층을 기반으로 좀 더 쉽게 시작할 수 있다. 블로그 운영 경험은 유튜브 콘텐츠 제작의 초석이 된다. 유튜브로 확장해서 콘텐츠를 기획하고 자료를 정리하는 데 큰 도움이 될 것이다.

각 빌딩의 특징, 지리적 정보 등에 관한 원고를 작성하면서 여러분이 가진 정보와 지식을 정리해 보자. 그렇게 블로그를 시작해 볼 수 있다.

블로그가 익숙해진 다음에는 페이스북도 시작해 보자. 요즘 어린 친구들은 페이스북을 잘하지 않지만, 빌딩을 사고팔 여력이 있는 자산가

나는 빌딩 중개로 건물주가 되었다

들은 어느 정도 나이가 있는 사람이 많다. 페이스북에는 블로그에 올린 글을 다시 정리해서 올리면 된다.

그리고 블로그와 페이스북에 올린 물건 정보를 유튜브용으로 다시 기획해서 영상을 촬영해 보자. 촬영 전에 현장에 나가서 빌딩의 특징 등을 먼저 확인하는 과정이 필요하다. 그런 다음 영상을 촬영해야 시행착오를 줄일 수 있다. 나는 특히 유튜브 마케팅을 적극 추천한다.

그다음 유튜브 영상의 일부분을 인스타그램에 업로드하자. 결과적으로 인스타그램이나 페이스북을 본 사람들이 유튜브나 블로그로 타고 들어가게 만드는 것이다. 이게 온라인 마케팅의 기본이다.

이러한 마케팅은 누구나 할 수 있다. 물론 처음에는 블로그에 글 하나 쓰는 일도 힘들다. 조금씩 익숙해진다고 해도 주기적으로 채널을 관리한다는 것은 쉬운 일이 아니다. 하지만 꾸준히 하다 보면 반드시 보답이 있다. "인스타그램을 보고 전화드렸는데, 그 물건 아직 매각되지 않았나요?"라는 전화가 올 것이다. 시간이 흘러도 전화가 오지 않는다면, 올 때까지 해야 한다. 안 되면, 될 때까지 하라.

유튜브, 블로그, SNS 운영과 더불어 네이버부동산 광고는 반드시 해야 한다. 이것조차 안 하면 새로운 고객을 만나기 어렵다. 네이버에서 '부동산' 카테고리에 들어가면 광고가 종류별로 나온다. 쿠폰으로 광고할 수 있는 상품이 있으니 활용해서 꾸준히 광고해야 한다. 디스코 사이트에도 광고를 할 수 있다. 디스코에서는 아직 복잡한 확인 절차 없이 광고가 가능하다.

빌딩 중개에서 제일 힘든 부분이 매수자를 발굴하는 것이다. 매물 분석을 아무리 잘해도 고객이 없으면 꽝이다. 빌딩 중개사들이 다양한 모임에 나가고, 여러 사람에게 소개를 부탁하는 것도 이 때문이다. 물론 모임에 나가서 인맥으로 소개받는 마케팅 방식도 효과적이지만, 그보다 먼저 블로그에 글을 작성하고 네이버부동산에 광고하는 것을 권한다. 블로그에 올리기 위해 정보를 모으고 글을 쓰는 과정은 홍보를 넘어서 자신이 가진 부동산 지식을 체계적으로 정리하며 발전시킬 수 있는 좋은 기회이기 때문이다.

글을 쓰다 보면 자연스럽게 지식이 정리되고, 부족한 부분을 채워 넣으며 더 깊이 있는 부동산 공부를 할 수 있다. 부동산 투자 및 거래에 관해 유익하고 실용적인 정보를 제공하는 글은 독자의 관심을 끌 뿐만 아니라 자신의 전문성을 강화하는 데도 큰 도움이 된다.

이와 함께 블로그, 온라인 카페, 유튜브, 인스타그램 등 다양한 플랫폼을 동기화하고 콘텐츠를 연계하면 더욱 효과적이다. 각각의 플랫폼에서 작성한 포스팅이나 업로드한 콘텐츠가 서로 연결되면서 여러분이 무엇을 하는 사람이며, 어떤 가치를 제공하는 사람인지 알릴 수 있다. 이러한 과정은 퍼스널 브랜딩 및 마케팅 효과를 극대화하는 역할을 한다.

정보 정리와 콘텐츠 작성으로 전문성을 확립하고, 이를 다양한 플랫폼에 동기화해서 노출을 극대화하면 성공적인 부동산 마케팅을 이끌어낼 수 있다. 이런 작업을 안 할 이유가 어디 있단 말인가!

부동산 **프롭테크**
플랫폼 활용법

　빌딩 중개 분야에도 발전된 IT 산업이 큰 영향을 미치고 있다. 빌딩 중개 산업에 '프롭테크Proptech'라는 단어가 깊숙하게 개입하고 있는 것이다. 프롭테크는 부동산을 뜻하는 프로퍼티Property와 기술을 뜻하는 테크놀로지Technology의 합성어다. 프롭테크 플랫폼은 부동산과 기술이 결합한 혁신적인 서비스로, 빠르고 편리한 것을 요구하는 추세에 부합한다.

　이러한 플랫폼은 부동산 중개부터 시작해서 상업용 부동산, 건물 관리, 분양 대행 등 다양한 영역으로 확장되고 있다. 예를 들어, 직방과 다방 등의 중개 플랫폼은 메타버스와 같은 첨단 기술을 적극적으로 도입해 서비스를 고도화하면서 차별화를 꾀하고 있다.

　또한 챗GPT 같은 인공지능을 이용해서 마케팅 방법을 찾아볼 수도 있다. 마케팅 시스템과 실행 도구는 점차 다양해지고 있으며, 실행할 수 있는 전략도 무궁무진하다. 이처럼 수많은 온라인 플랫폼과 디지털 도구가 일상화된 시대에 이를 제대로 활용하지 못한다면, 중개 업무에서도 점점 뒤처질 수밖에 없다. 이제는 단순히 부동산 지식만 잘 아는 것으로는 부족하다. 디지털 마케팅과 플랫폼 운영 능력까지 겸비하지 않으면 경쟁력이 떨어진다. 중개업도 변화하고 있다. 변화를 받아들이고 따라가지 않으면 도태되는 것은 시간문제다.

프롭테크 플랫폼은 부동산 시장의 정보 격차를 줄이는 데 중요한 역할을 한다. MZ 세대를 대상으로 한 이러한 플랫폼들은 신기술을 활용해서 정보를 제공하고, 소비자의 권리를 보장한다.

프롭테크 플랫폼은 인테리어와 가구 시장에도 혁신을 가져오고 있다. 오늘의집 같은 플랫폼은 온라인 홈퍼니싱 및 인테리어 정보까지 제공한다. 또한 직방, 집토스 등의 플랫폼은 직영 중개 시스템으로 표준화된 서비스를 제공한다. 데이터베이스를 통해 임대주택에 관한 다양한 정보를 제공해서 중개사와 고객의 거래를 원활하게 도와주고 있다. 상가용 부동산 정보는 디스코, 닥터빌드, 부동산플래닛, 랜드북, 부동산114, 리치고 등 다양한 프롭테크 플랫폼에서 서비스 중이다.

한편, 빌딩 중개와 관련된 많은 데이터는 이미 공공재처럼 누구나 접근할 수 있도록 공개되어 있다. 국토교통부에서 제공하는 실거래가 신고 자료를 비롯해 다양한 연계 사이트에서 공실률, 소형 오피스, 상가주택 매각 자료 등 분기별, 연도별로 정리된 공공 데이터를 확인할 수 있다. 이러한 데이터는 생각 이상으로 방대한데, 이를 효과적으로 활용하면 큰 경쟁력을 가질 수 있다.

따라서 빌딩 중개를 전문으로 하는 사람이라면 공공 데이터 및 프롭테크 플랫폼을 적극적으로 활용할 줄 알아야 한다. 필요한 데이터와 정보를 빠르게 수집하고 능숙하게 분석하는 능력은 차별화된 경쟁력이 되어 중개인의 가치를 높인다. 예를 들어, 공실률 데이터를 기반으로 지역

나는 빌딩 중개로 건물주가 되었다

별 수요와 공급 상태를 파악하거나 실거래가 데이터를 분석해서 매수와 매도의 적정 가격을 제안할 수 있다.

빌딩 중개 시 가장 유용한 프롭테크 플랫폼을 꼽는다면 다음과 같다.

첫째, 현재 가장 유용하게 많이 쓰이는 것은 네이버페이부동산(구 네이버부동산)이다. 각종 부동산 관련 정보와 뉴스뿐만 아니라 지도와 연계된 매물 정보까지 다양한 서비스를 제공한다. 아파트와 빌라를 비롯해서 상가, 건물, 토지 등에 대한 실거래 가격, 공시 가격, 매물까지 제공하고 있다.

둘째, 부동산 실거래가 정보를 제공하는 플랫폼으로는 디스코, 리치고, 밸류맵, 부동산플래닛, 랜드북 등이 있다. 그중 밸류맵과 랜드북은 최근 AI 건축 설계 서비스를 통해 설계 및 매물 추천, 부동산 예상가 산정 등으로 서비스 범위를 확대하고 있다. 한편 디스코는 토지, 건물, 상가 등 상업용 부동산 중개사 및 투자자들의 사랑을 많이 받고 있다. 토지나 건물의 매매 이력을 확인할 수 있고, 과거 실거래가와 공시지가 등도 확인할 수 있기 때문이다.

이처럼 다양한 프롭테크 플랫폼이 부동산 시장을 혁신하고 있다. 이제 프롭테크 없는 부동산 투자는 생각할 수 없다. 빌딩 중개 역시 이러한 기술을 적극적으로 활용한다. 프롭테크 플랫폼은 단순히 중개에 도움을 주는 데 그치지 않고 건축, 인테리어, 관리 등 종합적으로 거래를 원활하게 만들어 주고 있다. 디지털 시대에 부합하는 이러한 서비스들은 AI 기술과 결합해서 부동산 시장의 미래를 이끌어 나갈 것으로 기대된다.

빌딩 중개인도 과거에만 머물지 말고, 이러한 기술을 잘 이해하고 이용할 수 있어야 한다. 다양한 데이터를 단순히 참고 자료로만 활용해서는 안 된다. 여러분이 중개하는 지역과 매물 유형에 맞는 자료를 잘 가공해서 중개인의 전문성을 높이고, 고객에게 신뢰를 주는 데 필요한 도구로 사용해야 한다. 프롭테크 플랫폼에서 제공하는 정보를 참고하면 빌딩 중개 시 더욱더 신뢰가 가는 문서를 작성할 수 있다. 이를 활용하면 고객에게 깊이 있는 분석과 컨설팅을 제공하는 일이 가능해진다.

고객이 좋은 거래를 할 수 있게 돕는 것이 중개인의 역할이다. 단지 말로만 중개하는 것과 정확하고 상세한 브리핑 자료를 준비해서 중개하는 것은 하늘과 땅 차이다. 그러니 프롭테크 플랫폼을 잘 활용해서 누구보다 스마트하고 전문적인 빌딩 중개인이 되자.

TIP
꼭 활용해야 할 부동산 프롭테크 사이트

프롭테크 플랫폼은 자체적으로 보유한 부동산 관련 데이터를 활용해서 공인 중개사의 영업 활동을 돕고, 안전한 중개 거래 환경을 조성한다. 빌딩 중개분만 아니라, 중개를 위한 다양한 기능을 제공하고 있다. 따라서 저마다 특징이 있는 다음 사이트들을 참고하면 중개에 도움이 될 수 있다.

네이버페이부동산 land.naver.com 가장 많은 실거래 정보를 제공한다. 집주인 인증 시스템과 허위 매물 신고 제도로 인해 허위 매물이 많이 감소했다. 급매물은 허위 매물 신고를 당하는 일이 많아서 잘 올리지 않으므로 현장 방문이 필요할 수 있다.

밸류맵 www.valueupmap.com 토지, 건물, 빌딩, 공장, 상가의 실거래가를 제공한다. 건축물대장 및 토지 정보 확인, 대출 정보 제공, 부동산 관련 뉴스 업

나는 빌딩 중개로 건물주가 되었다

데이트와 함께 부동산 관련 세미나에 참여할 수 있는 기능을 제공한다.

디스코 www.disco.re　부동산 통합 서비스로 약 3,800만 건의 토지 정보, 2,700만 건의 건물 정보, 3,800만 건의 실거래가 정보, 25만 건의 경매 정보를 제공한다. 아파트, 원룸, 오피스텔뿐만 아니라 일반인이 접근하기 어려웠던 빌딩, 상가, 토지까지 모든 부동산 유형을 다룬다.

부동산플래닛 www.bdsplanet.com　아파트, 주택, 상가, 빌딩 등 종합적인 부동산 실거래가를 제공한다. 기업 매물, 입주 기업 정보, 정부 정책 등 다양한 정보를 확인할 수 있다.

랜드북 www.landbook.net　매물 서비스와 사업성을 예측하는 분석 서비스를 통해 합리적으로 토지 개발 정보를 제공한다. 시세 파악, 상가 및 주택 신축 검토, 토지 경매 물건 검토, 꼬마빌딩 및 상가주택 재테크, 토지 거래 검토 등 빠르고 정확한 분석을 제공한다.

리치고 m.richgo.ai　아파트, 토지, 건물의 실거래가와 경매 정보를 제공한다. 부동산 호재와 학군, 미래 시세까지 빠르게 확인할 수 있다.

상권정보 sg.sbiz.or.kr　대한민국 공식 전자정부에서 제공하는 소상공인을 위한 정확한 상권 정보를 확인할 수 있다.

랜드바이저 www.landvisor.net　검색 정보를 기반으로 중개, 금융, 등기, 세무, 감정평가 등 다양한 부동산 서비스와 연결해 준다. 주소만 입력하면 시세 추정, 세금 계산, 시세 변동 알림까지 제공한다.

땅야 ddangya.com　전국의 토지 실거래가를 빠르고 간편하게 확인할 수 있다. 특정 기간별, 원하는 위치별로 토지 실거래가를 검색할 수 있으며 현재 등록된 토지 매매 정보도 조회할 수 있다.

공간의 가치 vos.land　AI를 통해 공공 데이터를 가공해서 산출된 거래 사례, 부동산 정보를 바탕으로 한 토지·건물 추정가, 감정평가, 대출 모집 등의 정보를 제공한다. 부동산 가치 평가와 금융 업무에 특화되어 있다.

밸류쇼핑 www.valueshopping.land　빅데이터와 AI로직으로 개발된 자동 가격 산정 시스템이다. 전국 아파트 약 1,100만 호를 비롯해서 전국 5,000만 건 부동산 전부의 현재 시가 등을 제공한다.

호갱노노 hogangnono.com　아파트 실거래가와 시세를 지도에서 한눈에 확인할 수 있다. 교통, 학군, 상권, 학원가 등 주변 정보를 확인하기에 편리하다. 또한 커뮤니티에 올라온 거주 후기를 볼 수 있는데, 입주민들이 장점만 올리는 경우가 많으니 참고만 하는 게 좋다.

아실 asil.kr　아파트 실거래가를 중심으로 시세, 매물, 분양 정보 등을 제공한다. 인구 변화, 가격 분석, 입주 가능 물량, 미분양 상태, 학군 정보까지 실시간 제공해 주고 있다.

부동산지인 www.aptgin.com　아파트의 가격 변동을 추적하고 예측할 수 있다. 아파트 시장 동향, 유동성 지수, 아파트의 수요와 공급에 관한 정보도 제공하고 있어서 아파트 사이클을 확인할 수 있다.

국토교통부 실거래가 공개시스템 rt.molit.go.kr　부동산 실거래 신고 기반 데이터를 제공한다. 아파트, 연립·다세대주택, 단독·다가구주택, 오피스텔, 토지, 분양·입주권, 상업·업무용 부동산, 공장·창고 등의 실거래가를 확인할 수 있다.

KB부동산 kbland.kr　KB국민은행이 만든 부동산 플랫폼으로 매물, 시세, 실거래가, 시장 동향, 분양 정보 등을 제공한다.

블로그
마케팅 방법

부동산 중개업 분야에서는 블로그를 활용한 마케팅이 보편적이다. 사람들은 인터넷 검색을 통해서 매물을 찾고, 부동산 정보를 찾는다. 그래서 여전히 부동산 중개업에서 가장 많이 사용하는 온라인 마케팅은 블로그다. 많은 빌딩 중개인이 블로그에 매물 소개를 하며 전문성을 드러낸다. 주로 콘텐츠와 함께 매물을 올리고 노출시켜서 고객을 끌어들이는 용도로 이용하고 있다.

그럼 블로그를 어떻게 활용해야 할까? 사람들이 가장 많이 쓰는 네이버 블로그를 중심으로 살펴보자.

단지 블로그에 글을 쓰기만 해서는 안 된다. 여러분이 쓴 블로그 글이 상위에 노출되기를 원하는가? 그러고 싶다면 먼저 검색창에 원하는 키워드를 입력했을 때 상위에 노출된 블로그들을 확인해 봐야 한다.

예를 들어, 네이버에 "강남역 빌딩"이라는 검색어를 입력해 보자. 그러면 해당 키워드와 관련된 상위 노출 블로그들을 찾을 수 있다. 그 블로그들에 방문해서 해당 글의 글자 수와 이미지 수를 확인하고, 그와 엇 비슷한 수준으로 콘텐츠를 작성하는 연습을 하면서 꾸준히 포스팅해야 한다.

검색 사이트에 상위 노출이 되는 원리는 크게 두 가지다. 하나는 '블로그 지수'가 높은 경우고, 또 다른 하나는 창의적인 콘텐츠를 작성하는 경우다. 블로그 지수를 간단하게 설명하면, 내 블로그가 얼마나 높은 점수를 받는지 나타내는 지표다. 숫자가 클수록 검색할 때 상위에 노출될 확률이 높아진다.

블로그를 처음 시작할 때는 블로그 지수가 낮기 때문에 품질 높은 글을 작성하고 꾸준히 포스팅하는 것이 중요하다. 이때는 이미 상위에 노출된 블로그의 콘텐츠를 벤치마킹하는 것이 좋다. 하지만 똑같이 베끼는 것은 절대 금물이다.

네이버는 창의적이고 좋은 콘텐츠를 판단할 때 체류 시간을 중요한 기준으로 삼는다. 예를 들어 "역삼역 빌딩"이라는 글을 포스팅했을 때, 이 글을 보러 온 사람들의 체류 시간이 길수록 좋은 글로 판단한다. 따라서 흥미를 유발하는 내용과 사진 등의 이미지를 적절하게 활용해서 글을 작성하는 것이 중요하다.

글 사이에 동영상을 삽입해서 체류 시간을 늘릴 수도 있다. 특히 부동산 콘텐츠는 이미지만으로는 한계가 있으므로, 짧은 영상을 삽입해서 블로그 방문객의 체류 시간을 늘리는 것이다.

블로그를 운영하려면 글자 수와 키워드도 신경을 써야 한다. 언뜻 길게 쓰면 좋을 것 같지만, 글자 수가 2,500자를 넘어가면 신뢰도 지수가 오히려 하락하기도 한다. 본문 길이가 너무 길면 읽기도 어렵고 키워드 관리도 어려워진다. 따라서 글자 수는 1,000~2,000자 사이가 적절한

나는 빌딩 중개로 건물주가 되었다

듯하다.

제목에 지나치게 많은 키워드를 넣는 것도 좋지 않다. 한눈에 보이지도 않고 노출에도 어려움이 생긴다. 글을 쓰기 전에 생각한 제목의 키워드들을 미리 검색해 보자. 해당 키워드로 글을 썼을 때 쟁쟁한 블로그가 많아서 상위 노출이 힘들 것 같은가? 그러면 키워드를 조금 수정해서 상위에 노출될 확률을 높여야 한다.

블로그를 운영하려면 단순한 매물 광고가 아닌, 확실하고 유익한 콘텐츠를 게시해야 한다. 빌딩 중개를 홍보하고 매물 광고를 하기 위해 블로그를 운영하고 있지만, 고품질 콘텐츠를 제공해야 효과적이다.

네이버의 검색 엔진은 점차 지능화되고 있다. 블로그 글이 광고인지 정보인지 걸러 내는 기능이 발달하고 있는 것이다. 단순한 매물 광고만 올리면 저품질 블로그로 판단하기 때문에 상위 노출에 한계가 있다. 따라서 매물 광고만 올릴 것이 아니라, 각종 정보를 제공하는 방법으로 접근해야 한다.

블로그 운영의 핵심은 꾸준한 노력과 정확한 전략이다. 힘들다고 포기하지 말고 지속해야 한다. 특히 처음에는 매일 꾸준하게 블로그에 글을 올려야 한다. 첫 3개월 동안은 그렇게 콘텐츠를 쌓아야 한다. 누적된 결과물이 결국 고객과의 접점으로 이어질 것이다. 하지만 결과를 보기까지 시간과 노력이 필요하다.

가장 곤란한 일은 애써 만든 블로그가 노출이 안 되는 것이다. 콘텐츠 품질이 낮거나, 블로그 서비스에 문제가 있으면 노출이 되지 않으므로 주의하자. 계속해서 고품질 블로그를 유지하고, 다른 블로그의 글과 이미지를 베껴 오는 행위는 절대 하지 말아야 한다.

블로그 마케팅에 도전하는 사람이 많지만, 결과는 똑같지 않다. 시도하다가 포기하는 경우도 많다. 블로그 운영도 경쟁이다. 그 경쟁에서 살아남으려면 지속적인 노력과 투자가 필요하다.

◇ 엠스빌딩부동산중개법인 네이버 블로그 ◇

자료: blog.naver.com/msbuilding1

　　　　　　　　　나는 빌딩 중개로 건물주가 되었다

유튜브
마케팅 방법

리테일 분석 기관 와이즈앱·리테일·굿즈에 따르면, 2024년 1월 기준으로 1인당 월평균 유튜브 사용 시간이 40시간을 넘었다. 2019년 1월 21시간이었던 것이 5년 동안 90퍼센트 증가했다.

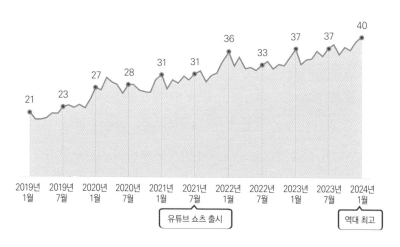

◇ 1인당 월평균 유튜브 앱 사용 시간 추이 ◇

자료: 와이즈앱·리테일·굿즈

이처럼 유튜브의 인기는 좀처럼 사그라지지 않고 있다. 그만큼 콘텐츠의 종류도 다양하다. 사람들이 재미와 감동, 지식과 정보를 얻는 대중매체가 점차 유튜브로 대체되고 있다. 이러한 현상은 디지털 세대뿐만 아니라 중장년층에게도 해당한다.

과거의 유튜브는 단순한 동영상 플랫폼에 불과했으나, 이제는 그렇지 않다. 유튜브는 학습의 장이자 소통의 수단으로 자리매김했다. 사람들은 언제 어디서나 유튜브를 통해 배우고 소통하며 즐긴다.

부동산 분야에서도 유튜브의 존재감은 강력하다. 유튜브에서 물건을 살펴보고, 정보를 얻고, 거래를 진행한다. 빌딩도 유튜브로 중개할 수 있다. 실제로 많은 빌딩 중개인이 유튜브를 통해 계약을 성사시키고 있다.

유튜브로 마케팅을 하면 다양한 사람들을 타깃으로 삼을 수 있다. 유튜브 시청층은 10대부터 60대까지 다양하다. 구매력이 있는 중장년층의 자산가들도 이미 유튜브에 많이 유입되어 있다. 이제 어떤 분야든 마케팅을 할 때 유튜브를 배제할 수 없는 시대가 된 것이다.

유튜브를 활용한 마케팅은 매물 홍보에 매우 효과적이다. 매물을 생생하게 소개할 수 있기 때문이다. 잠재 고객은 유튜브로 이리저리 매물을 살펴보고, 마음에 드는 물건이 있으면 사무실로 전화를 한다.

댓글 등을 통해서 구독자와 소통할 수 있는 것도 유튜브의 장점이다. 블로그 등 관련된 다른 채널로 연결시키는 것도 어렵지 않다. 또한 구독자가 많아지면 간접 광고를 운영해서 마케팅 효과를 극대화할 수도 있다.

누구나 마음만 먹으면 유튜브 채널을 운영하는 일이 가능하다. 스마트폰으로 영상을 찍어서 무료 프로그램으로 편집할 수 있다. 썸네일 제작은 파워포인트, 포토샵, 무료 이미지툴 등을 활용하면 된다. 물론 익히는

나는 빌딩 중개로 건물주가 되었다

시간이 필요하지만, 노력하면 누구나 할 수 있다.

빌딩 중개를 위해 본격적으로 유튜브를 하겠다고 마음먹었다면 꾸준한 업로드와 콘셉트 설정이 중요하다. 중개인의 전문성을 드러낼 수 있는 콘텐츠를 기획해서 주당 2~3개의 영상을 올려야 한다.

나는 일주일에 두 번 빌딩 임장을 하고 유튜브 영상을 제작해서 올린다. 초기에는 스마트폰으로 영상을 찍었지만, 콘텐츠의 중요성을 느끼면서 전문 PD를 통해서 영상을 제작하고 있다.

양질의 유튜브 콘텐츠와 더불어 틱톡이나 유튜브 쇼츠 등을 활용한 마케팅도 중요하다. 틱톡과 유튜브 쇼츠는 짧은 동영상이다. 가볍게 유머를 섞어서 매물을 소개하거나 간단하지만 중요한 재테크 정보를 담는 방식으로 잠재 고객의 흥미와 관심을 유도할 수 있다. 지역 정보, 경제, 부동산 전망 등으로 영역을 확대해서 콘텐츠를 제작할 수도 있다. 또한, 유튜브 콘텐츠 중에서 한 장면을 편집해서 올려도 괜찮다.

수많은 사람이 유튜브를 시청한다는 것은 엄청난 잠재 고객이 유튜브에 숨어 있다는 의미이기도 하지만, 유튜브를 하지 않는 중개인은 점차 경쟁력을 잃어 갈 수도 있다는 의미이기도 하다. 그 대신 유튜브를 잘 키우면 광고를 위한 플랫폼의 기능을 넘어, 신뢰를 주는 정보 제공자로 발전하게 될 것이다. 아래 링크를 참조해서 유튜브를 어떻게 기획해야 할지 벤치마킹해 보자.

〈엠스TV〉 틱톡
www.tiktok.com/@kmc7233

〈엠스TV〉 유튜브 쇼츠
www.youtube.com/@ms-master/shorts

부동산 유튜브 마케팅이 주목받는 진짜 이유

첫째, 블로그 경쟁이 치열해졌기 때문이다. 특정 키워드로 블로그를 운영해도 검색 결과에서 밀리는 일이 많아졌다. 이로 인해 많은 부동산 업체가 블로그 운영을 포기하고 유튜브로 이동하는 추세다.

둘째, 유튜브의 검색 로직 때문이다. 유튜브의 검색 로직은 사용자의 성향을 분석해서 기존 영상을 추천 영상으로 올려 주거나, 게시물 간의 연관성을 파악해서 관련 영상과 광고를 올려 주는 방식이다. 이 때문에 사용자가 관심을 보이는 영상을 검색 결과나 추천 동영상으로 자주 노출시킨다. 예를 들어, 누군가 A 빌딩을 검색하면 검색자의 성향에 따라서 내가 다루는 부동산 콘텐츠가 연달아 제시될 수도 있다. 이는 유튜브가 블로그보다 조회 수가 높은 경향이 있다는 것을 의미한다.

셋째, 유튜브 영상이 영업에 더 도움이 되기 때문이다. 영상으로 매물을 소개하면 동선, 주변 입지 정보를 입체적으로 설명하는 게 가능하다. 사진보다 더 많은 정보를 전달할 수 있어서 빌딩 구매자에게 더욱 유용하다.

넷째, 부가적인 수익이 가능하기 때문이다. 유튜브 채널에 광고를 노출하면 구독자와 시청 시간에 따라 수익을 얻을 수 있다. 특히 코로나19 팬데믹 시기처럼 대면 영업이 힘들 때는 부수입이 필수적이며, 유튜브 운영은 인기 있는 부수입 수단 중 하나다.

그 외에 유튜브는 다양한 콘텐츠로 확장이 가능하다. 이제는 유튜브가 레드 오션이라고 하지만, 그만큼 다양한 연령대가 TV보다 더 많이 시청하는 것이 유튜브다. 경쟁은 치열하지만, 이 말은 그만큼 많은 사람이 유튜브를 본다는 뜻이기도 하다.

메타버스, 가상현실로
부동산 중개가 가능할까?

메타버스는 삼차원의 가상 세계를 가리킨다. 가상현실(VR), 증강현실(AR), 혼합현실(MR) 등이 구현되는 세계. 미래의 부동산 중개는 메타버스와 같은 디지털 기술의 발전과 함께 혁신적인 변화를 겪을 것이다.

실제로 미국에서는 이미 메타버스를 활용한 부동산 중개가 이루어지고 있다. 예를 들어, 가상현실 기술을 활용한 3D 가상 공간에서 부동산을 탐색하고 시뮬레이션할 수 있다. 이는 구매자가 부동산에 실제로 방문하지 않아도 매물을 생생하게 경험할 수 있게 해 준다.

이를 통해 구매자는 부동산의 내부와 외부를 자세히 살펴보고, 구조와 레이아웃을 확인할 수 있다. 또 인테리어를 시뮬레이션해서 취향대로 집을 꾸며 볼 수 있다. 이러한 가상현실 기술을 활용한 부동산 중개는 구매자들의 관심을 끌고, 부동산 시장에 혁신적인 변화를 가져오고 있다.

메타버스는 유튜브와 같은 수단으로 활용될 전망이다. 중개인들은 메타버스를 통해서 고객과 만나고 소통하며, 부동산 정보와 서비스를 제공할 수 있다. 이는 중개인에게 새로운 영업 및 마케팅 기회를 제공하며, 고객에게는 더욱 편리하고 생생한 부동산 경험을 제공할 것이다.

앞으로는 가상현실 기술을 활용해서 효율적인 서비스를 제공하는 중개 업체들이 경쟁력을 확보할 것이다. 이를 통해 새로운 비즈니스 모델이 등장하고, 새로운 일자리 창출 기회도 발생할 것으로 예측된다.

가상현실 기술은 아직 초기 단계지만, 앞으로 빠르게 발전할 것이다. VR 헤드셋의 가격 하락, 해상도 향상, 착용감 개선 등 기술 발전이 계속 이루어지고 있다. 물론 기술 비용 문제가 있다. 가상현실과 인공지능 기술의 구현에는 상당한 비용이 들 수 있다. 그래도 지능형 부동산 서비스는 앞으로 계속 발전할 것으로 보인다. 기술의 발전과 함께 가상현실과 인공지능은 부동산 시장에서 더욱 중요한 역할을 할 것이다.

　현재까지 메타버스의 부동산은 크게 두 가지다. 하나는 현실 공간을 그대로 복사한 '디지털 트윈 부동산'이고 다른 하나는 현실과 전혀 다른 '가상 세계의 부동산'이다. 디지털 트윈 부동산은 실제 공간과 메타버스 공간이 똑같이 매칭되어 현실과 가상의 경계가 모호해진다. 반면에 가상 세계의 부동산은 현실과 별도로 구축된 그야말로 가상의 환경에만 존재하는 공간이다. 그렇다면 미래에는 이러한 가상공간의 부동산을 파는 중개인도 등장하지 않을까?

　　　　　　　　　　　　　　나는 빌딩 중개로 건물주가 되었다

부동산 분야별 중개 실무 노하우

빌딩 중개 실무 노하우

빌딩 중개 실무에서 반드시 갖추어야 할 것은 가격 협상력, 신뢰 구축 능력, 법률적 대비, 정보 분석력, 그리고 결정력을 바탕으로 계약을 성사시키는 능력이다. 이러한 능력들은 단순한 기술이 아니라, 고객과의 관계를 지속적으로 발전시키며 신뢰를 쌓아 가는 과정에서 얻을 수 있는 중요한 자산이다.

빌딩 중개인은 매도인과 매수인의 결정을 이끌어 갈 수 있어야 한다. 거래 시 발생하는 다양한 상황에서 주도적으로 해결책을 제시하고, 고객에게 확신과 자신감을 불어넣을 수 있어야 한다. 고가의 빌딩 거래에서는 매수인과 매도인 모두 긴장할 수밖에 없다. 따라서 중개사는 냉철한 판단력과 강한 추진력으로 계약을 성사시킬 수 있어야 한다.

투자 가치가 있는 빌딩 매매는 주거용 부동산 거래와는 그 성격이 확연히 다르다. 복잡한 절차와 다양한 요소를 고려해야 한다는 점에서 더 많은 주의가 필요하다. 특히 정보의 비대칭성과 불투명성이 높기 때문에, 이를 보완하기 위한 몇 가지 검토 과정이 요구되기도 한다. 빌딩 중개 실무의 구체적인 내용은 이 책의 본문을 통해 충분히 다루었으므로, 여기서는 최종 계약 체결 전에 중요한 결정을 내릴 수 있도록 빌딩 매매에 따르는 여러 가지 책임과 리스크를 최소화하는 정보를 확보하는 법을 살펴보겠다.

이 과정에서 주로 사용되는 방법은 '물리적 자산 분석' '법률적 자산 분석' 그리고 '재무적 자산 분석'이다. 이러한 조건부 분석은 주로 매도자와의 의향서(LOI) 또는 양해각서(MOU) 체결 이후, 매수자가 거래 조건을 최종적으로 검토하는 단계로 진행된다. 만약 분석 결과가 매수자의 기대에 부합하지 않으면, 계약 무효 조건에 해당돼 이를 근거로 계약을 철회할 수도 있으므로 철저하고 신중하게 분석을 진행해야 한다.

물리적 자산 분석은 건물의 내·외부 및 설비 상태를 전반적으로 점검해서 예상되는 물리적 리스크를 사전에 파악하는 데 초점을 둔다. 이때 가장 중요한 점은 건축물의 내구성과 하자 여부, 설비 상태, 사용 가능한 내용연수를 명확히 확인하는 것이다. 특히 예상되는 보수 및 수리 계획과 관련 비용을 산정하고, 이 비용을 '자본적 지출'과 '수익적 지출'로 구분해서 투자 계획에 반영하는 과정이 필요하다.

자본적 지출은 건물의 가치를 높이거나 장기적으로 사용할 수 있게 하는 데 필요한 비용으로, 리모델링이나 주요 설비 교체 비용 등이 이에 속한다. 반면에 수익적 지출은 건물의 일상적인 유지·보수나 운영에 필요한 비용으로, 매월 발생하는 관리 비용이나 소모성 자재의 교체 비용 등이 이에 속한다. 이를 통해 매수자는 장기적인 투자 관점에서 자산의 상태와 향후 발생할 비용을 명확히 예측할 수 있다.

물리적 자산 분석 시 확인 사항
- 건물 및 설비 하자 여부 파악
- 예상 보수 및 수리 비용 산정
- 자본적 지출과 수익적 지출 구분

법률적 자산 분석은 소유권 및 권리관계, 대항력, 법적 분쟁 여부 등을 확인하는 것으로 매수자의 투자 위험을 최소화하는 데 중요한 역할을 한다. 소유권 확인은 물론, 임차인과의 계약 관계, 해당 빌딩이 직면한 법적 이슈, 소송 여부 등을 면밀히 조사한다. 특히 단순히 소유권 확인에서 그치지 않고 대항력, 계약갱신요구권 등의 권리관계를 종합적으로 검토하는 것이 핵심이다.

법률적 분석에서 간과되기 쉬운 것 중 하나는 빌딩에 얽힌 소송이나 법적 위반 사항들이다. 만약 법적 이슈가 해결되지 않은 상태에서 매매 계약을 체결하면, 매수자는 해당 이슈로 인해 법적 책임을 떠안게 될 수도 있다. 이를 방지하기 위해 각종 법률 문서를 철저히 검토하고 관련된 모든 사항을 명확하게 설명할 수 있어야 한다.

법률적 자산 분석 시 확인 사항
- 소유권 및 권리관계 확인
- 임차인의 대항력 및 계약갱신요구권 확인
- 진행 중인 소송 및 법적 분쟁 여부 검토

재무적 자산 분석은 매수자가 해당 빌딩을 보유하는 동안 발생할 수익을 평가하는 것으로, 빌딩의 실질적인 운영을 검토하고 예상 수익과 비용을 계산하기 위한 중요한 단계다. 주로 임차인의 재계약 여부, 빌딩 내 인적 자원의 인수 여부 등을 검토한다. 특히 임차인의 재계약 여부는 매수자의 수익성에 큰 영향을 미치는 요소로, 임대 수익을 안정적으로 유지할 수 있을지 판단하는 중요한 기준이 된다.

또한 빌딩 내 인적 자원도 검토해야 한다. 관리소장, 청소 인력, 주차 관리 요원 등도 고려해야 하는 것이다. 만약 인적 자원을 포괄 양수하지 않는다면, 추가적인 퇴직금 부담 등의 재정적 리스크가 발생할 수 있다.

재무적 자산 분석 시 확인 사항
- 임차인의 재계약 여부 확인
- 인적 자원의 인수 여부 결정
- 추가 비용(퇴직금 등) 발생 가능성 검토

◉ 빌딩 중개 시 필수 확인 사항 ◉

- **소유자 명의 확인:** 대리인 거래 시 실제 소유자와 통화하거나 대리인과의 거래 내용을 녹음해서 안전성을 확보해야 한다.
- **건축물대장 확인:** 건축물의 용도와 면적이 등기부등본과 일치하는지 확인하고, 위법 건축물 여부도 체크한다. 위법 건축물이 있을 경우 이행강제금이 발생할 수 있으므로 반드시 사전에 파악해야 한다.
- **토지이용계획 확인:** 해당 부동산이 정비구역이나 미관지구에 속하는지 신축 시 적용되는 규제 사항을 파악한다. 이는 향후 건물의 개발 가능성을 판단하는 데 중요한 요소다.
- **임대차계약서 및 세금 확인:** 임차인의 임대료 미납 여부를 확인하고, 매매 가격 조정에 영향을 미칠 수 있는 모든 사항을 검토한다. 이밖에 부가가치세, 취득세, 재산세 등의 세금 관련 정보를 확인하고 대출 가능성을 사전에 파악해야 한다. 이 외에도 잔금 전 준비 사항과 잔금 납부 후 절차를 철저히 확인해서 계약 시 발생할 수 있는 여러 리스크를 최소화한다.

상가 임대차 중개 실무 노하우

부동산 중개업은 매우 치열한 경쟁의 장이다. 특히 상가 영역에서 더욱 그렇다. 한정된 물건을 두고 누가 먼저 계약을 성사시킬지 경쟁하는 이 시장에서는 상위 1퍼센트의 중개인들이 연간 순소득 1억 원 이상을 꾸준히 유지하고 있다. 이들은 물건 확보, 광고, 영업 세 가지 요소를 적절히 활용해서 계약을 성사시킨다. 이 과정에서 중요한 것은 상가의 특성을 충분히 이해하고, 고객의 요구에 맞는 물건을 신속하고 정확하게 제공하는 것이다.

상가 중개 매물은 신축보다 기존 상가가 90퍼센트를 차지한다. 상가 중개에서는 거래 성사뿐만 아니라 수수료 확보 또한 중요하기 때문이다. 권리금에 관한 수수료는 임차인과 협의해서 별도로 받을 수 있다. 중개사는 이를 통해 수익을 창출하는 구조를 형성한다. 하지만 한 건의 계약을 성사하기 위해 평균 10건 이상의 문의가 필요하다는 점에서 상가 중개의 현실적인 어려움이 드러난다.

중개사는 상권 분석과 물건 확보에 중점을 두어야 한다. 중개하려는 지역의 모든 상가에 세심히 접근해서 상가 사장님들과 관계를 맺고 명함을 수집해야 한다. 이미 널리 알려진 물건보다 아직 시장에 나오지 않았지만 입지가 좋은 우량한 상가가 중개 가치가 높기 때문에 해당 지역에서 신뢰받는 1등 중개사가 되기 위해서는 지역의 상가 사장님들을 모두 알아야 하는 것이다. 여러 가지 이유로 자신의 상가가 시장에 나오는 것을 꺼리는 사장님들도 있으므로, 일단 상가 매장에서 일하는 종업원들이 근무지가 언제 팔릴지 모른다는 불안감을 느끼지 않도록 조심스러운 접근이 필요하다.

물건 확보는 다양하게 이루어진다. 중개사가 직접 상가에 방문해서 정보를 수집하거나, 인터넷 지도 및 지역 정보지를 통해 확보할 수 있다. 이

나는 빌딩 중개로 건물주가 되었다

때 중요한 점은 매물이 팔릴 가능성을 평가하고 거래가 성사될 수 있게 영업력을 발휘하는 것이다. 상가 중개에서 영업력은 물건의 확보를 넘어, 그 물건이 실제로 거래될 수 있도록 고객을 설득하는 능력을 말한다. 이는 상권과 매물의 가치를 분석하고, 이를 바탕으로 고객에게 신뢰를 쌓는 과정에서 발휘된다.

광고 작업도 필요하다. 무료와 유료 광고를 적절히 활용해서 다양한 채널로 고객의 문의를 이끌어 내야 한다. 블로그 광고는 진성 고객을 확보하는 데 효과적이며, 네이버페이부동산 광고와 함께 사용하면 효과를 극대화할 수 있다. 꾸준한 광고 노출은 상가 중개 성공률을 높이는 데 기여한다.

매도인과 매수인의 심리 차이를 이해하는 것도 필요하다. 매도인은 최대한 높은 가격에 상가를 팔고 싶어 하는 반면, 매수인은 가능한 한 낮은 가격에 구매하고자 한다. 이 상반된 요구를 조율할 수 있어야 한다. 매도인에게는 시장 상황을 설명하며 합리적 가격을 제시하도록 유도하고, 매수인에게는 상가의 장기적인 가치를 강조하면서 설득해야 한다. 즉, '양타 중개'를 하는 것이다. 양타 중개란 매도인과 매수인의 입장을 모두 고려해서 타협점을 찾아내는 것을 말한다. 양측의 요구를 적절히 조율해서 모두가 만족할 수 있는 결과를 도출해야 한다.

권리금 문제는 상가 중개에서 아주 중요한 부분이다. 권리금은 시설권리, 영업권리, 바닥권리 등으로 세분되며 각각의 항목이 상가의 실질적인 가치와 밀접하게 연관된다. 따라서 권리금을 합리적으로 공정하게 조정해서 협의해야 한다. 권리금 문제는 상가 중개의 실험대와도 같다. 권리금은 상가의 실제 가치를 반영하는 조건을 설정하는 것으로, 얼마나 세심하게 분석해서 균형 잡힌 판단을 내리는지 중개사의 역량을 확인할 수 있기 때문이다. 중개사의 권리금 조정 능력은 거래 성사 여부를 좌우한다. 고객은 중개사의 조언과 분석에 기반한 신뢰를 바탕으로 최종 결정을 내린다. 따라서 중개사는 공정성과 전문성을 발휘해서 권리금 협상을 진행해야 한다.

한편, 상가 중개를 전문으로 하는 중개사는 상호를 지을 때도 신중하게 고려해야 한다. 중개인의 상호는 단순한 이름 이상의 의미를 지닌다. 중개사의 이미지를 전달하는 중요한 수단이다. 예를 들어, '프리미엄 상가 중개' 같은 상호는 고급 상가를 전문적으로 다룬다는 인상을 준다. 이렇게 상가 중개에 적합한 상호를 선택해서 고객에게 명확한 이미지를 전달하고 긍정적인 첫인상을 줄 수 있다.

결국 상가 중개에서도 가장 중요한 것은 고객의 니즈를 파악하고 충족하는 일이다. 상가는 단순한 부동산의 한 형태가 아닌, 그 자체로 새로운 가치를 창출할 수 있는 공간이다. 이를 통해 매도인과 매수인은 자신의 사업이나 투자에 있어 중요한 결정을 내리게 된다. 따라서 상가의 위치, 장기적인 수익성, 시장 흐름 등을 종합적으로 분석해 고객이 현명한 결정을 내릴 수 있도록 중개해야 한다.

◉ 상가 중개 시 필수 요소 ◉

- **사전 준비 요소:** 상가 중개의 첫 단계는 철저한 준비에서 시작된다. 특히 해당 지역의 상권 특성을 파악해야 고객이 원하는 조건에 맞는 매물을 제공할 수 있다. 다른 중개 업체보다 더 나은 조건의 매물을 확보하는 것도 중요하다. 이를 위해 상권 내 경쟁력을 갖춘 매물을 적극적으로 발굴하고 확보해야 한다. 해당 업종의 사업 패턴을 미리 연구하는 일도 필요하다. 그래야 고객이 요구하는 업종에 맞는 상권과 매물을 제안할 수 있다. 법률 및 행정적 절차도 계약의 중요한 부분이므로 필요한 조치를 미리 준비한다. 이를 통해 계약 체결 시 발생할 수 있는 법적 분쟁을 예방할 수 있다. 또한 임대인과 임차인의 준비 상황을 면밀히 파악해 두어야 추후 발생하는 문제를 예방할 수 있다.

- **맥을 짚는 소통 능력:** 대화의 자리를 마련하는 일은 고객 관리에서 매우 중요하다. 이를 통해 고객의 요구 사항을 명확하게 파악할 수 있고, 거래 성사 가능성을 높일 수 있다. 고객의 니즈를 우선순위에 따라 정리해서 설명하는 것이 핵심이다. 이때 고객의 요구에 적절하게 대처하려면 매물의 장단점을 잘 파악하고 있어야 한다. 타이밍 또한 중요한데, 고객이 원하는 타이밍에 맞추는 것이 이상적이지만 타이밍이 맞지 않아도 적절한 조율을 통해서 문제를 해결할 수 있다.

- **세부 내용 파악과 진단을 통한 매칭:** 세부적으로는 고객의 경험과 현재 상황, 그리고 의도를 명확히 파악해야 한다. 고객의 사업 자금 계획을 체크하고, 원하는 지역과 상권에 대한 우선순위를 정리해야 한다. 또한 사업을 위한 공간의 필요 면적과 예산, 고객의 배후 수요 등을 분석하는 것도 필수다. 특히 상권 내에서 배후 수요의 적합성을 판단하는 능력은 상가 중개에서 매우 중요하다. 고객이 원하는 입점 시기의 적절성도 파악해야 한다. 고객은 이를 바탕으로 매물의 장기적 가치를 고려해서 중개사를 선택한다. 또한, 결정권자와 반드시 대화를 나누고 최종 결정을 내릴 수 있는 사람이 어떤 사람인지 알아야 한다. 마지막으로 주차 시설, 층고, 기둥, 실면적, 관리비, 계약 기간 등의 세부 사항을 정확하게 파악한 다음 매물 조건을 고객의 요구에 맞게 매칭해서 조율하는 것이 성공적인 중개의 핵심이다. 이때 조율이 가능하거나 불가능한 부분을 명확히 구분하는 역량이 요구된다.

주거용 부동산 중개 실무 노하우

주거용 부동산을 중개할 때는 사전에 중개 사고를 예방하는 것이 가장 중요하다. 특히 다가구주택의 임대차 계약은 다양한 법적 요건 및 복잡한 사항들이 얽혀 있어 예상치 못한 문제에 직면할 가능성이 크다. 이러한 일을 예방하기 위해 어떤 방법을 사용할 수 있는지 다각도로 접근해야 한다.

첫째, 임대차 계약 시 누락되는 정보가 주된 사고의 원인이다. 다가구주택의 임대차 계약에서는 임대인의 신원 정보, 각 세입자가 지불하는 보증금의 액수, 각 세입자가 사용하는 공간에 관한 명확한 구분 등을 꼭 포함해야 한다. 이 중 하나라도 누락하면 추후 법적 문제로 이어질 수 있다. 특히 세입자 간의 갈등이나 임대인과의 분쟁은 이러한 정보 누락에서 기인할 때가 많다. 예를 들어, 임대인이 각기 다른 세입자에게 서로 다른 금액의 보증금을 요구하면서 계약서에 명확히 기재하지 않으면 분쟁이 발생했을 때 해결이 어려울 수 있다. 더군다나 각 세입자가 점유하는 공간의 경계가 불명확하면 그로 인해 발생하는 갈등은 피할 수 없다. 이를 예방하려면 계약서를 작성할 때 세심하게 모든 항목을 검토해서 기재해야 한다.

둘째, 보증금 문제가 발생할 수 있다. 보증금은 임대인과 세입자 모두에게 중요한데, 계약 해지 및 연장 시에 문제가 부각된다. 특히 세입자가 보증금을 제때 돌려받지 못해서 분쟁이 발생하는 상황이 흔하다. 이를 방지하기 위해서는 계약 체결 전 임대인의 보증금 반환 능력을 철저히 검토해야 한다. 또한, 보증금 반환 시점을 명확히 규정해서 문서로 남겨두는 것도 중요하다. 이러한 사전 조치를 통해 세입자와 임대인 간의 불필요한 분쟁을 예방할 수 있다.

셋째, 임대차 계약에서 법적 요건이 충족되지 않으면 문제가 생길 수 있다. 다가구주택 임대차 계약에서는 전입신고와 거주 여부에 따라 주택임대차보호법의 보호를 받고, 이는 보증금 반환이나 임차권에 관한 분쟁 상황에서 특히 중요하다. 계약 초기부터 이를 정리하지 않으면 임대차 계약이 분쟁의 씨앗이 될 수도 있다. 따라서 임대인과 임차인 사이에 분명한 권리와 의무를 설정하는 것이 필요하다. 특히 주택의 등기부 등본을 확인할 때 선순위 저당권, 근저당권, 가압류 등의 사항이 등재돼 있으면 임차인은 부담을 느낄 수밖에 없다. 중개인은 철저한 권리분석으로 향후 문제가 발생하지 않도록 대비하고 임차인에게 잠재적 위험 요소를 투명하게 고지한다. 궁극적으로 중개사는 임차인이 평생 모은 전세 자금을 안전하게 보호해야 한다. 중개의 본질은 단지 계약의 성사에 그치지 않는다. 거래 후에도 고객이 안심할 수 있도록 도와야 한다.

이밖에 다가구주택 임대차에서 발생하는 또 다른 문제는 임차인의 권리와 의무에 대한 안내 부족이다. 많은 세입자가 자신의 권리와 의무를 충분히 인지하지 못한 상태에서 계약을 체결한다. 중개사는 임차인에게 계약 내용과 각종 절차를 충분히 설명하고, 이를 명확하게 이해했는지 확인해야 한다. 예를 들어, 세입자가 계약서에 명시된 해지 절차를 제대로 따르지 않고 계약을 해지하려 하면 임대인이 보증금을 돌려주지 않을 수 있다.

이와 더불어 주거용 부동산 중개에서는 급매물을 신속하게 처리하는 것이 매우 중요하다. 급하게 팔아야 하는 물건의 거래가 지연되면 매도인에게 큰 손해가 발생할 수 있다. 급매물은 신속하게 거래하는 것이 목적이므로 중개사는 광고와 마케팅을 효과적으로 활용해서 매수인의 관심을 끌어야 한다. 급매물의 장점과 시세 대비 저렴한 가격을 강조하는 광고는 매수인의 관심을 유도하는 데 큰 역할을 할 수 있다.

일을 잘하는 중개사는 항상 시장 상황을 잘 파악하고 있으며, 경험을 바탕으로 바른 판단을 내린다. 특히 주거용 부동산 중개 실무에서는 다가구주택 임대차 계약에서 발생할 수 있는 중개 사고를 예방하는 능력과 급매물을 신속하게 처리하는 능력이 중요하다. 이를 통해 고객의 신뢰를 얻고 거래를 성공적으로 마무리할 수 있다.

◉ 주거용 부동산 중개 시 확인 사항 ◉

물건 접수 시 상담 내역

- 동, 호수, 평형(전용면적), 방 개수, 방향: 물건의 기본 정보 확인
- 매도·임대 희망 가격, 주택임대사업 등록 여부(세금 상담 포함): 소유주의 희망 가격과 세금 관련 등록 여부 확인
- 입주 시기: 매수인이나 임차인의 입주 가능 시기 확인
- 매도·이사 시점: 매도 시점 및 이사 가능 여부, 임차 시 만기 전 퇴실 여부 확인
- 집 보는 방법(소유주 및 현 임차인과의 연락 여부): 집을 보러 가는 방법 및 소유주 또는 현 임차인과의 연락 절차 확인
- 집 상태(수리 여부 및 발코니 확장 여부): 집의 전반적인 상태, 수리 필요성, 발코니 확장 여부 사전 확인
- 소유주 및 임차인 연락처: 필요한 연락처 정보 확보

매수·임차 상담 시 필수 질문 내역(예: 아파트)

- 매수인·임차인의 희망 사항 청취: 평형, 방 수, 층, 가용 금액, 특별 희망 사항 등 확인
- 매입·입주 시기: 매수인 또는 임차인의 희망 매입 및 입주 시기 확인
- 계약자 본인 또는 타인 거주 여부 확인: 계약자가 직접 거주할 것인지, 타인이 거주할 것인지 확인
- 금융 사항 확인: 실제 보유 금액, 대출 가능 여부, 전세 자금 대출 여부 확인

• 매수인 및 임차인 연락처 확인: 필요한 연락처 정보 확보

현장 방문 전 확인 사항

• 고객이 원하는 물건 리스트업 및 안내: 고객이 관심을 보이는 물건 목록 작성 및 미리 안내
• 선호하는 2~3곳 선택 유도: 법정동, 단지 이름, 평수, 구조, 매입(임차) 조건, 내·외부 상태, 장단점 비교, 과거 시세 및 가격 추세 설명 제공
• 이슈 및 상승 가치 여부 자료 제공: 매물의 상승 가치 여부에 관한 정보를 문자 또는 카톡으로 제공
• 편의 시설 및 인근 현황 설명: 인근 편의 시설과 매수인의 관심 사항을 정확히 설명하거나 방문 가능하게 조정
• 임장 시간 및 날짜 확정: 현장 방문 시간 및 날짜 확정 후 고객과 공유

업무용 오피스 중개 실무 노하우

업무용 오피스는 상업용 부동산 시장에서 중요한 한 축을 이룬다. 고유한 특성과 시장 구조는 중개 실무에서 매우 신중하게 다루어져야 한다. 업무용 오피스 중개는 단순한 공간 제공을 넘어 고객의 비즈니스 니즈에 맞춘 맞춤형 서비스와 전략적 조율이 필요하다. 공간의 유연성, 입지의 중요성, 장기 계약의 안정성, 정확한 시세 등을 종합적으로 고려해야 한다. 중개사는 이를 바탕으로 고객에게 정확한 정보와 맞춤형 솔루션을 제공할 수 있다. 또한 디지털 마케팅과 협상 능력은 성공적인 거래를 만드는 핵심 요소로, 이를 통해 더 많은 거래 기회를 창출할 수 있다.

업무용 오피스의 가장 큰 장점은 유연성이다. 오피스 공간은 단순히 사람과 가구를 수용하는 물리적 장소가 아니다. 사용자의 비즈니스 요구에 맞춰 공간을 효율적으로 재구성하고 배치할 수 있어야 한다. 특히 사용자의 업무 형태에 따라 공간의 활용 방식을 유동적으로 조정할 수 있는 유연성이 필요하다.

최근 중소형 사무실 시장에서는 기본 인테리어가 이미 갖추어진 오피스 수요가 증가하는 추세다. 중소형 업무 사무실을 찾는 임차인들은 보증금과 월세 조건을 묻기 전에, 기본 인테리어와 집기가 갖추어져 있는지 확인한다. 50평 이상의 사무실 공간에 적절한 인테리어와 집기를 갖추려면 수억 원 이상의 비용이 들기 때문이다. 따라서 단순히 보증금과 월세가 저렴하다는 이유만으로 매력을 느끼지 못하며, 추가 비용 부담이 없도록 처음부터 인테리어가 완비된 공간을 선호한다.

사무 공간의 유연성 검토 시 확인 사항
- 공간의 가변성과 확장 가능성
- 유연한 레이아웃 구성 가능성

오피스의 위치는 비즈니스 성공의 기반이 될 수 있다. 중개인은 교통 접근성, 주변 인프라, 네트워크 형성 가능성 등의 입지적 요소를 고려해서 적합한 오피스를 추천해야 한다. 우수한 입지에 자리 잡은 물건은 자연스럽게 높은 수요를 동반한다. 이처럼 수요가 많은 물건을 중심으로 중개하면 빠르게 수익을 창출할 수 있다. 따라서 입지가 뛰어난 곳부터 집중해서 정리하는 전략을 세우는 것이 좋다.

입지 검토 시 확인 사항

- 교통 접근성 및 주요 교통수단과의 거리
- 비즈니스 허브와의 근접성
- 주변 인프라(식당, 은행, 카페 등) 평가

업무용 오피스의 임대 계약은 장기 또는 단기로 이루어진다. 계약 기간에 따라 임대료의 안정성을 확보하고 공실 리스크를 관리해야 한다. 이 과정에서 임대인은 지속적 수익성을 기대하며, 장기적으로는 공실 리스크를 최소화하는 방향으로 계약을 체결하려고 한다.

계약 조건에 임대료 증액 가능 여부와 임대인 및 임차인 간의 협의 조건이 포함될 수 있으며, 이는 협상에서 중요한 사안으로 작용한다. 임대료 인상 조건이나 협의한 기간 동안의 임대료 안정성은 계약의 지속성에 직접적인 영향을 미친다. 임대 기간 중 재계약 가능 여부와 임대료 조정 조건도 중요한데, 임차인의 사업이 안정화될 시기에 맞춰 재계약할 수 있는 유연성을 제공한다는 점에서 의미가 있다.

중개사는 이러한 계약 구조의 특성을 고객에게 설명하고, 임대료 조정 및 재계약 가능성에 관한 지침을 상세히 제공해야 한다. 이는 임차인이 장기적 계획을 세울 수 있도록 돕고, 임대인이 안정적인 임대 수익을 기대할 수 있도록 한다.

장기 계약 검토 시 확인 사항
- 임대료 상승 조건 및 계약 갱신 옵션
- 장기 계약에 따른 혜택 제공 여부
- 계약 기간 중 재계약 가능성 검토

업무용 오피스 중개 실무에서는 정확한 시세 파악도 중요하다. 오피스 시세는 건물의 관리 상태, 교통 접근성, 주변 환경 등에 따라 결정된다. 이러한 요소를 종합적으로 분석해서 고객에게 신뢰성 있는 정보를 제공해야 거래를 성사시킬 수 있다.

시세 파악 시 확인 사항
- 최근 거래 내역과 시세 변동 분석
- 건물의 관리 상태 및 시설 점검

오피스 중개에서는 협상 능력이 거래의 성패를 가른다. 임차인은 좋은 사무실을 낮은 임대료로 임차하기를 원하고, 임대인은 최대한의 수익을 목표로 삼는다. 이처럼 상반된 요구가 충돌할 때, 중개사는 양측의 입장을 조율하며 타협안을 제시해야 한다.

예를 들어, 장기 계약을 선호하는 임차 고객이 있다고 해 보자. 임차인은 장기 임차 계약을 통해 임대료 증액의 위험을 피하면서 안정적으로

나는 빌딩 중개로 건물주가 되었다

공간을 사용하고 싶어 한다. 하지만 임대인은 장기적으로 임대료를 증액하지 못하는 점을 우려할 수 있다. 이때 중개사는 임대인에게 경기 침체기에도 공실 리스크를 줄일 수 있다는 장점을 부각하면서 장기 계약의 이점을 어필할 수 있다.

이 외에도 다양한 상황을 고려한 대안들을 마련해서 전략적으로 협상을 이끌어야 한다. 임대인과 임차인 모두 원원할 수 있는 계약을 만들어 내는 것이 능력 있는 중개사가 갖추어야 할 역량이다.

협상 시 준비 사항

- 고객 양측의 요구 사항 파악
- 타협안 및 협상 조건 마련
- 각각의 조건에 따른 이점 분석

오피스 중개에서는 마케팅 또한 중요하다. 특히 현대 중개업에서는 디지털 마케팅이 필수 요소로 자리 잡았다. 그중 유튜브 홍보는 업무용 오피스의 매력을 시각적으로 전달할 수 있는 강력한 도구로 활용된다. 유튜브 채널을 통해 고화질 영상, 드론 촬영, 3D 투어 등으로 고객에게 물건을 소개함으로써 비대면 상담 및 가상 투어를 제공할 수 있다. 이것으로 시간과 비용을 절감하며, 빠른 계약 성사를 유도할 수 있다.

유튜브 마케팅 시 준비 사항

- 유튜브 채널 개설 및 운영 계획 수립
- 고화질 촬영 및 드론, 3D 투어
- 업계 정보 및 시세 변동 콘텐츠 구상

성공하는 중개인을 만드는 마인드셋

차근차근 돈 버는 근육을 키워라

많은 사람이 주어진 상황에 따라 살아간다. 하지만 성공하기 위해서는 목표에 삶을 맞춰야 한다. 취직이 어려운 이유를 조상 탓, 집안 탓, 환경 탓으로 돌려서는 안 된다. 진심으로 성공하고 싶다면, 능력을 발휘할 수 있는 환경을 찾아서 도전해야 한다.

'코이의 법칙'이란 것이 있다. 잉어의 변종인 코이는 환경에 따라 자라는 크기가 달라진다. 작은 어항에서는 5~10센티미터, 수족관이나 연못에서는 15~30센티미터, 강에서는 1미터 이상 자란다고 한다. 이처럼 사람도 주어진 상황에 따라 발휘할 수 있는 능력의 크기가 달라진다.

또한 리처드 바크Richard Bach의 소설 『갈매기의 꿈』에는 "가장 높이 나는 새가 가장 멀리 본다"라는 구절이 있다. 이 문장은 눈앞의 현실에 안착하지 말고, 자신이 꿈꾸는 성취를 이루기 위해 노력해야 한다는 의미를 내포하고 있다.

빌딩 중개 시장은 얼마든지 능력을 발휘할 수 있는 환경을 제공한다. 하지만 중개사가 됐다고 해서 단번에 일확천금을 벌 수 있는 것은 아니다. 차근차근 목표를 세우고 도전해야 한다. 빌딩 중개법인에 입사했다면 신입 중에서 최고가 되겠다는 생각을 해야 하는 것이다. 우선 1억 원의 연봉을 목표로 일을 시작해야 한다. 그리고 연봉 1억 원을 달성하면 다시 3억, 5억, 10억 원으로 목표를 높여야 한다. 그 목표까지 달성하면 회사 내 최고 연봉자가 되겠다고 생각하고, 몇 년 뒤에는 건물주가 되겠다고 생각하고, 결국 중개법인의 대표가 되겠다는 생각으로 계속 발전해 가야 한다.

웨이트 트레이닝weight training을 할 때도 처음부터 단번에 100킬로그램의 바벨을 들 수는 없다. 근육이 없기 때문이다. 10킬로그램의 바벨로 시작해서 서서히 늘려 가야 한다. 돈 버는 근육도 마찬가지다. 일단

1,000만 원 수익의 벽을 돌파하면 1억 원은 금방 모인다. 1억 원을 벌면 추진력을 얻어서 3억, 5억, 10억 원으로 늘려 갈 수 있다. 100억 원의 돈을 버는 근육은 당일치기로 만들어지지 않는다.

인도양의 모리셔스섬에 서식했다고 하는 도도새를 아는가? 도도새는 천적이 없는 안전한 환경 속에서 살다 보니 날개가 퇴화했다. 그리고 15세기에 모리셔스섬을 발견한 포르투갈 사람들에게 무더기로 잡혔다. 날 수 없는 이 새는 '바보' '멍청이'라는 뜻의 도도새라는 이름만 남기고 결국 멸종됐다.

도도새처럼 아무것도 시도해 보지 않고 가만히 있다가 결국 도태될 것인가? 아니면 시련이 있어도 도전할 것인가? 5년 후, 10년 후, 그리고 20년 후의 자신의 모습을 상상해 보자. 그다음 지금 당장 무엇을 해야 하는지 생각해 보면 삶에 대한 태도가 달라질 것이다.

나는 다른 사람들이 빌딩 중개로 큰돈을 버는 것을 보면서 '남이 할 수 있으면 나도 할 수 있다'고 생각했다. "당신이 그것을 꿈꿀 수 있다면, 당신은 그것을 할 수 있다"라고 월트 디즈니Walt Disney가 말한 것처럼 말이다.

노력의 결과는 시차를 두고 찾아온다

부자가 되고 싶은가? 그렇다면 열심히 노력해야 한다. 전문 빌딩 중개인으로 성공하면 큰돈을 벌 수 있지만, 그 여정에는 수많은 변수가 존재한다. 큰돈을 벌기까지 도달해야 하는 과정이 만만치 않다. 처음 시작할 때는 끝이 안 보이는 듯하고, 성과도 잘 나오지 않는다. 익혀야 할 용어도 많고 배워야 할 지식과 노하우도 수두룩하다. 그래서 금방 초조해진다. 하지만 얼마나 노력하는지에 따라 큰 만족을 주는 평생 직업이 되기도 한다.

성공은 한순간에 이루어지지 않는다. 아주 쓰디쓴 과정을 거쳐야 한다. 때로는 거만한 고객 때문에 마음에 상처를 입기도 하고, 서류를 잘못 확인해서 큰 낭패를 겪기도 한다. 하지만 과정이 힘들수록 결과물은 달고, 성취감 또한 이루 말할 수 없이 크다.

옛 이스라엘 사람들처럼 광야를 지나면 젖과 꿀이 흐르는 가나안 땅에 도달한다는 믿음이 있어야 한다. 스스로 믿음에 도취해서 앞으로 나아가야 한다. 회의감이 들어도, 실패할 것 같다는 불안한 느낌이 들어도 헤쳐 나가야 한다. 콜럼버스는 인도를 향해서 끝없는 파도를 헤치고 나아갔다. 그래야 인도에 도달할 수 있다. 설사 인도에 도달하지 못해도 의심하지 않고 나아가야 콜럼버스처럼 아메리카 대륙이라도 발견할 수 있는 것이다.

여름날의 뜨거운 햇살과 모진 태풍은 가을날의 풍성한 수확을 위해 필요한 과정이다. 이때 중요한 것은 자신을 믿고 앞으로 나아가는 일이다. 세상에 버려지는 노력은 없다. 열심히 노력한 대가는 반드시 찾아온다. 다만 시차를 두고 찾아오기 때문에 절대로 중간에 그만둬서는 안 된다.

나는 지금도 매일 저녁 늦게까지 일한다. 일부러 늦은 시간을 정해 두고 일하는 것은 아니다. 일에 열중하다 보면 몇 시간이 지났는지 의식하지 못할 때가 많다. 종종 고객과 저녁을 함께하거나 술자리를 갖기도 하지만, 모두 중개 일에 도움이 되는 시간이며 노력이다. 한마디로 숨 쉬는 시간만 빼고 온통 일을 하는 셈이다.

이제 중개법인의 대표까지 됐으면 놀고먹어도 되지 않느냐고 말하는 사람들도 있다. 시스템을 만들어 두면 대충 관리만 해도 회사가 굴러가지 않겠냐고 말이다. 실제로 부동산 중개 업계에 발을 들이는 이들 중에는 금방 부자가 되어서 열심히 일하지 않아도 될 거라는 환상을 가진 사람도 있다. 하지만 이것은 순진한 생각이다.

빌딩 중개와 관리에는 지속적인 연구와 탐색이 필요하다. 부동산은 살아 있는 경제의 일부분이므로 계속해서 변화한다. 끊임없이 동향을 살피고, 고객이 손해 보지 않도록 정보를 업데이트해야 한다. 타인의 자산을 관리한다는 것은 쉬운 일이 아니다. 조금만 실수해도 엄청난 손실을 불러올 수 있기에 매 순간 나의 모든 지식과 경험을 총동원해서 일한다.

그런데 때때로 의심을 하는 사람들이 있다. '김명찬은 어떻게 돈을 벌었을까?' '증여나 상속을 받았나?' 전혀 아니다. 나는 전형적인 자수성가형 인간이다. 지금도 열심히 발버둥 치며 노력한다. 나는 그저 이 일이 적성에 맞고 재밌을 뿐이다. 그런 데다가 돈도 벌 수 있으니, 이보다 더 좋은 직업이 어디 있겠는가.

물론 성공은 노력만으로 이루어지지 않는다. 운도 따라야 한다. 하지만 운은 노력하는 사람에게 따라온다. 스스로 부자가 된 이들 중에 노력하지 않은 사람은 없다. 대충 살았지만 우연히 성공했다는 것은 있을 수 없는 일이다. 모두 나름의 고충과 애환을 겪고, 각고의 노력을 거치면서 부자가 된다.

계획 없이 무작정 물리적인 시간을 투입하기만 해서는 안 된다. 일을 잘 수행하려면 체력이 있어야 하고, 지식도 갖추어야 하며, 전략도 필요하다. 사람을 관리하는 능력도 중요하다. 이 중에서 자신에게 부족한 것을 빠르게 파악하고, 그것을 채우기 위해 시간을 투자하고 노력해야 한다.

시대에 맞지 않게 매일 밤낮없이 열심히 일해야 한다고 말하는 것 같아서 미안하다. 나도 여행을 좋아하고, 골프도 좋아한다. 가족과 많은 시간을 함께하며 이곳저곳 놀러 가고 싶은 마음도 크다. 하지만 여러분의 시작이 흙수저이고 주머니에 가진 돈이 별로 없다면, 이 방법밖에 없

나는 빌딩 중개로 건물주가 되었다

다. 여러분이 가진 시간과 노력을 최대한 투입해야 한다. 눈물이 나는 과정이지만, 열심히 일해서 경험을 쌓고 평균 이상으로 수입을 높여야 한다. 그런 다음 삶을 즐기며 살아가야 한다. 그때까지 워라밸과 욜로는 잠시 미뤄 놓자.

일에 필요한 지식은 반드시 익혀라

무슨 일이든 처음 시작할 때는 모든 것이 낯설다. 용어부터 생소해서 공부를 하려고 해도 머릿속에 잘 들어오지 않는다. 그렇다고 해서 일에 필요한 지식을 익히는 것을 게을리해서는 안 된다. 지금 배우는 지식이 크나큰 자산이 된다는 생각을 가져야 한다.

내 성공의 밑거름은 80퍼센트가 공부였다. 누구보다 치열하게 부동산 지식을 쌓는 일에 매달렸다. 부동산 분야만 바라보며 정보를 얻고 구했다. 어떻게 하면 더 뛰어난 빌딩 전문가가 될 수 있을지 고민했다. 갈급한 심정으로 책을 보고, 타는 목마름으로 세미나를 들었다. 지식이 부족하다고 생각되면 채워질 때까지 공부했다.

빌딩 계약은 거래가 완성되기까지 여러 가지 복잡한 단계를 거친다. 거액이 오가므로 위험성도 매우 크다. 따라서 계약에 관한 필수 지식을 완벽하게 숙지한 다음 신중하게 거래를 중개해야 한다.

또한 부동산은 거래하고 보유할 때마다 세금이 발생한다. 빌딩은 토지와 건물로 구성되는데, 어떨 때는 토지에 관한 세금과 건물에 관한 세금이 나누어지고 어떨 때는 토지와 건물을 합해서 세금이 계산된다. 빌딩의 용도 및 형태에 따라서도 다양한 세금 문제가 발생한다. 세부적인 계산은 전문가인 세무사에게 의뢰하더라도, 기본적인 세금의 종류와 구조를 이해할 필요가 있는 것이다.

빌딩의 가치는 건물의 규모와 건물이 차지한 땅의 가치로 결정되기 때문에 건축면적, 연면적, 건폐율, 용적률 등의 개념도 알아야 한다. 각각의 땅 위에 지을 수 있는 건물의 규모는 제한돼 있다. 이때 허용되는 최대치를 알면 연면적을 최대한 활용할 수 있다. 만약 중개인이 건폐율과 용적률이 남아 있다는 것을 알면 신축 시 더 높고 넓은 건물을 지을 수 있다고 안내하는 일이 가능하다.

빌딩 매매와 임대차 등의 거래에 앞서 각종 사법상 권리를 분석해 내는 것도 중개인의 기본 자질이다. 매수인이 빌딩을 매입했을 때 그대로 인수되는 권리가 무엇이고 말소되는 권리가 무엇인지 구분할 수 있어야 한다. 등기사항전부증명서 갑구에는 소유권 변동 내역과 향후 소유권 변동을 예고하는 내용이 나온다. 이 갑구의 내용을 분석해야 한다. 이러한 권리들은 소유권 변동과 밀접한 관련이 있기 때문에 계약 전에 정리하지 않으면 중개를 할 수 없는 상황에 이를 수 있다.

어떤 분야든 처음 입문했다면, 그 일을 수행하는 데 필요한 지식을 반드시 습득해야 한다. 빌딩 중개로 큰돈을 벌겠다는 목표를 세웠으면 빌딩 중개를 위한 지식을 갖추는 일에 열중해야 하는 것이다. 공부는 이럴 때 해야 한다. 학위를 받는 공부도 필요하지만, 현장에서 전문성을 발휘하기 위한 공부야말로 진짜 공부다.

'행운은 준비와 기회의 만남'이라는 말이 있다. 평소에 지식을 쌓아두면 기회를 만나는 행운이 잇따른다. 지금도 어디선가 엄청난 자산을 중개하면서 상상 못할 연봉을 받는 빌딩 중개인들이 있다. 수억 원에서 수십억 원의 연봉을 받는 중개인이 나오는 이유는 그들이 충분한 지식을 갖춘 전문가이기 때문이다.

시간 관리가 답, 일의 우선순위를 정하자

누구에게나 하루 24시간이 주어지지만, 누구나 똑같이 24시간을 사용하지는 않는다. 시간이 부족하다는 핑계로 당장 주어진 일에서만 허덕이며 아무런 시도도 하지 않으면 변화는 일어나지 않는다. 시간 관리가 성공을 좌우한다.

시간이 없다고 생각하면 시간은 늘 없다. 성공하기를 원한다면 시간을 만들어서 쓸 수 있어야 한다. 나는 시간을 조금이나마 효율적으로 사용하기 위해 새벽부터 집을 나서서 출근 전까지 건물을 보고 다녔던 시기가 있다. 하도 걸어 다녀서 구두 굽을 3~4달에 한 번씩 갈았다. 테헤란로에 있는 구둣방 사장님이 이렇게 굽을 자주 가는 사람은 처음이라고 말할 정도였다. 일과 중에도 시간이 나면 고객과 미팅을 잡거나 제안서를 돌리면서 명함을 주고받았다.

신기한 것은 아무리 바빠도 시간을 쪼개면 틈이 생긴다는 사실이다. 이렇게 생긴 자투리 시간을 잘 활용해야 한다. 자그마한 변화가 모여서 큰 변화를 일으킬 수 있기 때문이다. 아무리 큰 강도 처음에는 작은 물방울로 시작하는 법이다. 잘 관찰하면 시간의 틈새는 언제나 발견할 수 있다. 그 틈새를 모으면 큰 시간이 된다. 그렇게 만든 시간을 이용해서 발전의 원동력으로 삼아야 한다.

나는 중개보조원으로 바쁘게 일하는 틈틈이 공부해서 공인중개사 자격증을 땄다. 자투리 시간마다 고객 관리를 위해 연락을 돌리고 부동산 정보를 수집했다. 지금도 시간을 쪼개서 유튜브 촬영을 하고, 고객과 상담하고, 수시로 바뀌는 부동산 정책과 세법을 연구한다.

오늘이라는 시간은 어제 당신이 살았던 시간에서 태어난다고 한다. 갑자기 생기는 시간은 없다. 어제까지 시간 부족으로 쩔쩔매던 사람이 오늘 갑자기 시간 관리를 잘할 수는 없다. "중요한 것은 당신이 얼마나 바쁜가가 아니라, 당신이 무엇에 바쁜가 하는 것이다"라고 한 오프라 윈프리Oprah Winfrey의 말처럼 중요도가 떨어지는 일에 집중하느라 정작 중요한 일에 쓸 시간이 없는 것은 아닌지 검토해 봐야 한다.

시간 관리는 '양의 문제'가 아니라 '질의 문제'로 접근해야 한다. 시간이 많다고 일을 잘하는 것이 아니고, 시간이 없다고 일을 못하는 것도 아니다. 모두에게 한정된 시간을 최대한 효율적으로 사용하는 사람이 되어야 한다.

시간을 효율적으로 쓰기 위해서는 일의 우선순위를 정해야 한다. 중요한 순서대로 일을 처리하는 것이다. 꼭 해야 할 일들을 마친 다음, 발전을 위해 해야 할 일을 차례차례 진행한다.

같은 일이라도 사람마다 중요도는 다를 수 있다. 예를 들어, 중개법인에 막 입사한 신입 직원이라면 업무를 배우는 일이 가장 중요하다. 개인적인 관심사나 취미 생활 등에 치중하느라 건물 임장과 분석, 고객 응대와 상담 업무 등을 소홀히 해서는 안 된다.

우선순위를 정하기 위해 매일 해야 하는 일을 적어 보자. 그리고 가장 중요한 일부터 차례대로 목록을 만들자. 중요한 일은 숨어 있을 수도 있으므로 목록을 작성하면서 찾아내야 한다. 우선순위는 상황에 따라 달라지기도 한다. 계약이 있는 날은 중개 업무가 가장 중요하고, 어떤 날은 건물 임장이 가장 중요하며, 고객과의 미팅이 가장 중요한 날도 있다. 따라서 매일매일 우선순위를 새롭게 갱신해야 한다. 사람의 집중력이 높아지는 시간은 한정적이다. 온종일 쉬지 않고 고도의 집중력을 발휘하는 일은 힘들기에 시간 관리와 우선순위는 더욱 중요하다.

팀장 시절에 나는 뒤돌아서면 계약을 하고, 다시 돌아서면 계약을 했다. 당시를 돌이켜 보면 '계약이 쏟아졌다'는 표현이 어울린다. 우선순위를 정해서 일하고, 틈날 때마다 부동산 공부를 하며 물건을 탐색했기 때문이다. 남들이 아는 물건은 이미 다 알고 있었고, 시장에 나오지 않은 매물까지 확보하고 있었기에 계약은 계속 이어졌다.

바구니에 최대한 많은 돌을 담으려면 가장 큰 돌을 먼저 담아야 한다. 그다음 작은 돌을 담고, 자갈을 담고, 마지막으로 모래를 담는다. 처음부터 모래를 가득 담으면 큰 돌과 작은 돌, 자갈은 담을 곳이 없다. 빌딩 중개 일도 마찬가지다. 가장 중요한 일부터 해야 덜 중요한 일까지 할 수 있다. 우선순위를 정하지 않고 일하다 보면 중요하지 않은 일에 시간을 뺏긴다. 여러분 주변에는 언제든 시간과 에너지를 잡아먹을 준비가 된 일이 널려 있다.

중요한 일은 시간을 요구하지 않는다. 바로 지금 해야 한다. 지금 당장 하지 않으면 사라질 수도 있다. 우선순위를 정하고, 가려져 있는 중요한 일을 찾아서 지금 당장 해야 한다. 적어 두지 않으면 잊어버릴 수 있으니 간단하게라도 메모해 두고 일을 추진하는 습관을 지니자.

부자도 실패 위에서 성장했다

현대그룹의 창업주인 고 정주영 회장은 23세에 쌀가게를 열면서 장사를 시작했다. 그런데 가게를 열고 2년째인 1939년 일제가 쌀 배급제를 시행하는 바람에 어쩔 수 없이 문을 닫았다. 그 후 1940년 25세의 나이에 자동차 수리 공장을 인수하고, 적자였던 회사를 겨우겨우 흑자로 만들었다. 그런데 이번에는 직원의 실수로 공장에 불이 나서 순식간에 잿더미가 됐다. 이후로도 정주영은 적자, 파산 등을 겪으며 실패를 거듭했다. 하지만 결국은 실패를 딛고 일어나 현대건설을 세웠다. 크고 작은 실패의 경험이 쌓이고 쌓여서 오늘날의 현대그룹이 탄생한 것이다.

회사가 불타 버린 일과는 비교가 안 되지만, 빌딩 중개인도 모든 일이 허사로 돌아가는 듯한 상황에 맞닥뜨릴 때가 있다. 도장만 찍으면 끝나는 계약이 눈앞에서 무산되는 일이 종종 발생하는 것이다. 나 역시 이런 일을 수없이 경험했다.

계약이 무산되는 이유는 매우 다양하다. 별것 아닌 구실로도 쉽게 엎어지는 것이 계약이다. 출입문 방향이 마음에 들지 않다거나, 꿈자리가 안 좋아서 계약을 못하겠다는 사람도 있다. 빌딩과 아무런 상관도 없는 제삼자의 말 때문에 계약이 어그러지기도 한다. 부동산 공동 소유자들의 의견이 서로 일치하지 않아서 계약서를 작성하다 말고 자리를 뜬 사례도 있다. 애초에 거래하기로 한 금액과 협의 조건을 다 무시하고 새로운 조건을 제시하면서 계약이 무산되기도 한다.

매도자나 매수자가 계약하기로 해 놓고 연락이 되지 않으면 불안하다. 반면에 계약서를 쓰기로 한 시간이 임박했는데 매도자나 매수자가 나타나지 않고 전화를 걸어오면 가슴이 떨린다. 하지만 가장 절망스러운 상황은 중개사의 지식 부족으로 다 된 계약이 취소되는 것이다.

그런데 돌이켜 생각해 보니 나는 계약에 실패한 후에 오히려 크게 성장했다. 권투 선수들은 맞는 연습부터 한다고 한다. 맷집을 키우기 위해서다. 많은 실패를 겪었다는 것은 그만큼 맷집이 늘었다는 의미이기도 하다. 실패가 나를 키운 것이다. 뻔한 이야기 같지만, 쓸데없는 노력이란 없다. 고객에게 거절당하고 계약에 실패할 때마다 상처가 쌓이고 그만두고 싶다는 좌절감이 파도처럼 밀려온다. 하지만 그때가 진짜 성장하는 시점이다. 실패를 교훈 삼아서 같은 일이 반복되지 않도록 마음에 새기기 때문이다.

아무리 조심하고 철저하게 준비해도 실패를 완벽하게 피하기는 어렵다. 하지만 실패를 통해 배우는 사람과 좌절하고 마는 사람의 미래는 천지 차이가 날 수밖에 없다. 나는 실패할 때마다 그 일을 반드시 기록해 둔다. 또한 매일 아침 "난 할 수 있다" "난 반드시 이룬다"라는 말을 되뇐다. 실패에서 얻은 깨달음과 긍정적인 자기암시를 통해 앞으로 나아가기

나는 빌딩 중개로 건물주가 되었다

위해서다.

스타벅스의 창업자 하워드 슐츠Howard Schultz는 "아무리 입증된 분야에서 증명된 아이디어라도 부정적인 사람의 손에 들어가면 100퍼센트 실패한다. 최고의 성과를 이루는 사람은 바로 남들이 가지 않는 길에 도전하는 사람이다"라고 말했다. 부정적인 사람에게 돌아오는 것은 실패뿐이다. 어떤 일이든 긍정적인 마인드를 가지고 시작해야 한다. 시작부터 실패로 결정된 일은 없다.

빌딩 중개는 멘탈 싸움이다. 공들인 일이 허사로 돌아가는 듯한 경험은 중개인의 멘탈을 흔들어 놓는다. 나 역시 실패를 겪었을 때 멘탈이 흔들렸다. 흔들리다 못해 깨져서 중개사 일을 그만두겠다고 생각하기도 했다. 그때마다 나를 붙잡은 것은 적어도 연봉 1억 원은 벌어 보자는 작은 바람이었다. 결국 그 1억은 100억이 되었고, 건물주의 꿈으로 이어졌다. 내가 특별히 운이 좋았기 때문은 아니다. 빌딩 중개 전문가 중에는 나처럼 건물주가 된 사람이 많다. 이 분야에서는 100억 건물주도 불가능한 일이 아니다.

오늘은 어제의 결과다. 오늘 어떻게 생각하는지에 따라 내일이 달라진다. 사람은 생각의 동물이다. 나는 늘 '중개를 잘하려면 무엇을 해야 할까?' '어떻게 하면 계약률을 높일 수 있을까?' '실패를 반복하지 않으려면 어떻게 해야 할까?'를 생각한다. 어제의 실수를 반복하지 않으면서 어떻게 해야 더 나은 중개인이 될 수 있을지, 고객에게 최고의 전문가가 되는 방법을 늘 고민하고 연구하면 결국 놀라운 성장을 거듭할 것이다.

은행 금리가 하루 0.1퍼센트씩 붙으면, 1년에 37퍼센트가 된다. 이처럼 사람도 하루에 0.1퍼센트씩 성장하면. 1년에 37퍼센트 성장할 수 있다. 이렇게 10년이면 370퍼센트 성장할 수 있을 것이다.

빌딩 중개로 부동산 투자 비결까지 마스터

나는 빌딩 중개로 건물주가 되었다

초판 1쇄 인쇄 2025년 5월 30일
초판 1쇄 발행 2025년 6월 10일

지은이 김명찬

펴낸이 김연홍
펴낸곳 아라크네

출판등록 1999년 10월 12일 제2-2945호
주소 서울시 마포구 성미산로 187 아라크네빌딩 5층(연남동)
전화 02-334-3887 팩스 02-334-2068

ISBN 979-11-5774-777-1 03320